邵　明◎著

中国债券市场投资指南

AN INVESTMENT GUIDE TO CHINA'S BOND MARKET

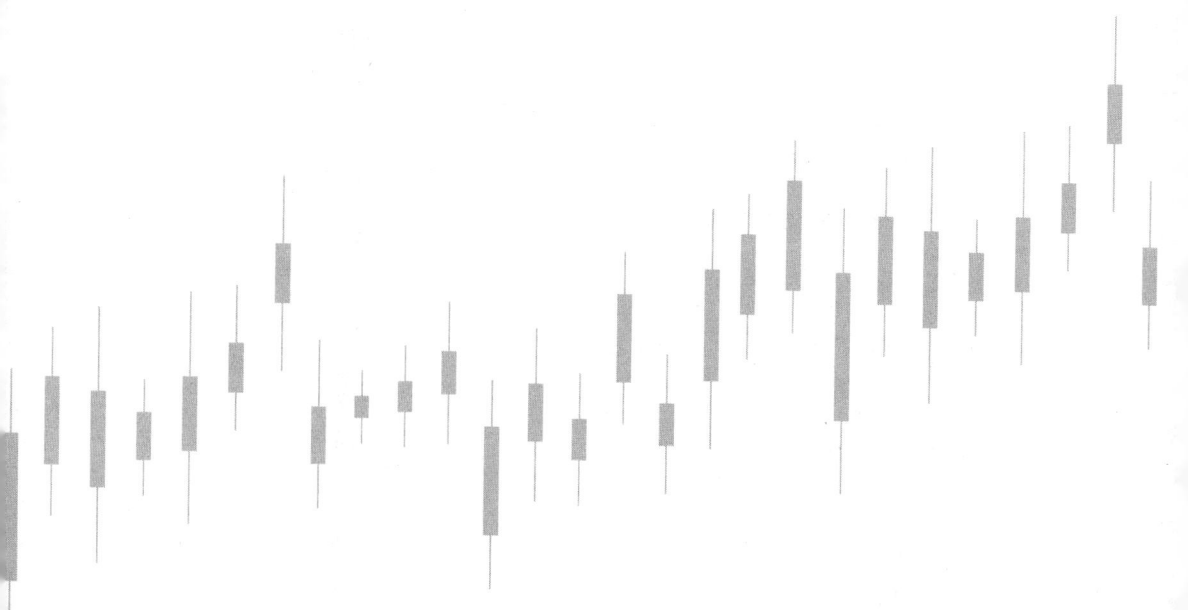

中国金融出版社

责任编辑：王雪珂　张嘉雯
责任校对：李俊英
责任印制：陈晓川

图书在版编目（CIP）数据

中国债券市场投资指南/邵明著. —北京：中国金融出版社，
2021.7
　ISBN 978 – 7 – 5220 – 1276 – 6

　Ⅰ.①中… 　Ⅱ.①邵… 　Ⅲ.①债券市场—中国—指南
Ⅳ.①F832.51 – 62

中国版本图书馆 CIP 数据核字（2021）第 161613 号

中国债券市场投资指南
ZHONGGUO ZHAIQUAN SHICHANG TOUZI ZHINAN

出版
发行　**中国金融出版社**

社址　北京市丰台区益泽路 2 号
市场开发部　（010）66024766，63805472，63439533（传真）
网 上 书 店　www.cfph.cn
　　　　　　（010）66024766，63372837（传真）
读者服务部　（010）66070833，62568380
邮编　100071
经销　新华书店
印刷　保利达印务有限公司
尺寸　169 毫米 ×239 毫米
印张　16
字数　230 千
版次　2021 年 11 月第 1 版
印次　2021 年 11 月第 1 次印刷
定价　56.00 元
ISBN 978 – 7 – 5220 – 1276 – 6
如出现印装错误本社负责调换　联系电话（010）63263947

目　录

第三篇　债券操作实务

第一篇

中国债券市场的对外开放

第一章　债券市场对外开放情况

债券市场是我国资本市场的重要组成部分。伴随着我国资本市场的整体开放进程，中国人民银行联合证监会、外汇管理局等监管部门，共同有序推进中国债券市场的对外开放，促进境内外债券市场的互联互通，使境外投资者投资我国债券市场愈发便利。本章将梳理中国债券市场的发展现状、对外开放的政策演进、制度创新和对外开放的展望。

第一节　中国债券市场发展现状和特点

我国债券市场包含银行间债券市场、交易所债券市场和柜台债券市场三个子市场。其中，我国银行间债券市场自 1997 年建立以来，经过二十多年的发展，已经成为我国最主要的债券交易市场。债券品种不断丰富，参与者范围不断扩大，交易机制推陈出新，对外开放水平不断提高。

一、我国债券市场的基本情况

1. 规模和实力的增长

截至 2020 年底，我国债券市场余额为 114.29 万亿元①，约合 17.52 万亿美元，债券余额与 GDP 的比值达到 112.49%。我国已成为世界第二大债券市场。

---

① 数据来源：Wind。

2. 投资者范围不断扩大

我国债券市场的投资者主要是机构投资者，个人投资者可以参与交易所债券市场和柜台债券市场，但不能进入银行间债券市场。根据全国银行间同业拆借中心的统计，截至 2021 年 5 月 7 日，银行间本币市场共有交易成员 38884 家，其中占比最大的是各类非法人产品，包括证券公司的证券资产管理业务、基金和基金公司的特定客户资产管理业务等。法人机构中，数量最多的是农商行、农联社和境外银行，有 304 家境外银行已经成为我国银行间市场的交易成员。

3. 债券品种日益丰富

我国目前已经拥有利率债、信用债和同业存单三个大类的债券品种。其中，利率债包括国债、央行票据和政策性金融债等类别，信用债包括企业债、公司债和中期票据等类别。从余额比重来看，占比最高的是金融债（含政策性金融债、商业银行债和保险公司债等），达 23.68%，其次是地方政府债 22.30%，最后是国债 18.10%。从过去 10 年中前 4 大债券品种：地方政府债、国债、政策性金融债和同业存单的比重变化来看，地方政府债和同业存单的比重逐年上升，而国债和政策性金融债的比重则逐年下降。

表 1.1.1　　　　　我国债券存量及类型（2020 - 12 - 31）

类别	债券数量（只）	债券数量比重（%）	债券余额（亿元）	余额比重（%）
国债	271	0.47	206858.65	18.10
地方政府债	6230	10.92	254864.10	22.30
央行票据	3	0.01	150.00	0.01
同业存单	15434	27.04	111168.10	9.73
金融债	2204	3.86	270637.94	23.68
企业债	2603	4.56	22694.45	1.99
公司债	8978	15.73	89234.02	7.81
中期票据	6260	10.97	74775.23	6.54
短期融资券	2292	4.02	20929.33	1.83
定向工具	2974	5.21	21387.75	1.87

续表

类别	债券数量（只）	债券数量比重（%）	债券余额（亿元）	余额比重（%）
国际机构债	16	0.03	319.60	0.03
政府支持机构债	166	0.29	17225.00	1.51
资产支持证券	9094	15.94	45606.77	3.99
可转债	399	0.70	5336.33	0.47
标准化票据	26	0.05	28.92	0.00
可交换债	96	0.17	1721.48	0.15
项目收益票据	22	0.04	98.60	0.01
合计	57068	100.00	1143036.27	100.00

数据来源：Wind。

4. 入市境外机构数量和熊猫债余额增加标志着国际化水平的提升

2016 年我国银行间债券市场全面向境外机构投资者开放以来，截至 2021 年 5 月 7 日，已有包括境外基金管理公司非法人产品、境外银行和境外证券公司等 2518 家境外机构成为银行间本币市场成员，参与银行间市场的交易。2020 年底，我国债券市场共有熊猫债存量余额 2025.1 亿元人民币，其中银行间债券市场有 1274.4 亿元，交易所债券市场有 750.7 亿元。熊猫债发行人既有外国金融机构、外国政府和国际金融组织，也有中资企业的海外分支机构。

二、近年来银行间债券市场产品和交易机制的发展

世界各国的债券市场交易机制、托管和清算机制因其国情和发展历史不同而各有其特点。近年来，我国银行间债券市场的发展道路，是以开放促创新，以创新保证更好地实现开放。

我国的银行间债券市场有统一的交易平台，即全国银行间同业拆借中心的本币交易系统，后台托管清算机构则有中债登和上清所①两家，各自负责不同的债券品种。集中交易和统一托管带来了债券市场的高效率。

---

① 全称为中央国债登记结算公司和银行间市场清算所股份有限公司。

在交易工具方面，我国银行间债券市场经过多年的发展，已具备现券、回购、利率衍生品、信用衍生品、债券预发行等一系列交易品种。由于银行间债券市场的参与者是机构投资者，为了提高市场的流动性，我国建立了做市制度，由做市商和尝试做市商为市场提供流动性，促进价格发现。可以说，我国银行间债券市场的基础性产品序列已经与发达国家的债券市场基本一致。

银行间债券市场的交易机制非常多样，既有一对一的询价交易模式，也有点击成交、请求报价等方式。近年来，同业拆借中心还推出了匿名撮合交易机制，类似场内交易方式通过交易平台自动撮合匿名交易，推出了X系列产品。X系列的中文名称为匿名点击业务，包括X-Swap（利率互换匿名点击业务）、X-Repo（质押式回购匿名点击业务）、X-Bond（现券匿名点击业务）和X-Lending（债券借贷意向报价板），基本实现了对银行间市场现券、回购和衍生品的覆盖。为了满足资产管理人对其管理的产品进行大宗债券交易的需求，2018年，同业拆借中心在债券通上推出了交易前分仓和交易后分仓功能，随后将其推广至整个银行间债券市场。交易分仓账户数最多可达到50个，为资产管理人进行交易提供了便利。

第二节 中国债券市场对外开放政策演进

我国债券市场对外开放是在多个维度逐步扩展推进的，既有机构类型逐渐放开，也有交易品种的扩展。2017年，随着"债券通"的"北向通"正式推出，包括境外央行等三类机构和其他商业性金融机构等多种类型的机构投资者、多种模式并存的全方位对外开放框架基本建立。

一、多管齐下推进债券市场对外开放

我国债券市场的对外开放大幕自21世纪开始徐徐拉开。2005年，世界银行下属的国际金融公司和亚洲开发银行先后在我国银行间债券市场发行了11.3亿元和10亿元的人民币债券，开启了外资机构在我国发行熊猫债的先河。2006 年，我国推出了合格境内机构投资者（QDII）制度，以满足境内机构和个人投资者对外证券投资的需求。2011 年起，首先在中国香港，接着在韩国、新加坡和日本等国又推出了人民币合格境外机构投资者（RQFII）制度，鼓励境外机构和个人持有人民币资产。2016 年，我国银行间债券市场（CIBM）全面向外国机构投资者开放，对外国机构投资者参与债券投资不设门槛和限额，资金汇入汇出遵循《国家外汇管理局关于境外机构投资者投资银行间债券市场有关外汇管理问题的通知》规定。2017 年 7 月，我国推出了内地与香港债券市场基础设施互联互通（以下简称债券通），海外投资者可以通过香港金管局的债务工具中央结算系统（CMU）购买内地银行间债券市场的债券。2019 年 9 月，中国人民银行和国家外汇管理局宣布取消 QFII 和 RQFII 投资额度限制，至此，实施了 17 年之久的合格境外机构投资者额度管理成为历史。2021 年 9 月，债券通"南向通"上线。

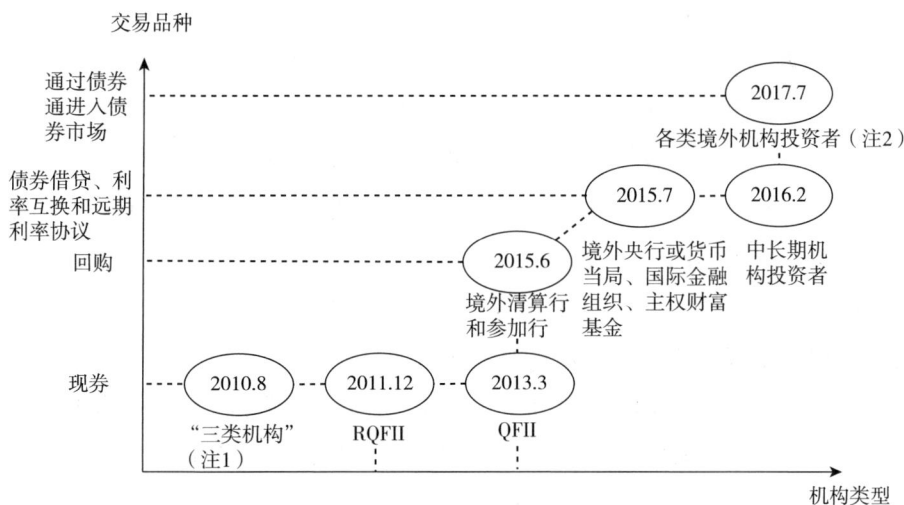

注：①"三类机构"指境外央行、人民币清算行和人民币业务参加行。

②各类境外机构投资者包括境外央行或货币当局、主权财富基金、国际金融组织；QFII、RQFII；境外依法注册成立的各类金融机构及其发行的投资产品，以及养老基金等中长期机构投资者。

图 1.2.1 银行间债券市场开放维度

目前境外机构可以通过 QFII、RQFII、直接入市和债券通等多种渠道投资我国银行间债券市场。参与我国银行间债券市场的境外投资者包括境外银行、境外人民币清算行、境外央行、境外证券公司、境外资产管理机构产品、境外基金管理公司非法人产品和主权财富基金等多种类型。交易品种方面，境外央行可开展现券、回购、债券借贷、债券远期、利率互换、远期利率协议等交易；人民银行 2016 年第 3 号公告中定义的境外金融机构及其发行的资产管理产品、中长期机构投资者可以参与现券交易，也可以基于套期保值需求开展债券借贷、债券远期、远期利率协议和利率互换等交易；境外人民币业务清算行和境外参加行还可以开展回购交易；"北向通"境外机构投资者可以进行债券现券交易。多管齐下的政策为我国债券市场的健康发展和国际化建设奠定了良好的基础。目前，我国债券市场的规模已排在全球第二位。

二、全方位、多层次的对外开放格局——"引进来"和"走出去"

我国债券市场的全方位对外开放格局可以归纳为"引进来"和"走出去"两个方面。"引进来"包括引导境外机构投资于我国国内的债券市场，以及境外金融机构在我国发行人民币债券。"走出去"则是我国国内金融机构和企业走出国门，到境外市场发行债券。债券市场的全面开放，有利于促进人民币国际化，因为拥有发达并且开放的债券市场，是一国货币从贸易结算货币转型为投资货币的最重要前提。

在"引进来"方面，我国通过十多年来逐步放开境外机构范围和可交易品种限制，已经吸引了大量各种类型的机构投资者。据同业拆借中心的数据显示，截至 2021 年 4 月 15 日，以法人为统计口径，通过结算代理模式进入银行间债券市场的境外商业类机构共有 402 家，通过债券通模式进入银行间债券市场的境外商业类机构已有 640 家。另外，在本币市场成员中，还包含境外机构发行的一些非法人产品。

三、境外机构交易日趋活跃

境外机构在银行间债券市场交投活跃，交易量逐年快速增长，但占全市场份额仍比较有限。从图 1.2.2 中可以看到，境外机构交易量从 2010 年的 150.98 亿元增长至 2020 年的 10.63 万亿元，年均复合增长率达 92.64%，相当于每年将近翻一番。但是，2020 年境外机构在银行间债券市场成交量占全市场的比重却只有 0.4%，还有很大的增长空间。

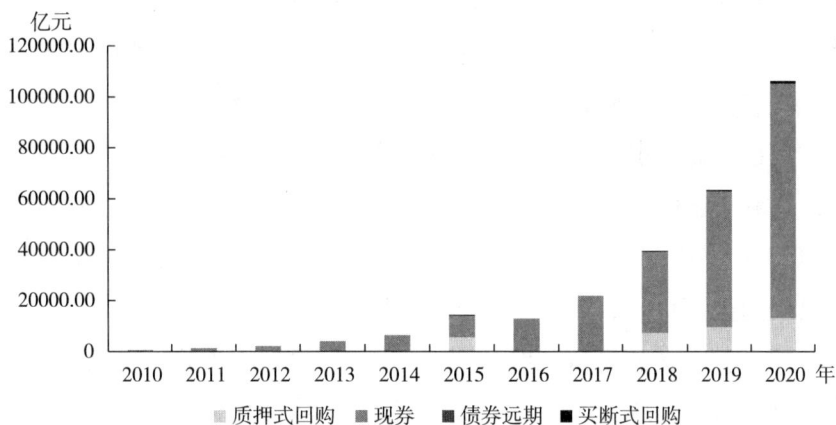

图 1.2.2　境外机构历年的债券市场交易量

（数据来源：全国银行间同业拆借中心）

第三节　中国债券市场对外开放中的创新举措

中国债券市场的对外开放之路，是在实践中逐步摸索出了一条既能适合我国金融市场环境，又能满足国际投资者需求的中国特色道路。通过学习国际经验，不断总结，在不同阶段推出了不同的交易机制和产品。

一、交易机制

在"债券通"推出之前，我国主要是逐步放开可进入银行间债券市场的国际投资者的范围。从最先的"三类机构"即境外央行或货币当局、境外人民币清算行和参加行，到 RQFII、QFII，再到国际金融机构、主权财富基金和中长期机构投资者等。当时，境外机构投资者主要采用结算代理模式，即境外投资者发送委托指令，通过结算代理行确认后与对手方在同业中心的交易系统中达成交易。结算代理模式是境外机构投资者参与银行间债券市场非常重要的途径。2019 年以前，境外机构通过结算代理模式达成的交易量大于"债券通"模式。

"债券通"推出后，国际机构投资者可以通过香港证券交易所购买我国国内债券。债券通采用"一点接入"，极大地简化了境外投资者备案、开户和托管的流程。同时，债券通采用多级托管模式和做市商制度，境外投资者可以与做市商达成交易，降低了交易的对手方风险。"债券通"实施后，有利于我国债券纳入全球债券指数，也有利于人民币走向国际化。截至 2021 年 4 月，"债券通"实施 3 年多，来自 34 个国家和地区，投资者总数已经超过 2500 家，4 月的日均交易量为 247 亿元人民币。自"债券通"成立开始，交易笔数已经超过了 11.7 万笔，境外投资者持有银行间债券余额达 3.56 万亿元人民币。事实证明，从结算代理模式发展到债券通直接交易模式，我国债券市场对外开放的交易机制不断丰富，能够更好地满足不同投资者的交易需求。

二、托管机制

我国国内债券市场主要实行的是一级托管机制。这种托管机制透明度高，有利于穿透式监管。我国实行一级托管机制的原因是我国债券市场起步较晚，具有后发优势，可以一步到位实行实名制的一级托管结构。不过，国际债券市场由于历史发展等原因，很多时候还是多级托管机制。"债券通"实行的是多级托管机制，香港金融管理局的债务工具中央结算系统（CMU）作为名义持有人在境内托管机构开户，境外机构投资者持有的债券总额都登记在 CMU 名义持有人之下。在债券通多级托管模式下，海外投资者无须额外开户，可以节省合规成本，提高效率。

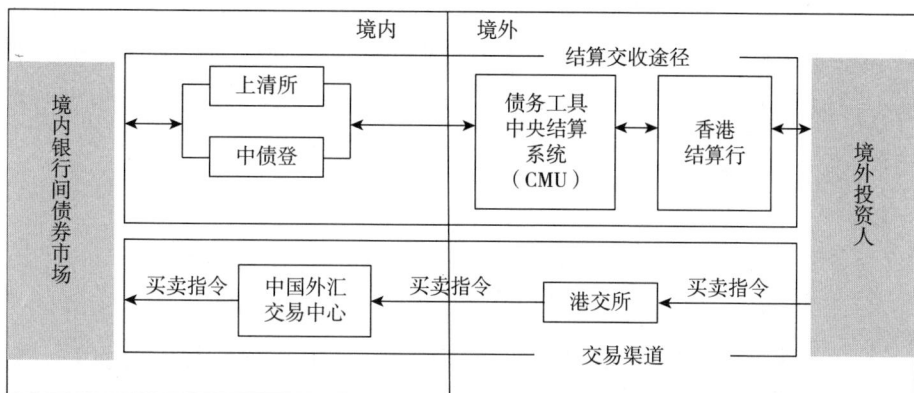

图 1.3.1 债券通交易结算流程

三、资金汇兑机制

2016 年 2 月，为了便利符合条件的境外投资者依法合规投资银行间债券市场，中国人民银行发布了第 3 号公告，规定境外依法成立的商业银行、保险公司、证券公司、基金管理公司及其他资产管理机构等各类机构发行的资产管理产品，与其他诸如养老基金、慈善基金和捐赠基金等人民银行认可的中长期机构投资者，可以按照外汇管理的要求办理资金汇兑。QFII 和 RQFII 投资银行间债券市场也参照该公告执行。在 3 号公告发布之前，通过代理交易模式进入中国债券市场的国际投资者是使用离岸人民币投资的，仅 QFII 可以在额度范围内将外汇汇入境内转换成人民币投资。3 号公告取消了投资额度的限制，丰富了境外投资者的资金来源。

2017 年，配合债券通的推出，人民银行推出了资金通，即境外投资人通过香港结算银行参与银行间外汇市场，进行人民币购售。2018 年，人民银行发布《关于完善人民币购售业务管理有关问题的通知》，将人民币购售范围从货物贸易、服务贸易扩展至全部经常项目，在直接投资的基础上，进一步扩大至经批准的跨境证券投资。经批准的跨境证券投资主要包括沪深港通、债券通、人民银行 2016 年第 3 号公告明确的投资境内银行间债券市场业务以及人民币合格境外机构投资者（RQFII）境内证券投资等。

境内代理行、境外清算行和参加行可以为直接投资和经批准的证券投资等资本和金融项下的人民币结算需求办理人民币购售业务，交易品种包括即期、远期、外汇掉期、货币掉期和期权，进一步扩大了资金汇兑的范围和途径。

第四节　中国债券市场对外开放展望

近年来，中国债券市场对外开放不断深入，基础设施提供的服务不断完善，中国债券市场的世界影响力不断扩大。全球三大主流债券指数：富时罗素世界国债指数、彭博巴克莱全球综合指数、摩根大通全球新兴市场多元化指数均将中国债券纳入。2020年9月，人民银行、证监会和外汇局联合发布《关于境外机构投资者投资中国债券市场有关事宜的公告（征求意见稿）》，允许在银行间债券市场开户的境外机构投资者投资交易所债券。未来我国债券市场对外开放的深度和广度还将不断增加。

一、引入国际投资者

目前境外机构申请进入银行间债券市场主要有两条途径：一是通过债券通，二是通过结算代理模式即CIBM，也可以同时通过这两条途径进行投资。债券通入市备案相当简便，境外投资者可向债券通公司提交入市备案和开户申请材料，债券通公司会提供入市辅导和翻译服务，并将符合要求的申请材料提交给同业拆借中心。同业中心将代境外投资者向人民银行上海总部备案，并为其开立交易账户。开户成功后，债券通公司告知境外投资者。通过结算代理模式进入银行间债券市场的，视境外机构类型不同，分为：（1）境外央行、国际金融组织、主权财富基金；（2）境外商业类金融机构、中长期机构投资者等。对上述两类机构需提供不同的入市材料。具体材料要求可查询中国货币网—服务—本币市场指南—入市指南栏目。预计随着入市备案手续的简化，处理流程的缩短，未来还会有更多的国际投资者进入我国债券市场。

二、进一步丰富产品序列

在目前的债券通框架下，境外投资者只能进行现券交易，还不能进行回购和衍生品交易。随着境外机构参与度的提高，陆续有境外机构提出开展回购和利率衍生品等交易的需求，未来可逐步放开回购等交易品种，进一步丰富市场参与者的投融资工具。

三、加强与国际金融基础设施的合作，完善市场服务

为了丰富投资渠道，满足国际投资者的交易习惯，同业中心与国际金融基础设施开展了多项合作。例如，2019年2月，同业中心与彭博终端开展合作，国际投资者可以通过彭博终端在结算代理或债券通模式下参与银行间债券市场的交易。境外机构参与银行间市场的方式得到拓展。未来可进一步研究与其他国家和地区金融基础设施的互联互通，加强国际合作。

四、稳步提高债券市场双向开放水平

债券市场的双向开放，既包含把国际投资者"引进来"，也包括我国投资者和债券发行人"走出去"。目前"债券通"只开放了"北向通"，即国际投资者通过香港证券交易所进入国内债券市场。2021年9月推出"南向通"，即我国境内投资者投资境外债券。债券市场的双向开放，将扩大离岸人民币市场的规模，丰富海外市场投资渠道，有力地推动人民币国际化进程。

第二章 境外机构投资
中国债券市场情况

境外机构投资我国债券市场呈逐年增加趋势。2019 年 1 月，境外机构持债量为 1.75 万亿元，占我国债券市场余额的 2.02%。到 2021 年 2 月，境外机构持债量已达 3.56 万亿元，相当于 2019 年初的两倍，占我国债券市场余额的比例上升到 3.09%。

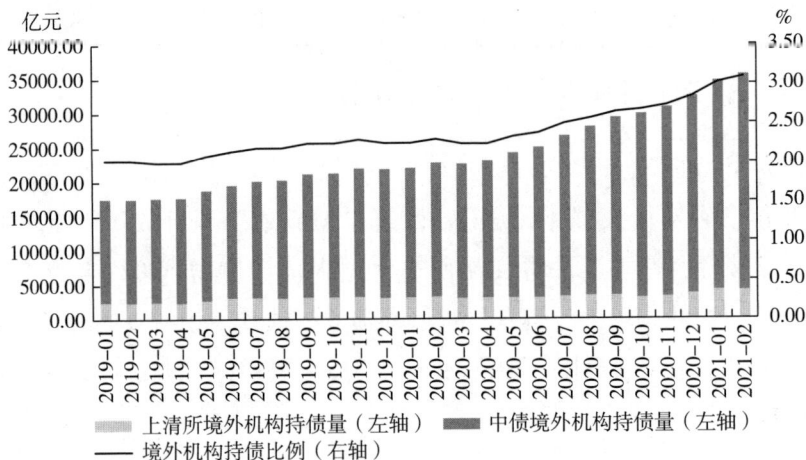

图 2.0.1 境外机构持债量及占比

（数据来源：Wind）

交易量方面，同业中心数据显示，2021 年 1 月，境外机构投资者现券交易量已经超过 1 万亿元，占同期现券市场成交量的 4% 左右。交易品种方面，现券交易量最大，其次是质押式回购，买断式回购和债券远期的交易量较小。

2021 年第一季度，境外机构投资者现券交易量为 2.76 万亿元，环比增长 32.75%，交易活跃度进一步提高。

总体上看，境外机构投资者可以分为境外央行类和境外商业机构类两大类。境外央行类机构以配置债券为主，而境外商业机构主要是为获取投资收益，故各自呈现出不同的投资特点。

第一节　境外机构投资者的类型

2020 年，以现券交易为例，最活跃的境外机构为境外银行、境外央行和境外证券公司，分别占境外机构现券交易量的 48%、17% 和 12%。特别是境外银行通过债券通进行现券交易的成交量较大。境外资管类产品交易也非常活跃。

对比之前 2018—2019 年境外机构现券交易的数据可以发现，境外央行的交易占比显著下降，从 2018 年占境外机构现券交易量 35% 降到 2020 年的 17%。境外商业性机构现券交易占比逐渐上升，机构类型更趋多元化。

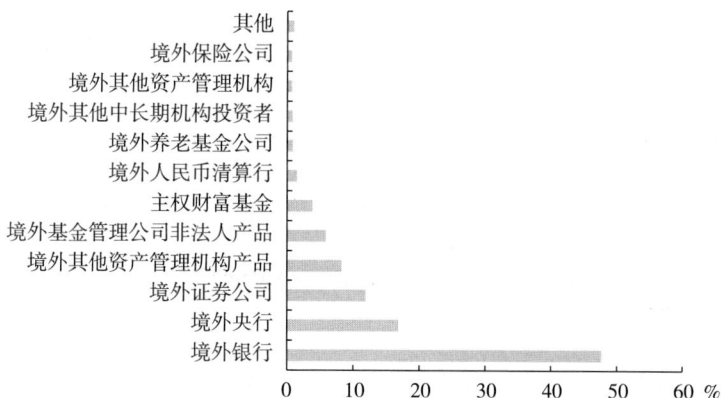

注：图中"其他"包括：境外保险公司非法人产品、国际金融组织、境外养老基金、境外慈善基金公司、境外基金公司、境外银行非法人产品、境外其他中长期机构投资产品和境外证券公司非法人产品。

图 2.1.1　2020 年各类型境外机构现券交易量占比

（数据来源：全国银行间同业拆借中心）

第二节 境外机构投资的债券类型

境外机构在银行间债券市场的现券交易以买入为主。2020年，境外机构买入现券5.14万亿元，卖出现券3.70万亿元。从交易的现券品种来看，境外投资者最青睐的券种是国债、政策性金融债和同业存单，分别占境外机构2020年现券交易总量的45%、39%和13%，三者合计达97%。境外机构偏好国债和政策性金融债的原因，主要是这两类债券是利率债，没有信用风险。而对同业存单的投资逐年增长有两个原因：（1）同业存单利差比较可观，2020年，1年期政金债的到期收益率比同期限国债高18个基点，而AAA级1年期存单的到期收益率平均要比同期限国债高43个基点；（2）同业存单期限较短，流动性较好。

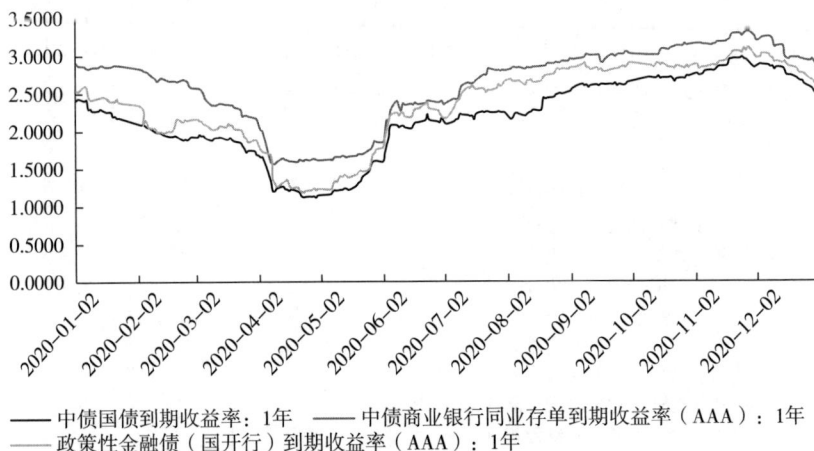

中债国债到期收益率：1年 ——中债商业银行同业存单到期收益率（AAA）：1年
——政策性金融债（国开行）到期收益率（AAA）：1年

图 2.2.1 2020 年 1 年期国债、政金债和同业存单到期收益率走势

（数据来源：Wind）

境外机构的信用债交易非常少，主要是由于2016年以后我国信用债打破了刚兑，境外机构难以控制信用债的兑付风险。从投资债券的期限来看，境外机构主要投资债券的待偿期分布在0～1年期、7～10年期以及1～3年期，占投资债券总额的70%以上。

第三节 境外机构投资者的来源地

我国银行间债券市场的境外机构投资者来自全球 40 多个国家和地区。以现券交易为例，2018—2020 年，按现券交易量占境外机构投资者现券交易总量的比值看，债券交易以来自中国香港、新加坡和英国的投资者为主。2020 年，上述三地投资者交易量分别占境外机构交易量的39%、19%和12%，而且近三年来均呈上升趋势。此外，占比逐年上升的还有美国，占比逐年下降的则有中国台湾和韩国等。

表 2.3.1　　2018—2020 年境外机构投资者现券交易量占比排名

2018 年			2019 年			2020 年		
排序	来源地	现券交易量占比（%）	排序	来源地	现券交易量占比（%）	排序	来源地	现券交易量占比（%）
1	中国香港	35	1	中国香港	37	1	中国香港	39
2	新加坡	11	2	新加坡	18	2	新加坡	19
3	英国	6	3	英国	12	3	英国	12
4	韩国	4	4	中国台湾	3	4	美国	3
5	中国台湾	3	5	美国	2	5	中国台湾	2
6	卢森堡	2	6	日本	2	6	日本	1
7	美国	2	7	韩国	1	7	卢森堡	1
8	开曼群岛	1	8	英属维尔京群岛	1	8	韩国	1
9	中国澳门	1	9	卢森堡	1	9	中国澳门	1
10	德国	1	10	阿联酋	1	10	阿联酋	1

数据来源：全国银行间同业拆借中心。

境外投资者的投资行为与我国境内债券收益率走势、人民币汇率预期等多种因素有关。自 2020 年疫情暴发以来，美国国债收益率走低，2021 年起虽然有所回升，但与我国国债收益率的利差仍在 1.5% ~ 2.5%，所以境外机构投资我国债券可以获得较高的收益。另外，市场对人民币有升值预期时，境外机构也会更多投资于我国债券，以期到期时获得外汇兑换的收益。

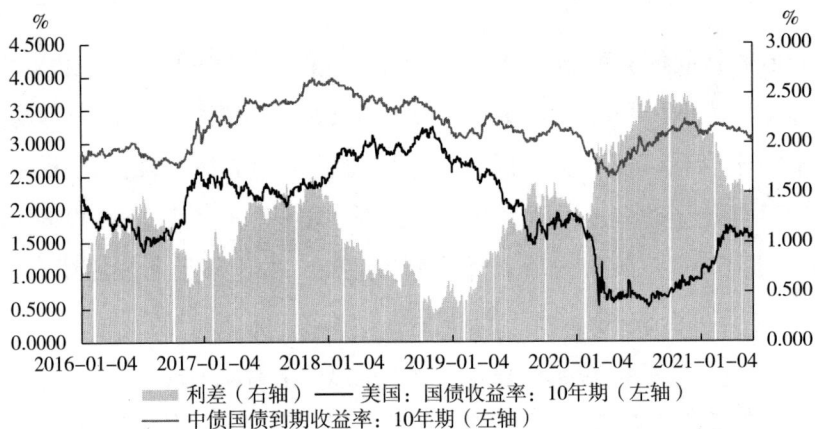

图 2.3.1　中美 10 年期国债利差走势

第三章 债券通机制创新与进展

近年来我国债券市场蓬勃发展，交易主体和交易品种都不断丰富，债券市场的发展有着广阔的前景。

法规制度方面，2016 年人民银行发布的 3 号公告明确引入了更多符合条件的境外机构投资者，取消了额度限制，简化了流程，是银行间债券市场对外开放的基础性文件。

交易模式方面，在 2017 年债券通推出之前，境外机构投资者进入中国债券市场主要是通过结算代理人制度，需要经历比较烦琐的寻找结算代理人和签署协议等环节。而债券通在制度方面进行了创新，使境外机构投资者能够在使用自己熟悉的国际交易平台的基础上连入中国债券市场，从而为国际投资者参与中国债券市场提供了新的推动力。

第一节 债券通的基本运作模式

2017 年 7 月 3 日，"债券通"上线试运行，第一步是开启了"北向通"，即境外机构投资者可以投资国内债券市场。人民银行公开表示，"北向通"没有投资额度限制。"债券通"的运作模式可以归纳为以下四个方面。

一、一点接入

债券通开通之前，境外机构投资者的投资模式是通过中介代理，即与结算代理人签署协议，委托结算代理人进行交易。正式开始交易之前，需经过比较复杂的备案、开户手续，完成必需的流程需要较长的时间。债券通将这种模式升级成为"一点接入"模式，前期可由全国银行间拆借中心或结算代理人代为向人民银行上海总部进行备案，通常只需 3 个工作日即可完成，大大缩短了所需时间。

二、直接交易

境外机构投资者可以沿用自己熟悉的交易平台，例如 Tradeweb 或者彭博，向一家或多家境内报价机构发送只含量、不含价的报价请求，请求的有效期为 1 个小时，境内报价机构在有效时间内回复可成交价格，经境外投资者确认价格后，即可在同业中心的交易系统达成交易并生成成交单。境外投资者可以逐笔查询英文成交明细。

三、多级托管制度和 DVP 券款对付结算

多级托管的含义是，境外投资者无须以自己的名义在中债登和上清所开立债券账户，而是由名义持有人香港金管局 CMU 代理开立债券总账户。各境外投资者在名义持有人名下开立各自的债券账户，形成多级债券账户体系。当境外投资者在 CMU 开户后，可以选择 CMU 的 200 多家成员银行来帮助自己完成资金清算和债券托管，这些成员银行的角色有点类似结算代理模式下的结算代理行。"北向通"采用券款对付结算形式，即"全额清算、逐笔结算"。

四、外汇兑换和风险对冲

境外投资者可以使用自己持有的离岸人民币 CNH，也可以使用外汇兑换为人民币 CNY 进行投资。使用外汇兑换的，根据同业中心的安排，每家债券通投资者可以选择不超过 3 家香港结算行办理资金汇兑和风险对冲业务。投资的债券到期或卖出后，原则上应通过香港结算行兑换回外汇汇出。香港结算行由此产生的头寸可到银行间外汇市场进行平盘，即离岸市场、在岸价格。

归纳起来，境外机构投资者投资中国债券市场可主要有三种通道：一是传统的最早推出的 QFII/RQFII 通道，二是通过结算代理模式进入银行间债券市场，三是债券通模式。这几类模式互不排斥，境外投资者可以在这几类模式下自由选择。为了协调各种投资渠道的统一管理，2020 年 9 月，人民银行、证监会和外汇管理局共同起草了《中国人民银行、中国证监会、国家外汇管理局关于境外机构投资者投资中国债券市场有关事宜的公告（征求意见稿）》，提出：境外机构投资者进入中国债券市场，要按照自身不同的类型提出申请，主权类机构，比如境外央行等需通过规定的电子方式向中国人民银行提交申请；商业类机构，比如境外银行、保险公司和基金等需向中国人民银行上海总部提交申请。可开展交易的品种包括债券现券、相关衍生产品和债券基金（ETF）等。同一境外机构投资者可以根据自身投资的需要，将其在 QFII/RQFII 项下投资的债券和通过其他渠道投资的债券账户进行非交易划转，资金也可以进行双向划转。同期配套发布的资金管理规定（征求意见稿）提出：托管人（或结算代理人）为境外机构投资者开立中国债券市场投资专用账户，用于与债券投资有关的资金汇入汇出。我们可以对三种投资渠道做个比较。

表 3.1.1　　　　　　　　三种投资模式的比较

比较点	QFII 和 RQFII	结算代理模式	债券通模式
境外投资者范围	经中国证监会批准的境外机构	境外央行类和商业类机构	境外央行类和商业类机构
可参与市场	交易所和银行间债券市场	银行间债券市场的现券、回购和利率衍生品	银行间债券市场的现券
托管账户开立方式	逐个开立在岸账户	一级托管模式：投资人直接在国债公司/上海清算所开户	多级托管模式：以 CMU 为名义持有人在国债公司/上海清算所开户，由 CMU 为境外投资人提供结算、托管服务
交易对手范围	银行间债券市场的全部参与者	银行间债券市场的全部参与者	56 家"北向通"报价机构（截至 2020 年 4 月）
交易结算方式	通过结算代理人或者债券通进行代理结算	通过央行或结算代理人进行代理结算	通过交易通和结算通进行多级结算

关于债券通模式和结算代理模式下，境外机构如何办理入市手续，可参考中国货币网（www.chinamoney.com.cn）—服务—本币市场指南—入市指南栏目中的"境外机构入市指南"准备相关材料。概括起来，在入市操作流程中，债券通比结算代理模式的简化之处主要有：

1. 外汇登记。在结算代理模式下，境外投资者通过结算代理人在国家外汇管理局的系统中办理登记，退出银行间债券市场时，由结算代理人向人民银行上海总部申请退出，并向国家外汇管理局申请注销登记。而债券通模式下无须办理外汇登记。

2. 资金账户。在结算代理模式下，境外投资者在境内银行开立人民币特殊账户和专用外汇账户，专用外汇账户还要缴纳10%的利息税，由代理人代扣、代缴。而债券通模式下境外投资者在香港托管行开立资金账户，无须缴纳利息税。

3. 托管账户。在结算代理模式下，结算代理人代理境外机构在中债登或上清所开立债券托管账户。而债券通模式下无须在境内托管结算机构开立债券账户。

4. 资金汇入汇出。在结算代理模式下，境外机构把人民币或外币汇入境内的人民币特殊账户和专用外汇账户，投资完成后，既可以以人民币汇出，也可以兑换成外币汇出，但汇出外汇和人民币的比例应与汇入时的比例基本一致，波动不超过10%。而债券通模式对此没有限制，资金也不需要汇入境内。

第二节　债券通模式下的发展现状

一、近期债券通模式的主要进展

近期通过债券通入市的境外机构逐月增长。2020年6月，以法人为统计口径，通过债券通入市的境外机构数为565家，到2020年4月，机构数已增长到652家，平均每月增加9家机构。每月通过债券通进行的现券交易量从 2020 年的约 4000 亿元增长到 2021 年的约 5000 亿元，在大多数时间现券买入量大于卖出量，呈净买入状态。

1. 交易、结算和其他配套机制的完善

为了满足纳入彭博巴克莱指数的条件，人民银行、财政部和国家税务总局进行了一系列的改进措施，主要包括：（1）2018 年 8 月债券通下全面实施券款对付，自 2020 年 9 月起，T＋1 及以上的现券买卖交易时段延长至 20：00，T＋0 现券买卖交易时段不变；（2）实施批量交易的交易分仓，同一法人可对其发行的产品户在交易前和交易后将债券分配到各个产品户，分仓数量上限增加到 50；（3）明确税收政策，从 2018 年 11 月 7 日到 2021 年 11 月 6 日，对境外机构投资者投资中国债券市场取得的利息收入免征企业所得税和增值税。此外，同业中心将彭博电子交易平台接入本币交易系统，使债券通用户可以通过彭博系统向本币系统发送报价请求。

2. 入市备案流程的完善

债券通上线后，经过几年的运行，入市流程逐步简化。目前境外机构可以通过交易中心、境内托管机构和结算代理人等向人民银行上海总部入市备案，随后就可以到交易中心开户了。

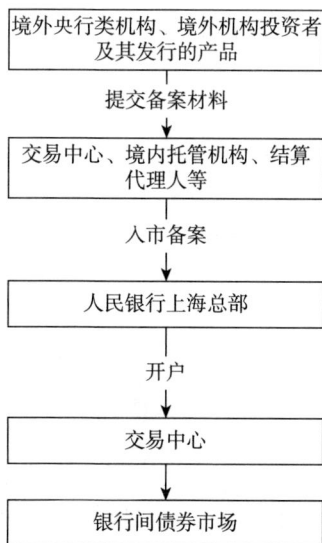

图 3.2.1　债券通入市备案流程

3. 一级市场业务的发展

2019 年 2 月，"债券通"一级市场信息平台在香港上线。此举有助于境外投资者在一级市场参与"债券通"，比如在一级市场认购同业存单。发行人则可以在"债券通"平台发行债券。兴业银行是第一家在债券通平台发行同业存单的商业银行，首次与 7 家境外投资者达成认购。2020 年 10 月，债券通公司上线新债易（ePrime）境外债券发行系统，该系统可以为中资美元债和点心债等各类境外债券的簿记、定价和分配提供一站式服务。

二、债券通的运行效果

2020 年，通过债券通进行交易的境外机构主要是境外银行、证券公司和资管机构产品等。其中，交易量比较大的有中国香港地区和新加坡的境外银行、英国的证券公司和开曼群岛的基金管理公司非法人产品等。

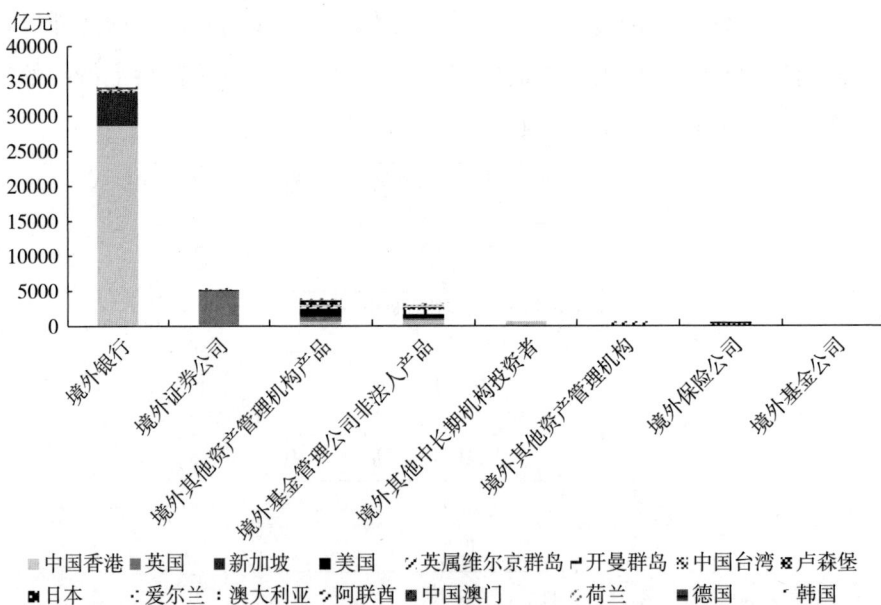

图 3.2.2 2020 年债券通交易的主要境外机构类型

（数据来源：全国银行间同业拆借中心）

2020—2021 年，境外机构投资者的现券交易（含结算代理和债券通模式）在券种和债券待偿期方面呈现出新的特点。政府债的比重逐月上升，至 2021 年 4 月已达 58%，而政策性银行债的比重则逐步下降，至 2021 年 4 月为 28%。债券待偿期方面，7～10 年期债券的比重逐渐从 2020 年 1 月的 48% 下降到 2021 年 4 月的 27%。

表 3.2.1　　　　　　　　境外机构投资债券的类型和待偿期

月度	境外机构投资债券类型（%）			境外机构投资债券待偿期分布（%）			
	政府债	政策性银行债	同业存单	0～1 年期	7～10 年期	1～3 年期	3～5 年期
2020 年 1 月	33	53	12	19	48	10	16
2020 年 2 月	41	39	18	27	39	10	17
2020 年 3 月	38	41	17	31	34	12	15
2020 年 4 月	43	41	13	28	26	18	19
2020 年 5 月	42	44	11	29	27	18	16
2020 年 6 月	41	47	9	27	30	15	18
2020 年 7 月	45	43	9	25	28	19	21
2020 年 8 月	51	35	12	28	33	15	16
2020 年 9 月	50	36	10	25	26	18	22
2020 年 10 月	53	34	11	24	26	18	22
2020 年 11 月	50	35	13	26	25	19	19
2020 年 12 月	50	28	18	31	30	15	16
2021 年 1 月	54	30	14	29	22	23	18
2021 年 2 月	54	27	16	30	25	19	17
2021 年 3 月	53	31	12	27	29	15	20
2021 年 4 月	58	28	10	29	27	20	17

数据来源：CfetsOnline 发布。

对比其他新兴市场国家，中国除了债券收益率显著高于发达国家外，还有良好的主权信用和开放的市场环境，加之中国的利息免税优惠政策、对外资投资限制少和人民币加入了 SDR，都对外资流入国内债券市场产生了强大的吸引力。在此基础上，债券通在入市、交易、托管、结算和监管等多个环节的全方位创新，有力地推动了我国债券市场的全面开放格局。

第三节　发展债券通的意义

目前境外机构持有我国债券市场份额的 3% 左右，与发达国家例如美国的 30%、澳大利亚的约三分之二相比，外资持债比例还非常低，预期外资持债还有非常大的发展潜力。近年来，我国资本市场出台了各项吸引外国投资者的政策，除了债券市场推出"债券通"之外，还有股票市场相继推出的"沪港通""深港通"和"沪伦通"，债券、A 股市场和境外市场互联互通，中国资本市场双向开放的广度和深度进一步提升。

"沪港通"和"深港通"先于"债券通"推出，"债券通"借鉴了它们的成功做法。例如名义持有人制度，投资者通过沪港通和深港通买入的股票是登记在香港中央结算公司名下。债券通的多级托管正是吸取了"沪港通"和"深港通"的成功经验。

发展债券通的意义，首先在于债券通有助于以可控的方式进一步提升中国债券市场的开放程度，并强化和巩固香港作为离岸人民币中心的地位。在债券通推出之前，虽然境外机构投资者也可以参与中国债券市场，但他们需要付出比较高昂的参与成本，包括合规成本和时间成本等，因为参与中国债券市场之前需要深入了解中国市场的交易制度、结算制度、入市途径和繁多的法律法规。债券通简化了这个过程，境外投资者可以沿用自己熟悉的交易系统和结算方式，降低了外资机构参与中国债券市场的门槛。虽然"债券通"初期仅开放了"北向通"，但近几年的运行为内地和香港两地市场交易结算制度的对接积累了经验。债券通对香港的发展也具有重要的意义。香港目前已是全球举足轻重的离岸人民币中心。在过去的十几年里，有一些重大的里程碑事件，包括：2004 年香港银行开始为个人客户提供人民币服务、2007 年香港发行人民币债券、2009 年人民币跨境贸易结算试点、2014 年沪港通、2016 年深港通和 2017 年债券通。这些历史发展的经验表明，香港背靠祖国，才能更加强大。

其次，债券通是对交易前、中、后各个阶段的全面创新，体现在交易前利用已经开立在香港的账户"一点接入"境内市场，交易中与做市商通过请求报价方式达成交易，交易后利用名义持有人制度实现一级托管制度与多级托管体系的有效连接。

最后，通过债券通安排，中国境内的金融机构可以与境外机构投资者产生更为密切的业务联系，有利于中国金融机构更深入地融入海外市场，奠定了"走出去"的基础。随着"债券通"的发展，我国债券陆续纳入多个国际债券指数，境外机构主动或被动增持我国境内债券，将有利于人民币进入境外国家的官方外汇储备，推动人民币国际化。

发展债券通是我国银行间债券市场开放的重要一步，而银行间债券市场又是支持我国货币政策的实施和货币政策传导的重要市场。银行间债券市场形成的利率，比如央行公开市场操作的中期借贷便利（MLF）利率、债券回购交易形成的回购利率和同业机构间的拆借利率等，可以通过金融机构传导到实体经济，影响到我国货币政策实施的有效性。从理论上说，债券的价格与利率存在着一种负相关关系。因此，银行间债券市场交易更加活跃，市场的广度和深度提高，债券的价格发现机制更完善，有助于市场利率的有效性提高，有助于货币政策的有效传导。从这个意义上说，发展债券通，实施债券市场更深更广的对外开放，可以进一步实现市场交易主体的多样化，提升债券市场的流动性，使央行能更有效地通过公开市场操作实现货币政策目标。另外，一个更成熟更完善的债券市场也有利于整个金融市场的稳定。

第二篇

中国债券市场的发展现状

第四章　中国债券市场的发展与演变

中国的债券市场是从 20 世纪 80 年代末起步并逐渐发展起来的。经过 30 多年的发展，逐步形成了以银行间债券市场为主体，包括上海和深圳证券交易所以及商业银行柜台债券市场在内的比较全面的债券市场，也形成了多头监管的格局。

第一节　债券市场过去 30 年的发展

1981 年，国务院通过的《中华人民共和国国库券条例》，确定从当年开始发行国库券。当时，国库券主要是面向国有企事业单位和个人，以行政摊派的形式发行，不得自由买卖。1985 年，企业债开始发行。从 1986 年开始，经人民银行批准，沈阳和上海开办了债券柜台转让业务。到 1987 年底，有 41 个城市的证券公司和信托投资公司等机构开办了债券转让业务。1988 年，经国务院批准，先是在沈阳、上海、重庆、武汉、广州、深圳和哈尔滨 7 个城市进行国债流通转让试点，随后第二批在 54 个城市进行转让试点。这样就形成了地方性债券交易中心及柜台交易中心并存的局面。

1990 年，上海和深圳证券交易所成立，开辟了交易所的场内交易市场。但当时绝大多数债券交易仍是在柜台市场进行的实物券交易。从 1993 年开始，交易所可以进行国债现券、期货和回购交易，场内市场交易量大幅增加，也开始进行企业债券的交易。1994—1995 年，由于各地证券交易中心出现了较大的风险，国家开始对各地分散的证券交易所进行清理整顿，把债券交易全部集中于上海和深圳证券交易所，交易所成为唯一合法的债券交易市场。

案例 4.1.1 "327 国债事件"

1995 年 2 月 23 日，万国证券为逃避亏损，利用规则漏洞，在上海证券交易所当天最后 7 分 47 秒巨量砸盘，使代号为 327 的国债期货合约价格瞬间大挫。这就是中国证券史上著名的"327 国债事件"。

当天下午，万国证券的巨量抛单是从三个席位分多次抛出、对倒的。收盘后，万国证券总裁管金生与上海证交所总经理尉文渊就最后 8 分钟交易到底"算与不算"发生了激烈的争论。尉文渊认为，违规交易的结果是有问题的，但管金生坚持要算这些交易。

尉文渊决定要取消这最后 8 分钟交易的原因，其实在于上海证交所国债期货交易机制不够完善，不过万国证券最后 8 分钟的 23 笔交易既没有足够的保证金，还存在明显的联手对倒行为，人为扭曲了当天的结算价格，将 327 品种的价格从 151.3 元打压到 147.5 元。

当天晚上上海证交所对外发布了取消最后 7 分 47 秒交易的公告，将 327 品种的收盘价调整为违规前最后一笔成交的价格 151.3 元。为了稳定市场情绪，2 月 24 日上交所所有国债期货交易暂停半天，2 月 27 日开始组织协议平仓。

"327 国债事件"发生后，1995 年 5 月，证监会出台了《关于暂停全国范围内国债期货交易试点的紧急通知》，国债期货被叫停。事隔 18 年之后，直到 2013 年中金所才正式重启国债期货。

1997 年 6 月，中国人民银行发布了《中国人民银行关于各商业银行停止在证券交易所证券回购及现券交易的通知》，要求商业银行全部退出上海和深圳证券交易所，改为通过全国银行间同业拆借中心提供的交易系统进行回购和现券交易。由此形成了银行间债券市场。

银行间债券市场形成后，逐渐成为中国最主要的债券市场，交易量远远超过了证券交易所市场。在银行间债券市场发展过程中，在以下时点发生了一些重要事件：

一、引入做市商制度

采用做市商制度是银行间债券市场的主要特点之一。从 2001 年开始，为了提高市场的流动性和透明度，银行间债券市场正式引入了做市商制度。做市商主要由大中型银行和证券公司担任，它们不断在市场上进行某一券种的双边报价，其他机构可以直接点击做市商的报价进行成交。

截至 2020 年 7 月 21 日，银行间债券市场共有做市商 30 家，尝试做市机构 54 家。所谓尝试做市机构，指的是这些机构也履行做市商的职责，在尝试做市满一定时间后，符合相关的标准，可以向人民银行申请成为正式做市机构。尝试做市机构包括 47 家综合做市机构和 7 家专项做市机构。

表 4.1.1　　　　　　　　银行间债券市场做市商名单

北京银行股份有限公司	第一创业证券股份有限公司
广发银行股份有限公司	广发证券公司
国家开发银行	国泰君安证券股份有限公司
汉口银行股份有限公司	杭州银行股份有限公司
恒丰银行股份有限公司	花旗银行（中国）有限公司
江苏银行股份有限公司	交通银行股份有限公司
洛阳银行股份有限公司	摩根大通银行（中国）有限公司
南京银行股份有限公司	上海浦东发展银行
上海银行股份有限公司	兴业银行股份有限公司
渣打银行（中国）有限公司	招商银行股份有限公司
中国工商银行股份有限公司	中国光大银行
中国国际金融股份有限公司	中国建设银行股份有限公司
中国民生银行股份有限公司	中国农业银行股份有限公司
中国银行股份有限公司	中国邮政储蓄银行
中信银行股份有限公司	中信证券股份有限公司

数据来源：中国货币网。

二、引入货币经纪商

由于银行间债券市场的交易方式与交易所不同，很多都是通过询价达成的，所以参与者为了达成交易，往往要逐一询价，效率比较低。货币经纪商出现以后，可以筛选市场信息，为交易者提供匹配的市场价格，大大提高交易效率。

我国银行间债券市场的经纪制度起步较晚。2006 年，人民银行发布了《关于货币经纪公司进入银行间市场有关事项的通知》，建立经纪制度并批准几家经纪公司进入银行间市场提供经纪服务。目前，活跃在银行间债券市场的共有五大货币经纪商，分别是上海国利货币经纪有限公司、上海国际货币经纪有限责任公司、中诚宝捷思货币经纪有限公司、平安利顺国际货币经纪有限责任公司和天津信唐货币经纪有限责任公司。

货币经纪公司在我国银行间市场上发挥了重要的作用。作为中介，它们能促进交易更快达成，提高寻找交易对手方的效率。以 2019 年 7—8 月的数据为例，根据全国银行间同业拆借中心的统计，银行间市场共成交 215.90 万亿元（包括货币市场、债券市场和衍生品市场），其中货币经纪成交 42.67 万亿元，货币经纪成交额约占全市场成交额的 20%。

表 4.1.2　　　　货币经纪公司成交情况（2019 年 7—8 月）　　单位：亿元，%

市场	经纪公司成交金额合计	市场总成交金额	经纪公司成交金额占比
信用拆借	28445.11	255017.95	11.15
利率互换	9375.78	33999.58	27.58
现券	109976.58	390805.06	28.14
质押式回购	278744.85	1463166.93	19.05
买断式回购	187.90	15997.32	1.17
总计	426730.21	2158986.83	19.77

数据来源：全国银行间同业拆借中心。

从表 4.1.2 中可以看出，尤其是在现券和利率互换市场，通过经纪成交的比例占交易量的 20% 以上。

三、交易商协会成立

银行间市场交易商协会与中国人民银行有着密切的渊源。交易商协会的成立，是我国债券发展历程中一个市场化的突破。

交易商协会成立于2007年9月3日，其诞生的主要原因是我国债券市场存在多头监管的问题。2005年，人民银行开发了短期融资券这一个新的债券品种。与公司债由证监会审批，企业债由发改委管理类似，短期融资券由央行负责，并且引入了备案制。但当时国务院法制办认为如果机构发行短期融资券需要央行审批，那这就是新市场行政许可，需要在国务院备案。于是，人民银行决定成立一个市场自律性质的组织——银行间市场交易商协会，是一个全国性的非营利性社会团体法人，主管部门为央行。银行间市场交易商协会的业务范围包括银行间债券市场、同业拆借市场、外汇市场、票据市场和黄金市场。传统上，银行间市场交易商协会的主要管理者也通常由央行的官员调任。

交易商协会成立后，对非金融企业债务融资工具实行注册制，同时，建立了债务融资工具发行后的后续管理体系。交易商协会2012年建立了"非金融企业债务融资工具注册信息系统"，把债务融资工具注册工作的全流程对外公开。协会把原来发行债券的审批制转变成了市场化的自律管理性质的注册制，把其工作重点主要放在制定规则、规范市场和服务会员机构上。

交易商协会的发展过程是一个在不断妥协中寻求创新的历程。例如，2008年推出了中期票据，这一新的债券品种在短期内对企业债和公司债造成了一定的挤压作用。因为中期票据发行的条件相对宽松，被怀疑与现行的《公司法》和《证券法》有冲突，所以中期票据的发行被迫暂停了三个月。后来央行同意交易商协会从10月起重启中期票据的注册，但是进行了很多的发行限制。时至今日，交易商协会推出的短期融资券和中期票据几乎成为中国非金融企业债务融资工具中的主流品种。

四、X 系列匿名点击产品

全国银行间拆借中心的 X 系列产品是对传统的场外市场交易机制的创新。X 系列产品的中文名称是匿名点击业务，包括 X‐Swap、X‐Repo、X‐Bond 和 X‐Lending 等，近年来又推出了 X‐Auction。

X‐Swap 是利率互换匿名点击业务。它是基于双边授信撮合的。也就是说，交易双方必须对对手方有授信额度。X‐Swap 自 2014 年推出以来，市场占比不断上升。根据交易中心的统计，截至 2019 年底，X‐Swap 的市场交易量份额已达 67%，最活跃的合约买卖点差仅有 0.25 个基点，已成为利率互换交易的主流交易方式之一。

X‐Repo 是质押式回购匿名点击业务。X‐Repo 业务始于 2015 年，截至 2019 年 10 月，已有 1308 家机构（含非法人产品）开通了 X‐Repo 业务权限，包括商业银行、证券公司、财务公司、基金公司、信托公司和以上这些机构发行的非法人产品。

X‐Bond 是现券匿名点击业务。X‐Bond 始于 2016 年，截至 2019 年底，已有 2600 多家机构（含非法人产品）开通了 X‐Bond 交易的权限。2019 年全年有 500 多家机构实际参与了 X‐Bond 交易，日均交易量约 1600 亿元，占银行间现券市场交易量的 20% 左右。

X‐Lending 是债券借贷匿名点击业务。X‐Lending 于 2018 年推出，目前有大约 70 家机构进行日常报价，标的债券达 2000 余只，债券品种包括各类活跃券、利率债老券、地方政府债、同业存单和中期票据等。通过 X‐Lending 进行日常交易的机构达 120 余家。

X‐Auction 是债券匿名拍卖业务。X‐Auction 于 2018 年推出，主要用于低流动性债券的交易、到期违约债券转让和回购违约债券处置，有效地助力防范化解金融风险。2019 年，交易中心组织了 18 场匿名拍卖业务，其中 14 场为回购违约处置匿名拍卖，成交金额 27 亿元，4 场为债券匿名拍卖，成交金额 6 亿元。

第二节 债券市场的组织形式

债券市场的组织形式，通常是指债券在一国市场上流通和交易的方式。债券市场一般可以分为场外市场和场内市场，比如我国的银行间债券市场和商业银行的柜台债券市场属于场外市场，而交易所债券市场则属于场内市场。

一、银行间债券市场

银行间债券市场是机构投资者，包括金融机构和部分非金融机构进行大宗交易的场外市场。目前银行间债券市场是我国债券市场的主体。以中央国债登记结算公司为各市场托管的债券为例，银行间债券市场约占债券托管总量的96%。

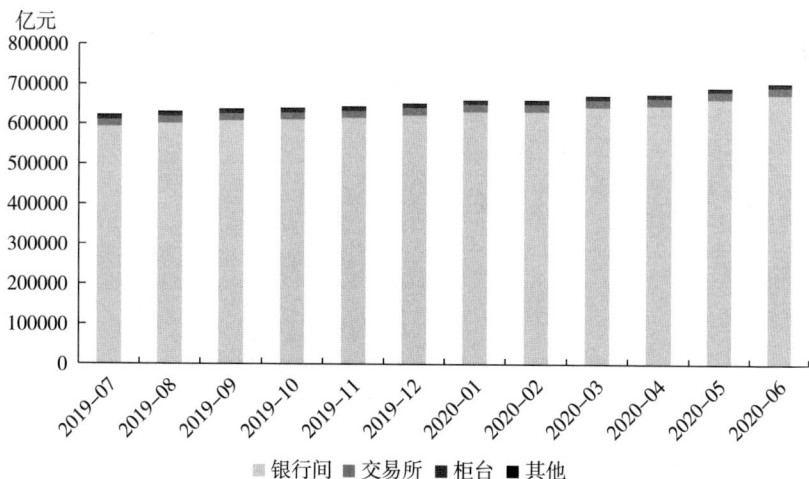

图4.2.1 分市场的债券月托管量走势

（数据来源：Wind）

1. 银行间债券市场的主要特征

（1）银行间债券市场是机构投资者投资债券的市场，即"批发市场"

截至 2020 年 7 月 29 日，银行间市场的投资者共有 33867 家，全部为机构投资者。其中，包括银行类机构 2318 家，非银行金融机构 842 家，非法人产品 27276 只，其他 3431 家。

表 4.2.1　　　　本币市场成员统计（截至 2020 年 7 月 29 日）

机构性质	最新成员数	机构性质	最新成员数
大型商业银行	23	股份制商业银行	41
城市商业银行	149	政策性银行	3
外资银行	122	农村商业银行和合作银行	1297
基金	5731	基金公司	73
农村信用联社	568	信托投资公司	69
金融租赁公司	67	财务公司	236
保险公司	159	证券公司	120
资产管理公司	7	汽车金融公司	24
社保基金	137	企业年金	2141
信托公司的金融产品	1394	保险公司的保险产品	561
其他投资产品	22	村镇银行	96
保险公司的资产管理公司	23	基金公司的特定客户资产管理业务	5516
证券公司的证券资产管理业务	6800	境外银行	277
境外保险公司	43	非金融机构	145
商业银行资管	29	理财产品	2273
保险资产管理公司的资产管理产品	838	期货公司	33
基金公司的资产管理公司	6	民营银行	19
境外央行	66	期货公司资产管理产品	236
私募基金	300	境外其他资产管理机构产品	1035
境外证券公司	57	境外基金管理公司非法人产品	1614
境外保险公司非法人产品	6	境外人民币清算行	15
境外证券公司非法人产品	33	主权财富基金	11
国际金融组织	9	境外其他中长期机构投资者	14
境外其他资产管理机构	30	境外养老基金公司	13
境外慈善基金公司	1	境外其他中长期机构投资产品	4
境外基金公司	15	养老基金	76
消费金融公司	13	证券公司的资产管理公司	2
境外银行非法人产品	24	境外养老基金	2
境外慈善基金	1	职业年金	1124
养老金产品	98	银行理财子公司	10
其他	16		

（2）银行间债券市场是一个不断创新的市场

银行间债券市场的创新，包括债券产品创新、交易方式创新和管理制度创新。经过20多年的发展，银行间债券市场的债券品种已经包括利率债、信用债、同业存单和资产支持证券几大类。这几个大类下又包含了若干小类，例如利率债包括政策性金融债和国债。在交易种类上，有现券、质押式回购、买断式回购和债券衍生品。在成交方式上，包括询价交易、点击成交、请求报价和匿名点击成交等。在管理制度上，建立了一套市场化的发行审核制度，建立了银行间债券市场的自律组织——银行间市场交易商协会，建立了上海清算所这样集中清算的机构。

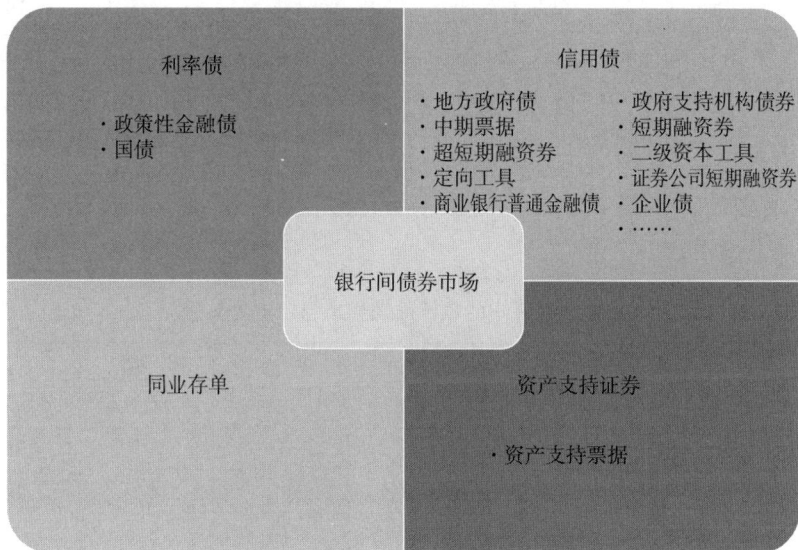

图 4.2.2　银行间债券市场的债券类型

（3）银行间债券市场是一个多层次的市场

银行间债券市场采用实名制一级账户托管体制，以中央国债登记结算有限责任公司（以下简称中债登）为例，中债登直接托管银行间债券市场投资者的债券资产。根据中债登的债券托管账户开销户规程，一级托管账户可以分为甲类、乙类和丙类三种。甲类指做市商和债券市场结算代理人，主要是商业银行和证券公司，他们既可以从事自营业务，也可以进行债券的代理结算业务；乙类指可以办理自营业务的结算成员，主要有商业银行、信用社、保险、券商、基金、其他金融机构和非法人产品；丙类指不能自己进行自营结算，需要委托一个甲类户代理结算的成员，主要是境外机构和国内的一些非金融机构。

历史上，由于丙类户开户的要求相对不严，自 2002 年银行间市场引入丙类户以来，丙类户的主体多为非金融机构法人和少量的境外机构，资质参差不齐。以 2012 年底中债登的数据为例，当时银行间债券市场的投资者数量一共是 12835 个，其中甲类户有 114 个，丙类户有 7598 个，而且丙类户之中约 84% 为非金融机构投资者，只有约 16% 为 RQFII 或小农信社。为了加强对丙类户的监管，防止出现利益输送、规避监管、套利点差保护等问题，人民银行发文对丙类户进行了清理整顿。截至 2020 年 6 月，在中债登开户的银行间债券市场投资者共有 26001 家，其中甲类户 124 家，乙类户 24437 家，丙类户减少到了 1440 家。之前的丙类户部分被清退，部分转为乙类户。现存的内类户绝大多数已经是境外机构，而不是境内的非金融机构。

表 4.2.2　　　　　　在中债登开户的银行间债券市场投资者数量　　　　　单位：个

机构性质	小计	甲类	乙类	丙类
银行间债券市场	26001	124	24437	1440
1. 政策性银行	3	1	2	0
2. 商业银行	1656	61	1576	19
2.1 全国性商业银行及其分支行	79	17	54	8
2.2 城市商业银行	146	29	117	0
2.3 农村商业银行	1248	8	1240	0
2.4 农村合作银行	13	0	13	0
2.5 村镇银行	90	0	80	10
2.6 外资银行	68	7	60	1
2.7 其他银行	12	0	12	0
3. 信用社	532	0	480	52
4. 保险机构	187	0	170	17
5. 证券公司	136	54	82	0

续表

机构性质	小计	甲类	乙类	丙类
6. 基金公司及基金会	60	0	57	3
7. 其他金融机构	357	5	343	9
8. 非金融机构	86	0	1	85
9. 非法人产品	21787	0	21709	78
其中：商业银行理财产品	2039	0	2039	0
10. 境外机构	1178	0	2	1176
11. 其他	19	3	15	1

数据来源：www.chinabond.com.cn。

（4）银行间债券市场是场外市场

由于银行间债券市场的投资者都是机构投资者，债券交易的量比较大，传统上多通过询价的方式达成交易。虽然银行间债券市场近年来也引进了一些集中竞价的交易方式，但目前绝大多数的交易仍是通过询价达成的，这也是场外市场交易的特点。国际上发达国家的债券市场，像美国、欧洲和日本，也都是以场外市场为主，而场内市场主要是为一些零售投资者提供交易便利。

2. 银行间债券市场的主要参与者

按照在银行间债券市场参与的活跃程度，除了境外机构外，境内市场成员主要可以分为三类，即银行类金融机构，包括城商行、股份制银行、大型商业银行、农商行、政策性银行和农联社等；非法人产品，包括基金、理财产品、基金公司资管、保险公司产品、商业银行资管等；非银行类金融机构，包括证券公司、保险公司、期货公司、基金公司、信托公司、财务公司、金融租赁公司、消费金融公司和汽车金融公司等。上述这几类市场参与者的交易量占银行间债券市场，包括现券、质押式回购、买断式回购和债券远期的90%以上。

（1）银行类金融机构

银行类金融机构是银行间债券市场最重要的参与者，交易量占银行间债券市场的60%以上。银行类金融机构在回购市场上一般融出资金量要大于融入资金量,多从大型商业银行、股份制银行和政策性银行融入资金,融出给基金、城商行和股份制银行等市场成员。

在现券市场上,银行类金融机构既有买入也有卖出。它们在现券市场上最常交易的品种有政策性金融债、国债、同业存单、地方政府债、超短期融资券、中期票据和政府支持机构债券等。根据 2020 年上半年同业拆借中心的数据,这几类债券的交易量大约分别占银行类金融机构现券交易量的 42%、24%、19%、8%、2%、2% 和 1%,其余类型的债券银行类金融机构很少进行交易。从买卖现券的期限来看,银行类金融机构最青睐期限在 3~10 年期的债券,占买卖现券总金额的 56% 左右。银行类金融机构持有债券的目的主要是平衡资产配置的需要。因为债券的收益比较稳定,同时流动性好,易于变现以满足银行的流动性需求。

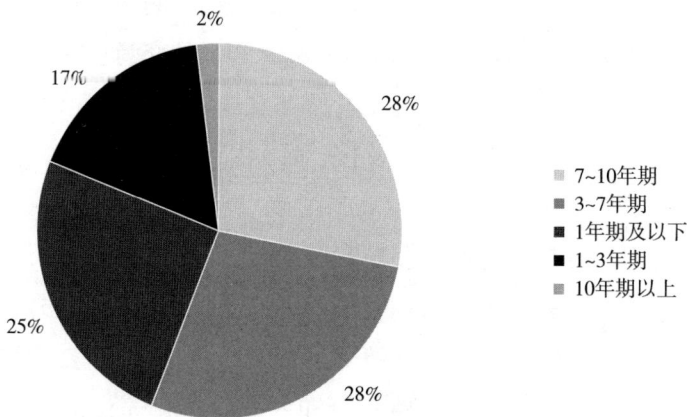

图 4.2.3　银行类金融机构交易各期限债券的比例（2020 年上半年）

（数据来源：全国银行间同业拆借中心）

（2）非法人产品

非法人产品指金融机构等作为资产管理人,接受客户的委托或授权,按照约定的方式开展资产管理或投资业务所设立的各类投资产品,例如证券投资基金、信托计划、企业年金基金、保险产品、证券公司资产管理计划、基金公司特定资产管理组合和商业银行理财产品等。它们在中央国债登记结算有限责任公司可以开立乙类或丙类户，参与债券市场的交易。

由于非法人产品不像银行类金融机构有非常稳定的存款作为资金来源，同时又要定期或不定期应对投资者的兑付要求，所以非法人产品在回购市场上是最大的净融入主体，主要从大型商业银行、城商行和股份制银行等机构融入资金，融出给证券公司、非法人产品和城商行等市场成员。在现券市场上，非法人产品既有买入也有卖出，通常买入金额大于卖出金额，主要的交易对手有证券公司、城商行和股份制银行等。在交易方式的选择上，非法人产品常用询价、匿名点击（X－Repo）和请求报价的方式达成回购交易，现券交易则常用请求报价和询价方式达成交易。

（3）非银行类金融机构

非银行类金融机构包括基金公司、保险公司、信托投资公司、保险公司的资产管理公司、证券公司、汽车金融公司、资产管理公司、投资公司、金融租赁公司和财务公司等机构，它们是银行间债券市场非常活跃的参与者。以证券公司为例，2020 年上半年，证券公司在债券市场的交易量（含质押式回购、买断式回购、现券和债券远期）为 118.60 万亿元，仅次于城商行、股份制银行、大型商业银行和基金，位列第四，大约占整个市场份额的 10%。

非银行类金融机构进入银行间债券市场是逐步放开的。1999 年 10 月 13 日，中国人民银行发布了《基金管理公司进入银行间同业市场管理规定》和《证券公司进入银行间同业市场管理规定》，规定凡经批准进入全国银行间同业市场的基金管理公司和证券公司，必须通过全国银行间同业拆借中心提供的交易系统进行同业拆借、债券交易业务。同时，这些基金管理公司和证券公司还应向市场披露必要的信息，包括公司的基本情况和财务状况等。2000 年，中国人民银行发布了《财务公司进入全国银行间同业拆借市场和债券市场管理规定》。2002 年，中国人民银行发布了《关于金融机构加入全国银行间债券市场有关事宜的公告》，允许符合条件的信托投资公司、金融租赁公司等加入全国银行间债券市场，实行准入备案制。从 2015 年开始，允许期货公司及其资管产品进入银行间债券市场。

3. 银行间债券市场的交易平台和交易方式

与国外场外债券市场的电子交易平台数量较多且分散不同，我国银行间债券市场从建立初始，就依托全国银行间同业拆借中心的电子交易系统建立了统一的交易平台。凡通过备案进入全国银行间债券市场的成员，都要实行联网，接入全国银行间同业拆借中心的交易系统。债券通业务开始后，境外的机构投资者也可以利用彭博、Tradeweb 等境外电子交易系统提交自己的交易。

按报价成交类型来看，质押式回购和买断式回购多采用询价方式进行，即交易双方通过在交易系统中进行一对一的格式交谈达成交易，或者先通过货币经纪公司谈妥交易要素，然后在同业拆借中心的系统中正式达成交易。在质押式回购中，也有部分是通过匿名点击系统，即 X - Repo 达成的；或者是发请求报价给几家潜在交易对手，然后比较各家报价后选择性地达成交易。在现券买卖中，最常用的方式是请求报价，其次是询价和匿名点击（X - Bond）。

表 4.2.3　　　2020 年上半年银行间债券市场报价成交类型　　　单位：亿元

成交金额	询价	请求报价	点击成交	匿名点击	报价成交类型总计
质押式回购	4004694	62998	—	607090	4674782
现券	379211	688210	6822	120098	1194341
买断式回购	37555	—	—	—	37555
总计	4421460	751208	6822	727189	5906679

数据来源：全国银行间同业拆借中心。

4. 银行间债券市场的后台托管结算机构

负责银行间债券市场登记托管和结算的主要有两家机构，即中央国债登记结算有限责任公司（以下简称中债登）和上海清算所（以下简称上清所）。这两家后台机构托管的债券种类有所不同。截至 2020 年 7 月末，中债登和上清所共托管债券 95.65 万亿元，其中中债登托管 71.16 万亿元，上清所托管 24.49 万亿元。中债登托管的债券主要是政府债券，包括国债和地方债，以及政策性银行债、商业银行债等品种。上清所托管的债券主要是公司信用类债券和同业存单。

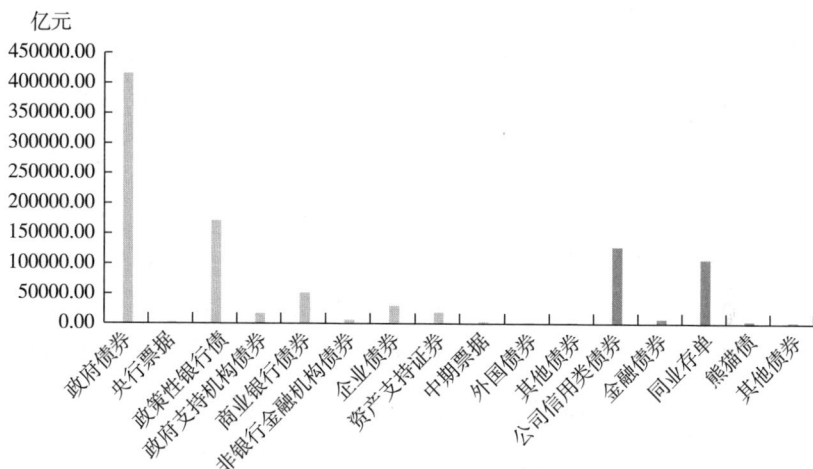

图 4.2.4 中债登和上清所托管的各种类型债券

（数据来源：Wind）

怎样判断某一个银行间债券市场的债券是托管在中债登还是上清所的呢？简单来说，可以看它的债券代码。如果债券代码是 9 位数，一般是托管在上清所的。如果债券代码不是 9 位数，而是 4、6、7 或 8 位数，一般则是托管在中债登的。

银行间债券市场目前全部采用一级托管的形式，即所有债券市场成员均在中债登或者上清所直接开立账户，这一点与商业银行柜台债券市场和债券通的模式有所不同。这种一级托管形式的优点是结算效率高，而且可以避免二级托管机构挪用债券的风险。

二、交易所债券市场

交易所债券市场是典型的场内市场。我国大陆地区有两大交易所：上海证券交易所和深圳证券交易所，均可以进行债券交易。为这两大交易所提供后台登记、托管和结算业务的是中国证券登记结算有限责任公司（以下简称中证登）。交易所债券市场的监管机构是中国证监会。

1. 交易所债券市场的发展

上海证券交易所和深圳证券交易所最初是进行股票交易的场所。20 世纪 90 年代初债券交易开始在交易所进行，交易所债券市场逐步形成，并一度成为我国唯一的债券交易场所。从 1997 年开始，由于大量银行的信贷资金通过交易所的债券回购进入了股市，加剧了股市炒作，监管当局成立了银行间债券市场，要求商业银行全部退出交易所市场。交易所市场逐步演变成主要面向个人和中小投资者的债券市场。一些非银行金融机构，例如证券公司、信托公司、保险公司和基金等虽然也在交易所参与债券交易，但由于银行类金融机构都在银行间债券市场，所以这些非银机构在交易所债券市场进行的交易占自身全部交易的比重也不大。

从成交的债券品种来看，交易所债券市场成交的债券品种以信用债为主。以 2019 年为例，可转债和公司债分别占交易量的 50% 和 23%，其次是金融债占 10%，资产支持债券占 9%，国债仅占 3%。

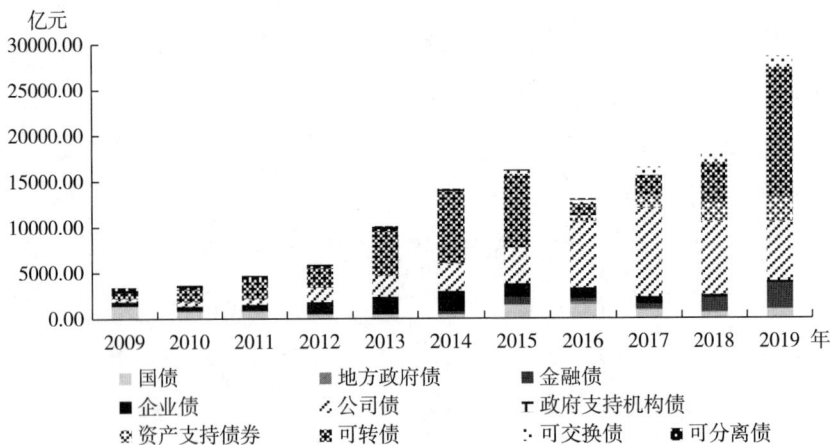

图 4.2.5　近 10 年来上海证券交易所和深圳证券交易所各种债券类型的交易量

（数据来源：Wind）

自从 1990 年成立以来，上海证券交易所和深圳证券交易所已经发展出了较为完整的包括债券现券和回购的一系列产品和交易制度。上海证券交易所最主要的品种有：质押式回购、报价回购、可转债、公开发行公司债、中小企业私募债等。深圳证券交易所主要的品种有：质押式回购、可转债、公司债、非公开发行公司债券等。但是与银行间债券市场相比，体量要小很多。

2. 交易所债券市场的交易方式

传统意义上的场内市场大多采用竞价撮合的方式，即类似股票交易，按照时间优先、价格优先的原则，由交易系统对买卖双方的指令进行自动匹配，达成交易。近年来，我国上海证券交易所和深圳证券交易所在传统的竞价撮合的交易方式之外，也尝试引进了场外交易的方式。

例如，上海证券交易所开发了固定收益证券综合电子平台，这个平台是和集中竞价交易系统平行而又独立的系统。这个平台主要适用于机构投资者，机构投资者可以同时在上证所竞价交易系统和固定收益证券综合电子平台进行交易，而个人投资者只能在竞价交易系统中进行买卖。固定收益证券综合电子平台设立了交易商制度，符合条件的上交所会员可以申请交易商资格。一般经上交所核准的证券公司、基金公司、财务公司和保险资产管理公司等会员可以成为交易商，符合条件的交易商可以申请一级交易商资格。一级交易商即做市商，是指经上交所核准可以在交易平台上提供双边报价，并对询价请求做出回复的交易商。目前上交所有 19 家一级交易商。另外，上交所还有适用于大单市场的大宗交易系统。

交易所债券市场的竞价和询价系统之间也可以进行交易。不同的是，本系统内的债券可以进行 T + 0 交易，即当日买入，当日卖出；而跨系统的交易要 T + 1 进行，比如竞价系统买入的债券，要隔日才能在询价系统内卖出。对于债券评级未达到 AA 级的公司债券，根据 2018 年修订的《上海证券交易所公司债券上市规则》，只能采取报价、询价和协议交易方式，不能通过竞价方式交易。

从系统的功能、交易方式和交易成员等方面来看，交易所市场的固定收益证券综合电子平台和银行间债券市场的本币交易系统非常相像。而交易所市场的竞价交易系统又与银行间债券市场新本币交易系统的集合竞价和连续竞价模块的功能非常相像。可以说，我国场内和场外市场的交易系统，其本质功能都有其相似点，而且在发展过程中，场内市场和场外市场也在互相竞争、互相学习、互相借鉴。

3. 交易所债券市场的托管和清算

中国证券登记结算有限责任公司（以下简称中证登）为交易所债券市场提供托管和清算支持。中证登成立于2001年，隶属证监会监管，分别由上海证券交易所和深圳证券交易所持股50%，设立了上海、深圳和北京分公司。其上海和深圳分公司分别负责上海和深圳证券交易所债券的托管和结算。

表4.2.4 　　　　　　　　　　交易所债券市场的结算方式

品种及业务		清算方式	交收方式	交收周期
债券	国债、地方政府债、政策性金融债、可转债	多边净额	担保①	T日证券过户，T+1日资金交收
	符合净额结算标准的公司债、企业债、政府支持债券、分离债、公募可交换公司债			
	不符合净额结算标准的公司债、企业债、政府支持债券、分离债、公募可交换公司债	逐笔全额	非担保	RTGS
	私募债券、私募可交换债券			
	特定债券转让			
	资产支持证券			
债券质押式回购		多边净额	担保	T+1日资金交收
债券质押式协议回购初始交易和购回交易（品种为国债、地方政府债、政策性金融债、公司债、企业债、政府支持债券、分离债等）		逐笔全额	非担保	T+0日证券资金交收
债券质押式协议回购初始交易和购回交易（品种为资产支持证券、私募债券等）				RTGS
债券质押式协议回购叙做交易				RTGS
债券质押式三方回购				RTGS
约定购回				T+1日证券资金交收
质押式报价回购		双边净额		

注：① 担保交收指有中央对手方保证合约的履行。

数据来源：中证登。

三、商业银行柜台债券市场

商业银行柜台债券市场也是一个场外市场。对于个人和中小机构投资者（比如企业）来说，它们可以通过商业银行的柜台债券市场买卖国债、政策性金融债等债券，实现其投资目的。

1. 商业银行柜台市场的发展情况

柜台业务包括储蓄国债业务和柜台流通式债券业务。储蓄国债是以电子方式记录债权的不可流通的人民币国债。个人投资者可以通过承销成员的营业网点或者网上银行进行认购。储蓄国债不可以流通，但是可以提前兑取或者进行质押贷款。柜台流通式债券业务指金融机构通过其网点或者网上银行等渠道为投资者办理交易债券等业务，是我们接下来要重点进行介绍的柜台债券业务。

商业银行柜台债券业务起步于 2002 年。当时，为了增加个人和企业投资国债的渠道，人民银行发布了《商业银行柜台记账式国债交易管理办法》，第一批批准了工商银行、农业银行、中国银行和建设银行四大国有银行在柜台开展记账式国债交易试点。同年 11 月，又批准了民生银行、招商银行、北京银行和南京银行 4 家银行成为柜台业务的开办机构。

表 4.2.5　　　　　　　　柜台流通式债券业务开办机构名单

工商银行	兴业银行
农业银行	江苏银行
中国银行	北京农商行
建设银行	平安银行
民生银行	浦发银行
招商银行	上海农商行
北京银行	洛阳银行
南京银行	杭州银行
宁波银行	上海银行
顺德农商行	徽商银行
交通银行	成都银行

经过十几年的发展，截至 2020 年 7 月，柜台流通式债券业务包括的债券品种有记账式国债、地方政府债券、国家开发银行债券、中国农业发展银行债券和中国进出口银行债券。开办机构共有 22 家。托管模式采用二级托管，即中债登为一级托管机构，承办机构为二级托管机构。个人及企业投资者仅需在承办机构开立债券投资账户。

柜台流通式债券市场发展迅速的另一个标志是投资者数量的增长。根据中债登的统计，截至 2020 年 7 月，柜台市场共有投资者 2351 万，这其中既有个人投资者，也有企业投资者，投资者数量大约是 2012 年时的 2 倍。

近年来商业银行的柜台债券业务交易量持续增长，从 2016 年的 87.57 亿元增长到 2019 年的 2528.61 亿元，增长了近 28 倍。

表 4.2.6　　　　　　　　　柜台市场现券交易量　　　　　　　单位：亿元

承办机构名称	2016 年	2017 年	2018 年	2019 年
工商银行	16.09	29.01	105.85	328.95
农业银行	0.94	145.35	847.90	1271.72
中国银行	64.23	68.97	363.02	709.28
建设银行	5.93	1.26	1.18	16.84
招商银行	0.25	0.29	0.32	14.18
民生银行	0.00	0.00	0.00	0.00
北京银行	0.03	0.00	0.04	1.20
南京银行	0.10	0.12	1.15	2.67
宁波银行	0.00	0.00	0.31	1.87
交通银行	0.00	0.00	0.00	9.80
顺德农商银行	0.00	0.00	0.48	0.55
兴业银行	0.00	0.00	0.04	150.73
北京农村商业银行	0.00	0.00	0.00	1.05
浦发银行	0.00	0.00	0.00	3.83
平安银行	0.00	0.00	0.00	3.14
江苏银行	0.00	0.00	0.00	9.18
上海农商行	0.00	0.00	0.00	1.05
洛阳银行	0.00	0.00	0.00	1.71
杭州银行	0.00	0.00	0.00	0.88
汇总	87.57	245.00	1320.29	2528.61

数据来源：www.chinabond.com.cn。

柜台债券受到个人和企业投资者的欢迎。以 2018 年的成交量来看，个人客户和企业客户大约各占 50%。从券种来看，柜台业务的成交券种集中在国开债、国债和农发债。由于国开债较同期限国债的收益率更高，在续发时也着力与农业银行等网点众多的大行紧密合作，营销力度较大，所以柜台成交的国开债比重最大。以 2018 年为例，根据同业拆借中心的数据，国开债的成交量占柜台债券成交量的 86%。

2. 商业银行柜台债券市场的特点

商业银行柜台债券市场发展到今天，交易已经变得越来越容易。符合条件的个人和企业投资者，可以在商业银行柜台开立债券托管账户，并与银行签署债券托管协议，然后在柜台或者网上银行买卖银行挂牌的记账式国债和政策性金融债等债券。与 20 世纪 80 年代的柜台债券转让业务不同的是，现在的商业银行柜台债券业务具有以下新的特点：

一是有一个统一的托管后台。实行二级托管制度，中债登为一级托管机构，承办机构为二级托管机构。投资者可以向中债登查询自己托管账户的余额，即实行集中统一托管和结算。

二是柜台债券有公开的挂牌报价。每个承办机构一天数次进行双边报价，投资者可以根据自己的实际需求与银行进行现券的买卖交易。而且柜台债券的报价基本与银行间债券市场的价格接近。

三是安全可靠性得到提高。每家承办机构的柜台债券系统通过与中债登的系统联网，可实现债券的托管数额经过中债登的核查。同时，承办机构将其自营债券和客户的债券分开，保证了承办机构不会挪用客户的债券。

四是投资者的交易对手只能是柜台业务的开办机构，即各家商业银行。与银行间债券市场和证券交易所债券市场不同的是，投资者之间互相不能进行交易，而只能与各自的银行进行债券交易。投资者也可以申请转托管，即将原来托管在 A 银行的债券转到 B 银行托管。

3. 柜台业务存在的主要问题和趋势

近年来，柜台债券业务取得了大幅增长，但仍存在报价成交不活跃、开户流程过长、品种相对单一、信息重复报送的问题：

柜台业务的报价成交尚不活跃。从成交量最大的农业银行来看，其主要的盈利点在于分销新发和续发的国开债，二级市场盈利有限。一些新的开办机构虽然业务上线了，但并不急于扩大营销。报价频率方面，目前大部分机构都是一天一次或几次报价，实际成交的买入卖出也不频繁。

柜台市场开户流程较长。机构投资者在开办机构开立债券账户时，开办机构网点须对客户逐一进行手工查验。已在登记托管结算机构开户的机构投资者是不能再重复申请开立柜台债券账户的，而这些机构投资者的清单是在每个月末由中债登和上清所手工下发给开办机构，再下发网点，不能做到自动查验。

柜台业务的品种相对单一。除现券买卖外，质押式回购、买断式回购以及经中国人民银行认可的其他交易品种仍未实际开展。由于目前柜台市场还没有回购业务的细则，会计处理上各家银行没有统一的会计制度，开展回购业务有一定难度。

信息重复报送。按照中国人民银行 2016 年发布的《全国银行间债券市场柜台业务管理办法》，柜台业务的报价成交信息应由开办机构传至同业拆借中心，再由同业拆借中心统一传输至债券登记托管结算机构。但在实际操作中，各开办机构的报价成交信息大多是分别传输至同业拆借中心和中债登，增加了开办机构的系统建设成本和复杂性，也给申请的开办机构熟悉柜台业务操作流程造成一定的困惑。

为了商业银行柜台债券市场的进一步发展，笔者提出以下一些建议：

第一，进一步活跃柜台业务的报价成交。发行人方面，建议一方面引导已向柜台市场发行债券的发行人实现新发、续发债券对柜台市场的全覆盖；另一方面引导其他债券类型发行人新发债券时支持在柜台市场上市，以满足不同类型投资者投资需求。

第二，建议国开行借鉴储蓄国债的模式，形成每月固定时间区间发行的规律，并适当延长分销期至 5 个工作日，以培养客户形成投资习惯。柜台业务开办机构方面，建议增加柜台业务开办机构，引导非银行类机构开展柜台业务。

第三，优化开户流程。建议登记托管结算机构进行柜台业务系统升级，每日更新已在登记托管结算机构开户的机构投资者清单，日终下传至柜台业务开办机构，由开办机构柜台系统自动进行开户查验，保证开户环节符合监管要求。

第三节 债券市场发展展望

作为金融市场的重要组成部分之一，债券市场的发展对提高直接融资比例意义重大。前文我们梳理了我国债券市场的组织形式，本节我们将分析中国债券市场面临的机遇和挑战，并展望其未来的发展趋势。

一、机遇与挑战

1. 银行参与交易所市场的政策变迁

中国债券市场的基础设施在监管责任、债券发行和交易结算三个方面都有一定程度的隔离，具体来说，可以分为中国人民银行和证监会两大体系。中国人民银行的体系以银行间债券市场为代表，配套的是中债登和上清所作为后台登记结算机构；证监会的体系以交易所债券市场为代表，配套的是中证登作为后台登记结算机构。这样的体系是由于历史发展的原因而形成的。相对割裂的债券市场结构既有好处，也有缺点。好处是两个市场相互竞争，对于相重叠的业务部分有很强的效率激励作用，例如 ABS 注册制先后推出，以及信用债市场的审核机制变革等。缺点是市场的割裂不利于提高交易效率，例如债券要跨市场托管，使用不同的交易系统，使用不同的后台托管结算机构等。

虽然目前银行间市场和交易所市场有出现融合的趋势，但仍存在一些差异，表现在：

（1）投资者不同。商业银行主要在银行间债券市场进行交易，虽然目前最新的政策已经开始有条件地允许部分商业银行进入交易所市场，但由于黏性的存在，它们还是在银行间债券市场更为活跃。非银机构在两个市场都可以参与。个人投资者只能在交易所市场进行交易。

（2）交易机制不同。银行间债券市场由于单笔金额比较大，多采用询价方式；交易所市场以竞价撮合为主。当然，现在两个市场都借鉴对方的交易机制，例如银行间债券市场也有类似竞价撮合的 X 系列交易系统，交易所市场也引入了类似银行间市场的询价交易系统。

（3）登记、托管和结算机构不同。银行间债券市场为中债登和上清所，交易所市场为中证登。

（4）交易工具不同。银行间债券市场主要有现券、回购、利率互换、标准债券远期等交易工具，交易所市场的工具主要有现券、回购、利率互换、国债期货等。

表 4.3.1   银行间债券市场和交易所债券市场的比较

不同点	银行间债券市场	交易所债券市场
投资者	主要是机构，包括银行、非银金融机构、非法人产品等	主要是非银行金融机构（虽然银行也允许进入交易所）、非金融机构和个人
监管机构	人民银行	证监会
托管机构	中债登和上清所	中证登
结算方式	全额逐笔结算和净额结算（上清所对部分债券）	中证登对集中竞价交易的品种采取净额清算，对协议交易等品种采用净额清算担保交收或全额清算非担保交收
交易机制	询价为主，做市商、经纪商为辅，少量竞价撮合	主要是集中竞价撮合，少量询价
交易工具	现券交易、回购交易、利率互换、标准债券远期等	现券交易、回购交易、利率互换、国债期货等

2019 年，证监会发布了第 81 号文，即《中国证监会、中国人民银行、中国银保监会关于银行在证券交易所参与债券交易有关问题的通知》，允许政策性银行、国有大型商业、股份制商业银行、城商行、外资银行和上市银行在证券交易所参与债券的现券竞价交易。这意味着时隔二十多年，银行被再次允许进入证券交易所市场进行交易。

81 号文将对中国债券市场的发展产生深远影响。从历史经验来看，我国金融市场的开放和改革一般都是采用渐进、先试点再逐步推进的方式进行的。所以虽然 81 号文的影响在短期内还没有完全显现出来，但后续有可能会出台其他配套的政策，使银行间债券市场和交易所债券市场相对分割的状况得到改善。

表 4.3.2　关于银行进入交易所债券市场的历史性法规文件

年份	制定者	文件名称	目的	主要内容
1997	中国人民银行	《关于各商业银行停止在证券交易所证券回购及现券交易的通知》	规范发展国债回购市场，禁止银行资金违规流入股票市场	国有大型商业银行、其他商业银行、城市合作银行必须停止在证券交易所的回购和现券交易。新的证券回购业务在全国统一的同业拆借网络中办理
2008	国务院	《国务院办公厅关于当前金融促进经济发展的若干意见》	应对国际金融危机，扩大内需、促进经济增长，加大金融支持力度	推进上市商业银行进入交易所债券市场试点
2009	证监会、银监会	《关于开展上市商业银行在证券交易所参与债券交易试点有关问题的通知》	积极发展债券市场，促进企业融资	已在证券交易所上市的商业银行，经银监会批准后，可向交易所申请从事债券交易。可以在固定收益平台从事国债、企业债、公司债等品种的现券交易。银监会和证监会将逐步扩大商业银行的范围和可从事债券业务的范围

81 号文将可参与交易所债券交易的银行范围扩大到了除非上市农商行、村镇银行和农联社以外的全部商业银行，交易方式限定为现券的竞价交易，并规定证监会、人民银行、银保监会此前发布的有关规定（例如表4.3.2 中的文件）如与 81 号文不符，以 81 号文为准，从而进一步扩大了交易所市场的投资者主体。

2. 银行间债券市场与交易所债券市场的价差与流动性差异

（1）流动性差异

从 2007—2019 年两个市场的成交金额和债券余额存量列表可以看出，债券存量在过去的十几年基本保持增长的态势。成交金额总体是逐年上升的，但在几个时期两个市场呈现出此消彼长的态势：2013—2014 年，由于 2013 年 6 月的流动性紧张，货币市场利率达到历史最高点，之后银行间市场的监管力度有所加强，2013 年下半年到 2014 年银行间债券市场成交量减少，而交易所市场成交量上升；2016 年，央行多次对货币政策工具进行微调，例如存款准备金、逆回购和 MLF 利率等多次下调，银行间债券市场宽幅震荡，成交量上升，特别是利率债流动性水平较高，与此同时，交易所市场成交量则有所下降；2017 年，在去杠杆的大背景下，银行间债券市场走熊，经历了三轮下跌，成交量下降，而交易所市场则成交量上升。从表 4.3.3 中可以看到，在 2009 年上市商业银行被允许进入交易所债券市场后，银行间市场和交易所市场的成交量差距并没有明显缩小。所以 81 号文对两个市场的影响如何，还需要看后续是否有配套的政策出台。

表 4.3.3 中，我们用年成交金额/平均债券存量余额来计算换手率。其中，平均债券存量余额 =（年初债券存量余额 + 年末债券存量余额）/ 2。从换手率来看，交易所由于 2007—2008 年的债券存量较少，所以换手率偏高，随后就逐年下降。而银行间市场除 2013—2014 年由于流动性偏低而换手率较低外，其他年份的换手率一直维持在较高水平。

表 4.3.3　　　　　银行间与交易所债券市场现券换手率比较

年份	成交金额（亿元）		债券存量（亿元）		换手率（%）	
	银行间	交易所	银行间	交易所	银行间	交易所
2007	154355.79	1819.23	80430.26	458.90	192	396
2008	366659.30	3683.88	105133.48	1035.82	349	356
2009	465483.76	3414.43	123087.90	1868.82	378	183
2010	632821.27	3652.98	135662.72	2813.83	466	130
2011	627858.84	4699.02	145401.18	4259.27	432	110
2012	737933.12	5887.97	160197.23	6866.18	461	86
2013	404256.09	10091.41	180168.65	10236.55	224	99
2014	389123.24	14134.34	206567.97	13416.84	188	105
2015	839910.09	16200.29	254775.31	22836.14	330	71
2016	1239861.93	12939.89	314179.72	46142.22	395	28
2017	977260.24	16454.63	358371.13	69934.06	273	24
2018	1481290.18	18116.28	392850.87	84195.31	377	22
2019	2106336.82	28586.29	422137.26	98592.30	499	29

注：债券存量指仅在银行间市场或仅在交易所市场流通的债券余额。为了计算简便，笔者剔除了在多个市场流通的债券余额。

数据来源：Wind。

分析两个市场的流动性差异，离不开其债券种类差异的原因。因为在银行间债券市场最活跃的债券种类是利率债，包括政策性银行债和国债等，这些债券由于有国家信用作为担保，所以流动性很强，换手率高。而在交易所债券市场，虽然也有利率债，但占最大比例的是信用债，比如各种公司债，这些信用债的流动性当然要比利率债差，所以就造成了交易所市场的债券换手率偏低。

从市场参与者的结构来看，银行间债券市场的参与者非常广泛，而且又以商业银行作为主力，很多商业银行作为做市商，频繁进行双边报价，为市场提供流动性。目前交易所市场虽然已经允许一些商业银行进入，但做市商主要是以证券公司为主，资金规模和实力与商业银行相比仍有差距，所以在短期内无法迅速提高市场的流动性。

（2）跨市场同交易品种的价格比较

笔者选取了 5 个最活跃期限：1 年、3 年、5 年、7 年和 10 年的国债，比较 2019 年全年同期限国债在两个市场的每日收益率数据，结果如图 4.3.1 所示。可以看到，虽然两个市场在交易规则、交易成员等方面存在诸多不同，但同一期限国债的走势高度一致，只在某些时点有较小的收益率差异。之前一些学者研究发现，两个市场固定利率国债的利率差在 2008—2009 年非常大，峰值时交易所 5 年期国债利率可比银行间高 0.7 个百分点左右，随后几年两个市场的国债收益率之差逐渐收敛，到 2014 年前后已接近于零。笔者的研究与这些学者的研究结果吻合。

目前国债在两个市场之间进行转托管，通常 T + 1 日可以到账。由于有一定的时间风险，而套利机会又是转瞬即逝的，所以通过国债跨市场转托管进行套利并不容易。

我们再把两个市场的回购利率做个对比。在质押式回购中，占比最大的是隔夜和 7 天回购。通常在银行间债券市场，R001 和 R007 的成交量占质押式回购成交量的 85% 和 10% 以上。因此我们选取 R001、R007 和交易所的 GC001、GC007 成交利率进行比较。

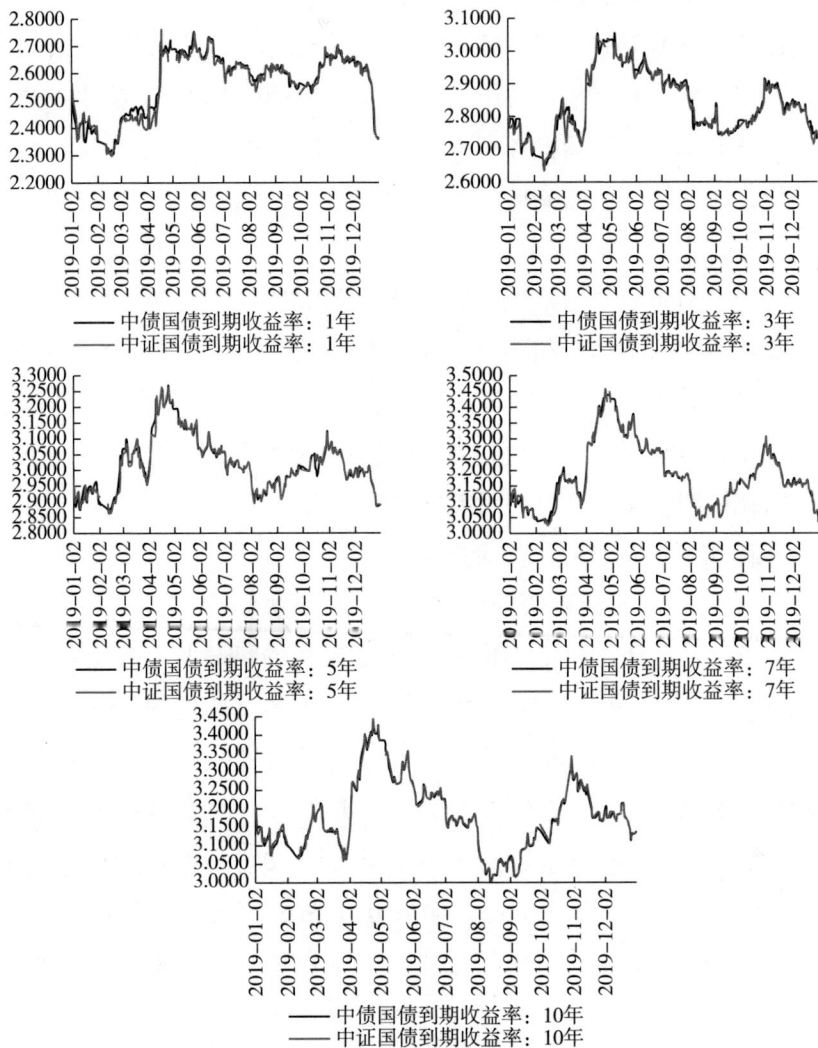

图 4.3.1　两个市场国债到期收益率比较

（数据来源：Wind）

　　从图 4.3.2 和图 4.3.3 可以看到，两个市场的回购利率变化趋势基本一致，但是并没有表现出特定的变动规律。从均值来看，交易所市场的回购利率均值都要高于银行间市场，其中隔夜均值比银行间市场高 45 个基点。从标准差来看，两个市场隔夜回购利率的标准差相差不大，而交易所

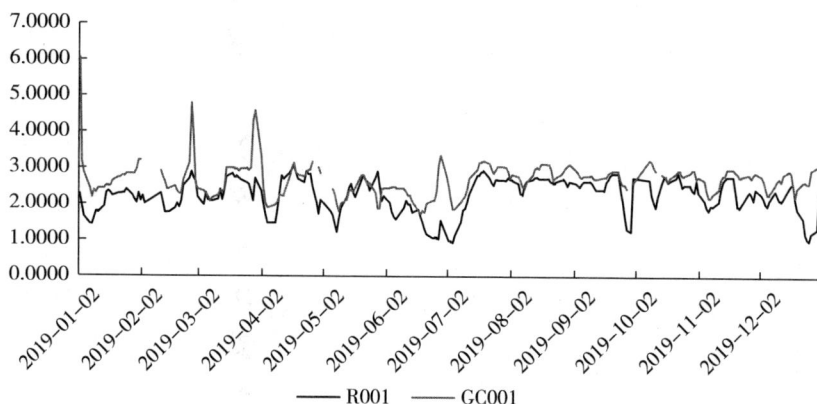

图 4.3.2 隔夜回购利率比较

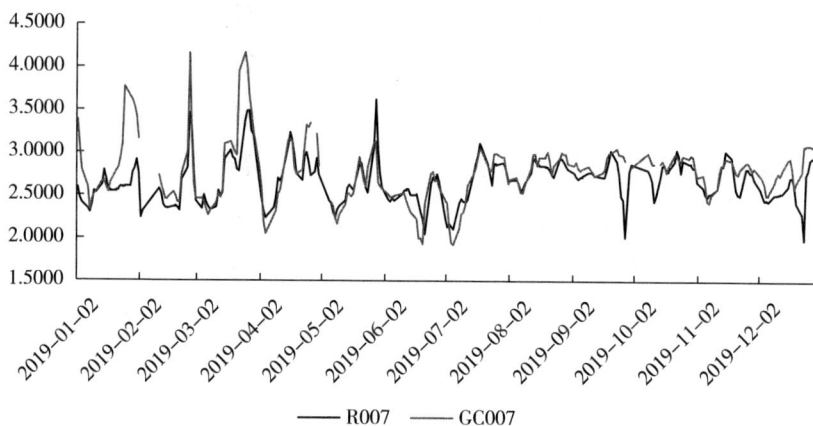

图 4.3.3 7 天期回购利率比较

7 天回购利率的标准差要比银行间大 0.1035，说明交易所 7 天回购利率的波动幅度更大。总体来看，我们可以得出的结论是交易所市场的回购价格更高，交易所市场的 7 天回购利率波动更大。

表 4.3.4　　　　　　　　　两个市场回购利率的统计分析

项目	R001	GC001	R007	GC007
均值	2.2390	2.6922	2.6714	2.7749
标准差	0.4903	0.4657	0.2619	0.3521

数据来源：Wind。

以上现象的直观解释是两个市场的结构特别是参与者结构不同。银行间市场由于是银行类金融机构占主导，相对资金更充裕一些，所以回购价格较低。而交易所市场由非银行类机构占主导，这些机构经常需要融入资金，所以交易所的回购价格较高。在资金紧张的时期，交易所的回购利率会较大幅度地上升，比如我们在图4.3.2和图4.3.3中看到的2019年上半年曲线的几次波峰。

前文我们考察了两个市场关键期限国债各自的收益率随时间变化的情况。接下来我们再看在某一时点两个市场各自的国债收益率曲线形态对比。

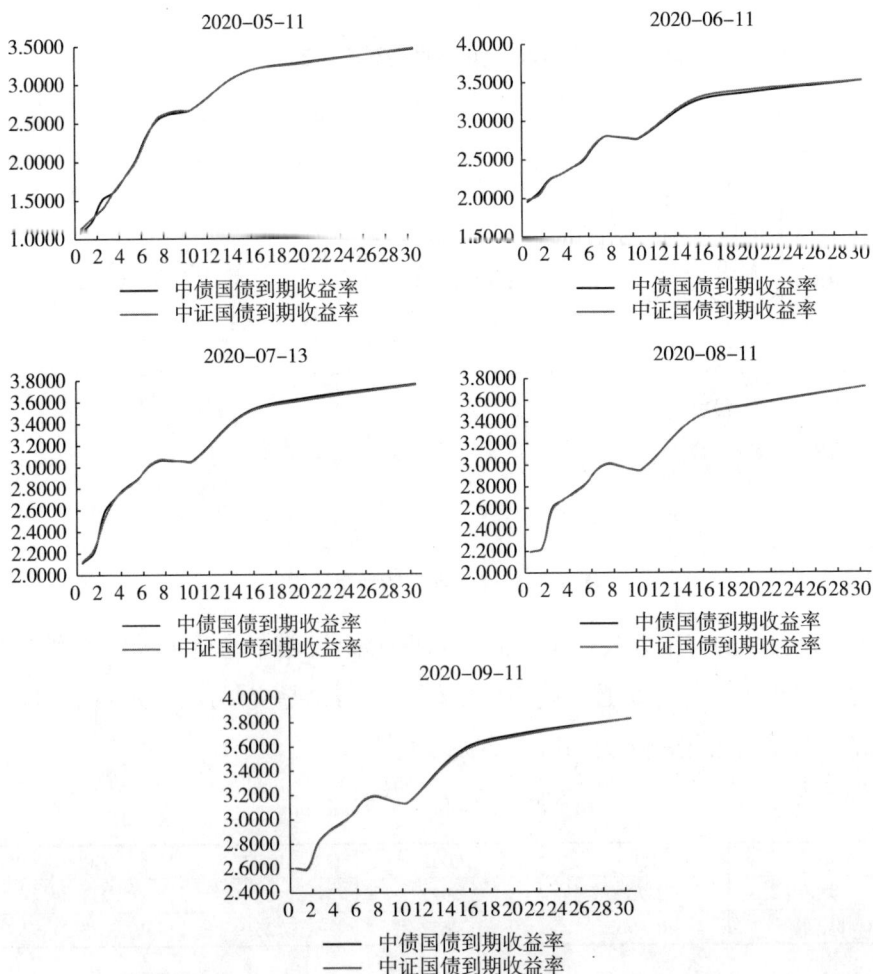

图 4.3.4　银行间和交易所市场国债收益率曲线形态对比

图 4.3.4 中，横轴代表国债期限，纵轴代表国债收益率。笔者选取了 5 个时点进行对比，可以看到两个市场的收益率曲线形态一致，都是向右上方倾斜。除个别期限的收益率有差别外，绝大多数期限的收益率都非常接近。同时还可以发现，中国的国债收益率曲线并不是一条完全平滑、斜向上方的曲线，在 2 年、7 年和 15 年这几个期限，收益率偏高，表现为曲线向上突出，而在 1 年、5 年和 10 年这几个期限，收益率较低，表现为曲线上某点向下或者呈拐点的形态。这是因为 1 年、5 年和 10 年期的国债市场交易非常活跃，流动性好，因此收益率较低，或者说这几个期限的国债有流动性溢价。而 2 年、7 年和 15 年期的国债相对来说没有那么好的流动性，因此收益率较高。

图 4.3.4 也可以说明，虽然两个市场仍然存在一定程度的分割，但经过多年的发展，两个市场的债券价格已经越来越接近。

综上所述，银行间市场和交易所市场的国债收益率在各个期限、各个时点来看均已非常接近，而回购利率方面，由于交易成员结构差异，交易所市场要高一些，而且波动性也要比银行间市场大。

二、发展展望

中国的债券市场经历了 30 多年的发展，到 2010 年开始对外开放，以及 2017 年开始"债券通"模式，债券投资者数量和债券市场余额均逐年攀升。在可以预见的将来，中国债券市场还将进一步完善交易机制，扩大产品范围和期限结构。随着中国经济对世界影响力的提升，中国的债券市场必将更加强大。

1. 债券市场的发展潜力

根据国际清算银行的数据，2019 年末，中国的债券存量（含在国内和国际市场发行的债券总量）占 GDP 的比例为 103%，低于发达国家的日本、英国和美国，与同为新兴市场的国家比较，中国的债券存量占 GDP 的比例水平低于马来西亚，高于智利、泰国、以色列、波兰和菲律宾。目前中国这一比例大致相当于 2001 年的英国，尚有一定的发展空间。

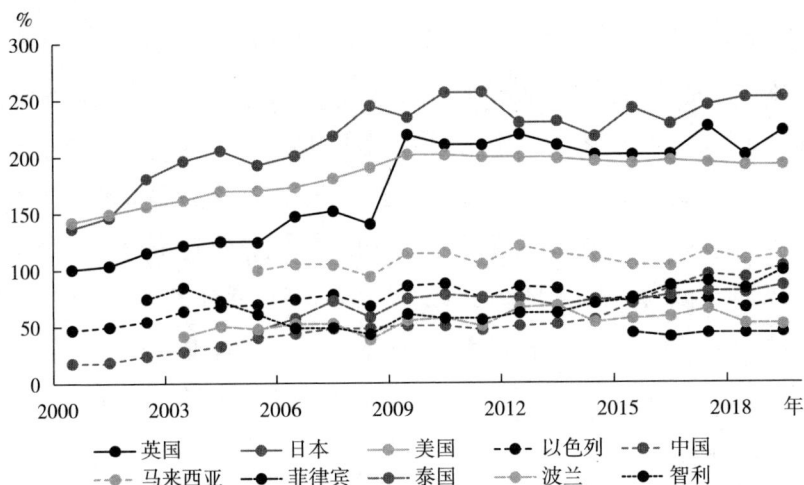

图 4.3.5 各国债券存量占 GDP 的比重走势

（数据来源：Wind 及 BIS 官网 http：//stats. bis. org：8089

/statx/srs/table/c1？ p = 20194&c = &f = xlsx)

根据国务院发展研究中心的预测，到 2035 年，中国的名义 GDP 将达到 63 万亿美元左右，到 2050 年中国的名义 GDP 将达到 160 万亿美元左右。如果我们估计 2035 年中国的债券存量占 GDP 的 120%（略高于马来西亚 2019 年的水平），而 2050 年这一比例上升到 140% 的话，那么中国的债券存量将从 2019 年末的 14.73 万亿美元（含国内和国际市场上发行的债券）提高到 2035 年的约 75.6 万亿美元和 2050 年的 224 万亿美元。增长的空间是惊人的。

2. "银行间强、交易所弱"的现状短期内难以改变

银行间市场和交易所市场在债券品种上各有其优势：银行间市场在国债和金融债等品种上有优势，而交易所市场在公司债、可转债和私募债等品种上有其特色和优势。

商业银行是中国债券市场上最为重要的一类机构投资者。商业银行投资债券，不仅要考虑债券的收益率，还要从流动性管理、监管要求、资本占用和税收等多方面来考虑，主要考虑风险资本占用和税收的权衡。例

如，目前国债和地方债免征税收，政策性金融债和商业银行债征收6%的
增值税税率（金融机构免征）和25%的所得税，企业债征收6%的增值税
和25%的所得税，所以把税收考虑在内，地方债和国债的收益率可能要高
于企业债、商业银行债和政策性金融债。再加上在风险资金占用方面，国
债和政策性金融债作为利率债，资本占用成本[①]为零，企业债资本占用成
本>商业银行债>地方债，所以最后的实际收益可能是地方债和国债最
高，企业债最低。从监管方面分析，为了满足监管对流动性的要求，银行
会更多偏好配置短债和利率债。综合以上原因，商业银行新增对信用债的
配置会比较有限。

表4.3.5　　　　　　　　不同债券品种的风险资本权重和税收规定

债券类型	风险资本权重（%）	增值税（%）	所得税（%）
		利息收入	
国债	0	免征	免征
政策性金融债	0	免征	25
地方政府债	20	免征	免征
同业存单（3个月以上）	25	免征	25
商业银行债	25	免征	25
信用债	100	6	25

　　目前81号文允许商业银行进入交易所市场，但只能进行竞价交易，
不允许利用回购融通资金放大收益，所以政策的影响比较有限，不足以马
上改变"银行间强、交易所弱"的现状，后续发展要视未来政策走向。

　　3. 借鉴美国的债市监管结构

　　美国的债券市场在发展过程中，形成了发行多头监管，交易、清结算
托管统一监管的格局。

　　美国债券市场的监管以SEC（Securities and Exchange Commission，美国
证券交易委员会）为核心，财政部、美联储、联邦存款保险公司和货币监

---

　　① 资本占用成本＝资产的风险权重×资本充足率×ROE。根据2013年的《商业银行资本管理办
法》，国债和政金债的风险权重为零。

管局等协同监管。另外，还有 FINRA（Financial Industry Regulatory Authority，美国金融业监管局）等自律组织，接受 SEC 监管，实行会员制，对其会员实行监管。

美国的债券市场法律框架有四层：第一层是美国证券市场的基本法律，包括《证券法》《证券交易法》和《政府证券法》，是美国证券交易委员会进行证券市场监管的基础；第二层是美国证券交易委员会、财政部、美联储和联邦存款保险公司等部门颁布的行政法规，这些行政法规对市场或机构进行监管；第三层是自律组织颁布的自律规定，着重对债券二级市场的交易行为进行监管；第四层是各州政府颁布的法律规定。这四层法律法规组成了一个完整的框架，是各监管机构和自律组织实行监管的基础和依据。

美国的债券发行实行注册制度，各类证券的发行应事先向证券交易委员会注册，提供关于债券发行人和债券的必要信息，同时对特殊证券可以予以豁免，例如国债和联邦机构债可以豁免证券交易委员会注册，国债是由财政部和美联储共同发行，存款类金融机构发行金融债也可以豁免证券交易委员会注册，而由美国货币监理署等监管机构负责，市政债券无须向证券交易委员会注册，由地方政府直接发行。这些豁免制度充分考虑到了多头管理的问题。除了这些豁免的债券外，其他类型的信用债必须由证券交易委员会统一登记、注册和发行，实行集中管理。

美国的债券市场实行交易报告制度。在 2002 年之后，各大债券市场都建立了交易报告制度和交易披露平台，包括国债 GovPX、联邦机构债 AgencyPX、市政债 EMMA 和公司债 Trace 四大平台。这些平台可以与监管机构对接数据，可以提供的数据包括债券报价、成交数量、成交价格和收益率等。这些系统和平台的存在提高了债券市场的透明度，使得监管部门可以实时监控债券市场和债券市场参与主体。

此外，美国债券市场还有比较完备的信息披露制度。根据《1933 年证券法》《1934 年证券交易法》《萨班斯—奥克斯利法案》等法案，美国证券交易委员会制定了详细的信息披露规则。针对发行阶段和持续信息披露阶段，美国证券交易委员会要求发行人根据不同的证券类型以表格形式填报信息，必要时还需提供年度财务报告和审计报告等材料。

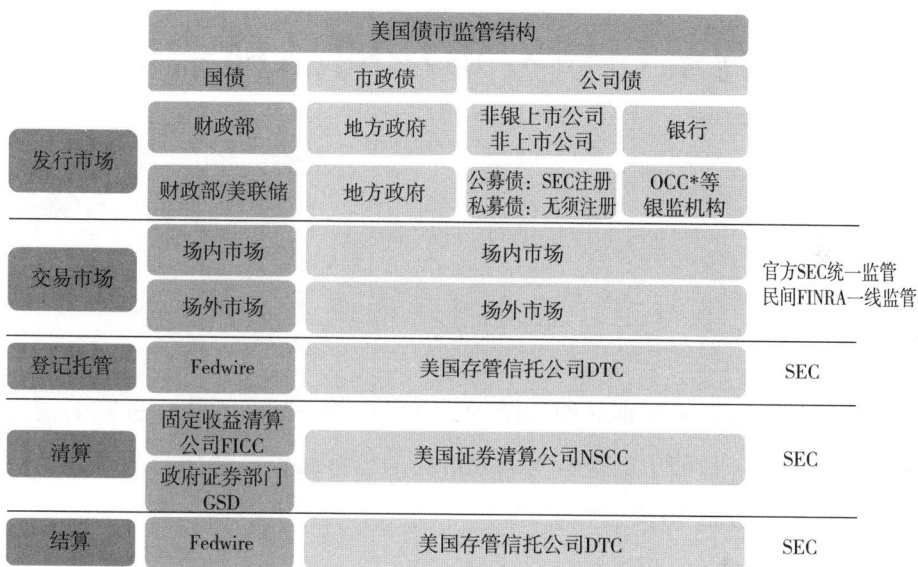

美国债市监管结构				
	国债	市政债	公司债	
发行市场	财政部	地方政府	非银上市公司 非上市公司	银行
	财政部/美联储	地方政府	公募债：SEC注册 私募债：无须注册	OCC*等 银监机构
交易市场	场内市场	场内市场		官方SEC统一监管
	场外市场	场外市场		民间FINRA一线监管
登记托管	Fedwire	美国存管信托公司DTC		SEC
清算	固定收益清算 公司FICC	美国证券清算公司NSCC		SEC
	政府证券部门 GSD			
结算	Fedwire	美国存管信托公司DTC		SEC

注：OCC：Office of the Comptroller of the Currency，美国货币监理署。

图4.3.6　美国债券市场的监管结构

中国债券市场未来的监管结构，可以借鉴美国的监管方法，以一个监管部门为主导，其他监管部门协同合作，各司其职。同时要加强立法基础，重视建立债券市场的规则。场内外市场在可能的情况下可以逐渐实行互联互通，为各交易成员创造更多的便利，减少交易的阻力。鼓励债券市场的各个基础设施在公平竞争的基础上不断完善和发展，鼓励包括国内和境外的各种类型的投资者广泛参与，促进债券市场的健康发展。

第五章 债券市场的品种结构

第一节 债券市场的基本品种

中国债券市场的基本品种，经历了一个从单一到多元化、从简单到复杂的发展过程。目前中国银行间债券市场的债券品种已经涵盖利率债、信用债等大类，包括30多种债券。

一、我国债券市场债券品种的总体情况

按照交易量大小和流动性情况来看，我国债券市场最活跃的债券品种包括政策性金融债、同业存单、国债、地方政府债、中期票据、超短期融资券、定向工具、商业银行普通金融债、二级资本工具、政府支持机构债券、短期融资券、证券公司短期融资券、企业债、无固定期限资本债券、资产支持证券和资产支持票据等类型。根据这些债券发行机构的不同，笔者认为可以归为以下七大类：

1. 政府债券

政府债券主要包括国债和地方政府债。我国国债又可以分为凭证式、电子式和记账式国债等类型。截至2020年9月，中国国债已被全球三大主流指数——彭博巴克莱指数、摩根大通全球新兴市场多元化债券指数（GBI－EM GD）和富时罗素全球政府债券指数（WGBI）纳入，体现了全球投资者对中国市场的信心。地方政府债由省或市级地方政府发行，又可以分为一般债和专项债。投资者购买国债和地方政府债券的利息收入可以

免征所得税。

2. 政府支持机构债券

政府支持机构债券主要包括由中央汇金投资有限责任公司发行的汇金债和由中国国家铁路集团有限公司发行的铁道债。铁道债正式归入政府支持机构债券的时间是 2013 年 7 月，当时由中国人民银行下发文件，确定了铁道债的属性，强化了国家信用色彩。而在此之前，铁道债仅仅是普通信用债。

3. 金融债

我国的金融债包括政策性金融债、商业银行金融债和其他金融机构发行的金融债。政策性金融债是指由三家政策性银行：国家开发银行、中国农业发展银行和中国进出口银行发行的金融债。政策性金融债是银行间债券市场交易最为活跃的债券类型。商业银行金融债是指由商业银行发行的金融债，例如商业银行普通金融债、二级资本工具、次级债和混合资本债等。其他金融机构发行的金融债包括证券公司短期融资券、证券公司债、资产管理公司金融债、保险公司资本补充债、金融租赁公司金融债、财务公司债和汽车金融公司金融债等。

4. 同业存单

同业存单是存款类金融机构在银行间市场发行的定期存款凭证，一般期限在一年以内。同业存单是作为同业存款的替代物出现的，每个发行机构每年有同业存单的发行额度，在这个发行额度范围内，该机构可以自行决定每期同业存单的金额和期限，每期的发行金额不得低于 5000 万元。同业存单最主要的投资者有非法人产品、存款类金融机构和政策性银行。同业存单的期限通常有 1 个月、3 个月、6 个月、9 个月和 1 年，可以贴现发行，也可以以挂钩 Shibor 的浮动利率发行。同业存单的出现，对于完善我国银行间市场的利率曲线，实现利率市场化有着重要的意义。

5. 公司信用类债券

我国的公司信用类债券主要包括两类，即企业债和公司债。企业债是股份制或非股份制企业在银行间市场发行的债券，由发改委进行审批。公司债是由股份制企业在交易所市场发行的债券，由证监会审批。

6. 非金融企业债务融资工具

非金融企业债务融资工具是由非金融企业在银行间市场发行的债券，包括短期融资券、超短期融资券、中期票据和定向工具等。其中，短期融资券一般期限在一年以内，超短期融资券发行期限一般在 7 ~ 270 天，中期票据多在 3 ~ 5 年。定向工具是指非金融企业在银行间市场非公开定向发行的债务融资工具，只能在特定的投资人范围内进行流通。非金融企业债务融资工具须在银行间市场交易商协会进行注册发行，由交易商协会实行自律管理。

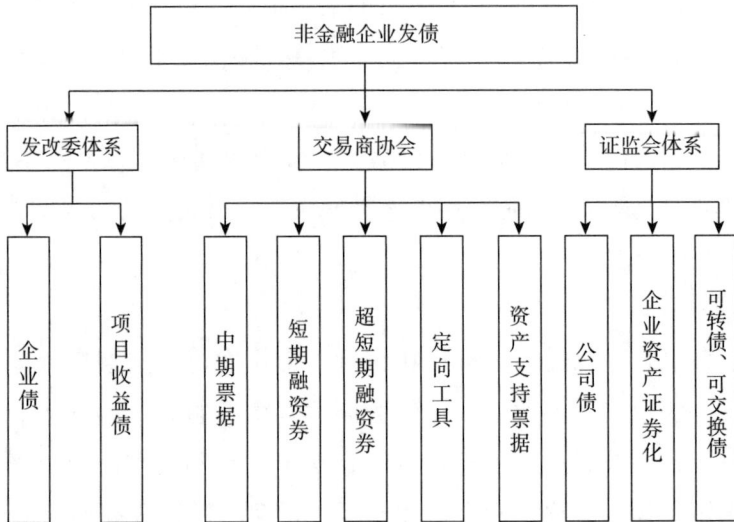

图 5.1.1　国内非金融企业债券的主要品种和监管机构

7. 资产支持证券

资产支持证券是一种特殊形式的债券，它是由信托机构以证券化的资产构成的资产池为基础而发行的证券。在我国，资产支持证券还可以分为资产支持证券和资产支持票据，两者在风险隔离方面有一些差别。

表 5.1.1　　　　　　　　　资产支持票据与资产支持证券的比较

项目	资产支持票据	资产支持证券
发起机构	非金融企业	金融机构
交易模式	由基础资产所产生的现金流为收益支持，直接发行或通过特定目的信托发行	发起机构将信贷资产信托给受托机构
基础资产	主要是企业应收款和收益权	主要是信贷资产
主管机构	交易商协会	中国人民银行、中国银保监会
发行方式	公开发行或定向发行	在全国银行间债券市场公开或定向发行
交易市场	全国银行间债券市场	全国银行间债券市场
登记托管机构	上海清算所	中央国债登记结算有限公司

二、我国债券市场产品结构和特征

1. 债券品种比较丰富

从前文的介绍可以看到，目前我国的债券品种已经从 30 多年前的单一的国债发展到包括国债、政策性金融债、地方政府债、政府支持机构债券、企业债、非金融企业债务融资工具等多种类型。债券发行人不仅有财政部和各级地方政府，有政策性银行，有金融企业，也有非金融企业。债券种类日趋多样化，信用层次进一步丰富。

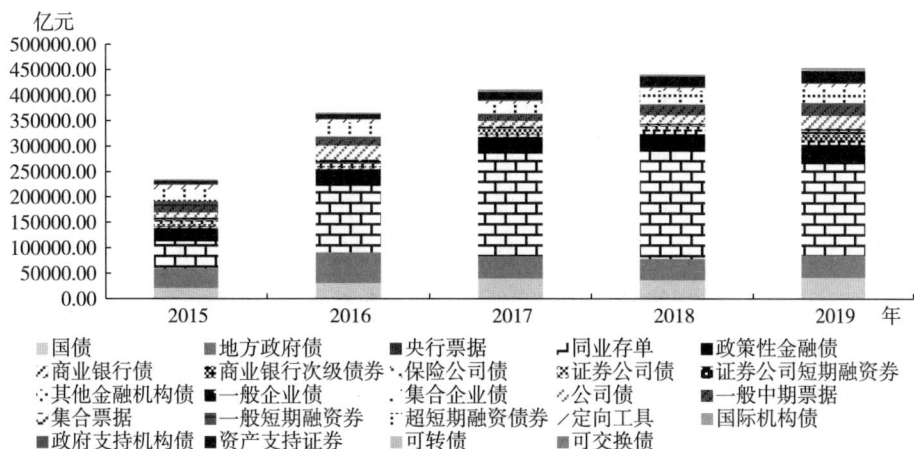

图 5.1.2　2015—2019 年债券市场发行情况

（数据来源：Wind）

69

2. 债券期限结构日趋合理

从新发债券的期限结构看,随着债券品种的日益丰富,中短期期限的债券所占比重总体呈上升趋势,而长期债券所占比重总体下降。图 5.1.3 中,2010 年时,期限在 5 年以下、5～10 年和 10 年以上的债券占新发债券的比重分别为 77.60%、16.81% 和 5.59%,到 2019 年,这三类期限债券的比重分别为 82.83%、13.16% 和 4.01%。

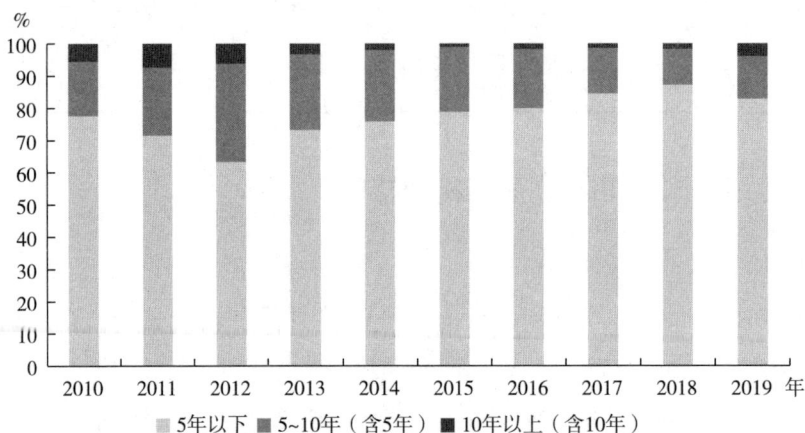

图 5.1.3　近 10 年来银行间债券市场新发行债券的期限结构

(数据来源:Wind)

3. 各类债券品种发行和交易走向均衡

目前,我国债券市场各类品种中,发行规模占比最大的是同业存单(40%)、公司信用类债券(20%)、政府债券(19%)、金融债(15%)和资产支持证券(5%)等,而交易规模占比最大的是金融债(44%)、同业存单(23%)、政府债券(21%)、公司信用类债券(10%)、政府支持机构债(1%)、可转债和可交换债(1%)等。虽然政府债券和金融债的占比仍然比较大,但公司信用类债券已经逐步发展起来。

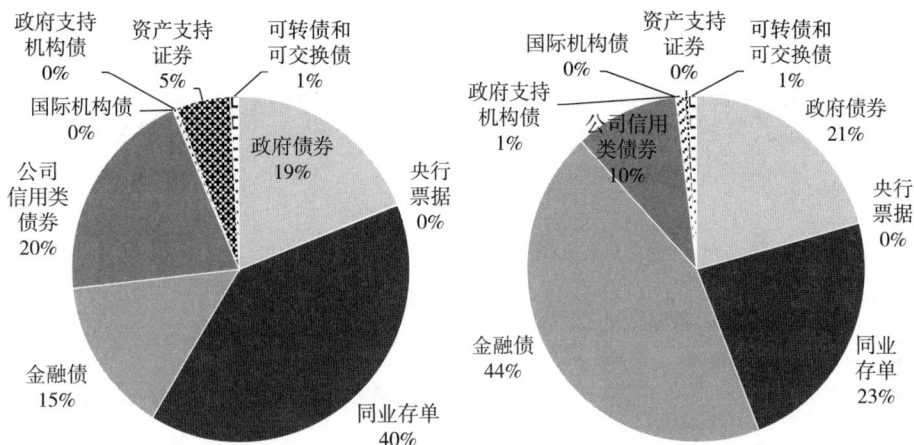

注：公司信用类债券包括企业债、公司债、中期票据、短期融资和定向工具。

图5.1.4　2019年债券发行统计（左图）和债券成交统计（右图）

（数据来源：Wind）

第二节　利率债的发展

利率债在我国主要包括政策性金融债、国债和央行票据。这些债券是中央政府级信用或信用背书，基本没有偿付风险，只有利率风险。

一、政策性金融债

政策性金融债是我国三大政策性银行——国家开发银行、中国农业发展银行和中国进出口银行发行的债券。政策性金融债是我国银行间市场交易最为活跃的一类债券。以10年期国开债为例，由于与国债相比利率更高，在银行间市场流动性很好，价格对利率变动又比较敏感，具有体量大、增发时间规律等特点，所以10年期国开债成为交易盘偏好的活跃券。风险方面，政策性银行有国家和政府的支持，所以基本没有信用风险。

二、国债

国债由财政部发行，用于筹措资金。国债又可以细分为以下几种：

1. 记账式附息国债

图 5.2.1 是一个典型的记账式附息国债的基本信息。在银行间债券市场，这种国债的简称通常为发行年份＋附息国债＋期数，例如 20 附息国债 06 表示是 2020 年发行的第六期附息国债。债券代码通常为年份＋00（表示附息）＋期数。该券发行日为 2020 年 5 月 20 日，2020 年 5 月 21 日起息，到期兑付为 2030 年 5 月 21 日，期限为 10 年。以面值 100 元发行，初始发行量为 690.9 亿元，每半年付息一次，即付息日为 2020 年 11 月 21 日（因 21 日是节假日，顺延到 11 月 23 日）、2021 年 5 月 21 日、2021 年 11 月 21 日（因 21 日是节假日，顺延到 11 月 22 日）……票面利率是 2.68，即每 100 元面额国债的持债人在付息日可以得到 2.68 元利息。

债券基本信息

债券简称	20附息国债06	债券代码	200006
债券类型	国债	发行人	财政部(原 中华人民共和国财政部)
债券发行日	2020-05-20	到期兑付日	2030-05-21
债券期限	10年	面值(元)	100.00
发行价格(元)	100.0000	计划发行量(亿)	690
实际发行量(亿)	690.9	息票类型	附息式固定利率
付息频率	半年	债券起息日	2020-05-21
基准利差(%)	—	票面利率(%)	2.6800

图 5.2.1　20 附息国债 06 的债券基本信息

在发行上市之后，截至 2020 年 10 月，20 附息国债 06 还有 5 次续发，分别是 2020 年 5 月 27 日、6 月 17 日、8 月 19 日、9 月 16 日和 10 月 28 日。每次续发时，实际续发行总额和计划续发行总额会有一些差异，但差异范围较小。续发行通常实行竞争性招标，所以每次续发行的价格和收益率都是不同的，以 10 月 28 日最后一次续发为例，竞争招标后确定了续发行价格和收益率，之后续发的约 590 亿元国债会在 11 月 2 日和原来已有的国债一起合并上市，也就是说，11 月 2 日之后，续发行的 20 附息国债 06

和原有的该券在二级市场交易方面就没有任何区别了，使用同样的债券简称和代码。

债券续发行信息(一)			
续发行发行日	2020-05-27	续发行上市交易日	2020-06-01
计划续发行总额(亿)	500.00	实际续发行总额(亿)	500.00
续发行价格(元)	99.5500	续发行收益率(%)	2.7377
债券续发行信息(二)			
续发行发行日	2020-06-17	续发行上市交易日	2020-06-22
计划续发行总额(亿)	540.00	实际续发行总额(亿)	540.00
续发行价格(元)	98.7600	续发行收益率(%)	2.8479
债券续发行信息(三)			
续发行发行日	2020-08-19	续发行上市交易日	2020-08-24
计划续发行总额(亿)	400.00	实际续发行总额(亿)	400.80
续发行价格(元)	98.3800	续发行收益率(%)	2.9508
债券续发行信息(四)			
续发行发行日	2020-09-16	续发行上市交易日	2020-09-21
计划续发行总额(亿)	670.00	实际续发行总额(亿)	671.00
续发行价格(元)	97.5200	续发行收益率(%)	3.0823
债券续发行信息(五)			
续发行发行日	2020-10-28	续发行上市交易日	—
计划续发行总额(亿)	590.00	实际续发行总额(亿)	—
续发行价格(元)	—	续发行收益率(%)	—

图 5.2.2　20 附息国债 06 的几次续发

2. 记账式贴现国债

贴现国债的银行间市场代码前两位是发行年份，中间两位为"99"，表示贴现的意思，最后两位表示期数。20 贴现国债 50 于 2020 年 10 月 16 日发行，2020 年 10 月 19 日起息，2021 年 1 月 18 日到期兑付，期限为 91 天。发行价格 99.362 元，没有利息，到期兑付日持债人可以得到 100 元。所以如果某投资者以发行价格买入，持有至到期，那么 100 元与发行价格之间的差额年化一下就可以计算出实际的收益率。

3. 凭证式国债

凭证式国债一般面向个人发售，以 2012 年凭证式（一期）国债为例，由 38 家承销机构在各自的额度范围内进行发售，到期一次还本付息。之所以叫凭证式国债，是因为个人到银行的营业网点购买时要填"凭证式国债收款凭证"，由个人实名制购买，可以提前兑取。

73

债券基本信息

债券简称	20贴现国债50	债券代码	209950
债券类型	**国债**	发行人	**财政部(原:中华人民共和国财政部)**
债券发行日	2020-10-16	到期兑付日	2021-01-18
债券期限	91日	面值(元)	100.00
发行价格(元)	99.3620	计划发行量(亿)	500
实际发行量(亿)	502.6	息票类型	**贴现式**
付息频率	**到期**	债券起息日	2020-10-19

图 5.2.3　20 贴现国债 50 的基本信息

4. 储蓄式国债

储蓄式国债一般不可以流通转让，只是面向个人销售，可以提前兑取。储蓄式国债的简称一般是发行年份＋储蓄国债＋期数，例如 20 储蓄国债 03，代码是 201703，17 代表储蓄式国债。

5. 特别国债

特别国债指为了某种特定目的而发行的国债，比如 2020 年我国发行的抗疫国债。

▶ 债券基本资料

债券名称	2020年抗疫特别国债（四期）	基本利差(%)	0
债券简称	20抗疫国债04	基础利率(%)	0
债券代码	2000004	首次划款日	2020-07-16
发行日期	2020-07-15	起息日	2020-07-16
债券期限（年/月/日）	10年	到期日	2030-07-16
计划发行总额（亿元）	3,500.0000	流通标志	已流通
实际发行总额（亿元）	3,500.0000	上市流通日	2020-07-20
发行人简称	财政部	发行手续费率(%)	0.10000
债券品种	记账式国债	流通场所	银行间债券市场 柜台 上交所 深交所
选择权		首次发行范围	银行间、交易所、柜台
本息状态		首次发行价格	100.000
付息频率（月）	6.0	计息方式	附息式固定利率
票面利率(%)	2.8600	兑付手续费率(%)	0
债券评级		债券评级机构	
主体评级		主体评级机构	
备注:		剩余本金值:	100.00

图 5.2.4　20 抗疫国债 04 的基本信息

例如，20 抗疫国债 04 可以在银行间债券市场、柜台、上交所和深交所流通。从债券品种来看，20 抗疫国债 04 其实也是一种记账式国债。该债是附息式固定利率债券，每半年付息一次，所以该债其实是一种记账式附息国债。

三、央行票据

央行票据是中央银行票据的简称，是中央银行为了调节商业银行的超额准备金而发行的一种债券。之所以叫票据，是因为央行票据一般期限较短，在我国发行的央行票据多为 3 个月或 1 年期。央行票据近几年发行得比较少。

第三节　同业存单和信用债的发展

目前我国债券市场已加快对外开放的步伐。对于境外机构来说，不仅可以投资利率债，还可以投资同业存单和信用债，但由于种种原因，境外机构对信用债的参与度还较少。其实如果把债券类型细分的话，信用债里面也有地方政府债和政府支持机构债券这样的准利率债。另外，信用债中既有金融债，也有非金融企业债，其风险特征也各不相同。

一、同业存单

同业存单是 2013 年出现在银行间市场上的。当时，同业存单是作为同业存款的替代物，人民银行希望推广同业存单以推进存款利率的市场化改革。同业存单一推出，就得到了迅猛的发展，其占银行间债券市场的比重迅速从 2013 年的 0.1% 增长到 2017 年的 13%。随后 2017 年在金融去杠杆的环境下，同业存单发行量有所下降。到 2019 年，同业存单占债市比重大约为 11%。

表 5.3.1　　　　　　　　　　　同业存单的主要优势

发行方/负债端	投资方/资产端
1. 灵活性：年度发行总额备案，每期发行的时间、金额、期限自主决定	1. 标准化、电子化、定价透明
2. 稳定性：不会被提前支取	2. 高流动性
3. 监管优势：同业存单发行计入"应付债券"，不纳入存款，无须缴纳准备金	3. 低风险：银行信用支持，违约风险小
	4. 监管优势：（1）低资本占用：3 个月以上存单风险权重 25%；（2）MPA：不计入广义信贷，不影响"资本和杠杆情况"以及"资产负债情况"
	5. 可质押

二、信用债

我国的信用债始于 1983 年，经历了 2005 年前的缓慢发展阶段和 2005 年至今的快速增长阶段。2005 年人民银行推出短期融资券是信用债发展进入快速轨道的转折点。截至 2020 年 11 月，我国债券市场上的信用债存量共有约 38 万亿元，其中占比最大的是公司债、金融债和中期票据。2020 年 11 月 5 日，彭博宣布推出彭博巴克莱中国高流动性信用债指数，追踪中国银行间债券市场具有较高流动性、可交易的信用债。

1. 地方政府债

目前在我国债券市场上发行的地方政府债以长期限品种为主。例如，2020 年 1—10 月新发行 6.12 万亿元地方政府债，其中 10 年期的最多，占比 30%，其次是 30 年期和 15 年期的，各占比 19% 和 17%。期限为 3 年期的占比最少，只有 1%。

表 5.3.2　　　2020 年 1—10 月新发行的地方政府债期限结构

发行期限（年）	发行规模（亿元）	占比（%）
3	914.68	1
5	6237.77	10
7	6686.75	11
10	18253.24	30
15	10325.34	17
20	7044.79	12
30	11759.23	19
总计	61221.81	100

数据来源：Wind。

在发行方式和流通方式方面，我国的地方政府债和国债十分相似。对于地方政府债的利息所得免征所得税。2015 年 1 月 1 日起，我国实行新修改的《中华人民共和国预算法》，该法对地方政府债务管理机制做了明确规定。

从投资者结构来看，我国地方政府债的主要投资者有商业银行、政策性银行和非法人产品。由于商业银行持有大量的地方政府债，限制了地方政府债在二级市场的活跃程度。

从发行利率来看，中国幅员广阔，以省为单位各自发行地方政府债，各省的经济发展程度有较大差异。从理论上说，各省发行的地方政府债的发行利率应该体现各省的经济财政强弱，经济发达、财政收支情况较好的省份地方政府债的发行利率应该较低。笔者研究了 2019 年各省地方政府债的发行利率，发现有些月份各省发行利率有一些差异，比如 5 月，发行利率最高的四川省比利率最低的广东省高了 43 个基点；但大多数时候很多省份的发行利率几乎没有差异，比如 1 月有 6 个省份的加权发行利率都是 3.38%，7 月有 6 个省份的加权发行利率都是 3.41%，没有明显体现出各个省级政府的信用情况差异。

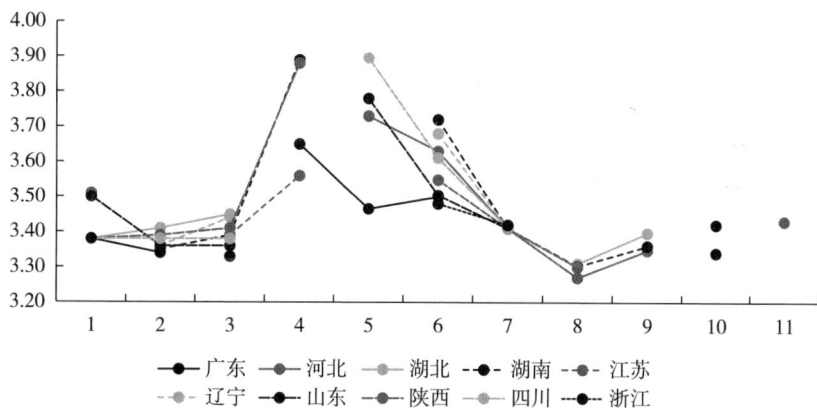

图 5.3.1　2019 年各省地方政府债的月度加权发行利率

（数据来源：Wind）

2. 政府支持机构债券

政府支持机构债券的含义是发行人不是政府，但是由中央政府财政担保的债券。政府支持机构债券主要包括中国国家铁路集团有限公司发行的铁道债和中央汇金投资公司发行的汇金债。中国国家铁路集团有限公司简称中铁集团，承继了原铁道部的债务。目前常见的铁道债包括中期票据、短期融资券等，比如 20 铁道 CP003、20 铁道 12、20 铁道 CP002 这些债券名称实际上都是中铁集团发行的铁道债，属于政府支持机构债券。汇金公司是国家对重点金融机构进行股权投资的金融控股机构，本身并不从事商业活动，没有金融业务牌照。由于免予信用评级，所以汇金债在信用方面可以类比国债；而汇金公司本身的性质又接近政策性金融机构。但是汇金债没有免税安排。

3. 金融债

金融债指由具备一定资质的金融类机构发行的信用债。按照《全国银行间债券市场金融债券发行管理办法》的规定，可以发行金融债的金融机构法人包括政策性银行、商业银行、企业集团财务公司以及其他金融机构。金融债既可以公开发行，也可以定向发行。金融债只能在银行间市场发行，投资者一般是商业银行、保险公司等金融机构。我国对在银行间市场进行交易的金融债有较为严格的信息披露要求，例如规定发行人必须在每年的4月30日之前披露前一年度的财务报告。税收方面，根据《关于金融机构同业往来等增值税政策的补充通知》，对持有金融债券的利息收入免征增值税。由于政策性金融债已经在前文的利率债一节中介绍过，以下仅对除政策性金融债以外的金融债进行介绍。

（1）商业银行普通金融债

商业银行发行普通金融债需要满足一定的要求，比如核心资本充足率、连续三年盈利和贷款损失准备计提充足等。在银行进行清算时，普通金融债是优于次级债进行清偿的。商业银行普通金融债可以根据发行人的需求灵活设计发行期限和发行品种。

（2）二级资本工具

与核心资本类似，银行的二级资本在一定程度上可以发挥吸收损失、抵御风险的作用。我国银行的二级资本普遍不足，因此可以通过发行二级资本工具充实银行的二级资本。二级资本工具的期限较长，一般都在5年以上，例如6年、7年、10年和15年。

案例5.3.1　包商银行二级资本债全额减记事件

2019年5月24日，包商银行因为出现严重信用风险问题被人民银行和银保监会联合接管。根据央行接管包商银行工作组组长公开发表的文章，包商银行自从 2005 年以来，有累计高达 1500 亿元的大股东占款，长期无法还本付息。大股东操纵了该行的股东大会，通过各种方式进行利益输送，逐渐把包商银行掏空。

2020 年 11 月 13 日，包商银行在中国货币网发布了《关于对"2015 年包商银行股份有限公司二级资本债"本金予以全额减记及累积应付利息不再支付的公告》。公告称，由于该行已经发生"无法生存触发事件"，对 2015 年发行的 65 亿元二级债本金实施全额减记，即不再支付尚未到期的任何本金和利息。这是中国债券市场发展历史上首次二级资本债全额减记事件。

在《2015 年包商银行股份有限公司二级资本债券发行公告》的"减记损失风险"部分中是这样写的：

"本期债券含有减记条款，当触发事件发生时，发行人有权在无须获得债券持有人同意的情况下自触发事件发生日次日起不可撤销地对本期债券一级已发行的其他一级资本工具的本金进行全额减记，任何尚未支付的累积应付利息也将不再支付。当债券本金被减记后，债券即被永久性注销，并在任何条件下不再被恢复。触发事件是指以下两者中的较早者：（1）银监会认定若不进行减记发行人将无法生存；（2）银监会认定若不进行公共部门注资或提供同等效力的支持发行人将无法生存。因此，如果发行人在经营过程中，受到自然环境、经济形势、国家政策和自身管理等有关因素的影响，经营状况发生不利变化导致触发事件发生时，本期债券的本金和任何尚未支付的累积应付利息将立即被永久性全额减记，投资者面临全部本金和利息无法偿还的风险。"

这部分关于"减记损失风险"的条款在各商业银行的二级资本债发行文件中几乎都存在。例如，同样是在 2015 年发行二级资本债的泰安银行、绍兴银行和福建海峡银行，在其发行文件中都包含了同样的条款。事实上，从 2013 年我国施行《商业银行资本管理办法》之后，减记型二级资本工具就必须含有减记条款了，但像包商银行这样实际发生了二级资本债本金全额减记的事件尚属国内首例。

（3）证券公司短期融资券

2004 年由证监会、银监会和中国人民银行发布的《证券公司短期融资券管理办法》对证券公司发行短期融资券做出了详细的规定。我国的证券公司短期融资券在银行间债券市场发行，证券公司发行短期融资券的最高余额由中国人民银行核定。短期融资券的最长期限不得超过 91 天。

（4）无固定期限资本债券

无固定期限资本债券一般是指由银行发行的永续债。由于永续债只支付利息，没有到期偿还本金，所以一开始无固定期限资本债券在银行间债券市场的流动性不是很好。2019 年 1 月 24 日，央行发布公告称，为了支持银行发行无固定期限资本债券，央行决定创设 CBS（Central Bank Bills Swap），即央行互换票据，持有合格银行发行的无固定期限资本债券的公开市场业务一级交易商可以从央行换入 CBS，这一举措极大地提高了无固定期限资本债券的流动性。

（5）资产管理公司金融债

中国有四大资产管理公司：中国华融资产管理股份有限公司、中国东方资产管理股份有限公司、中国长城资产管理股份有限公司和中国信达资产管理股份有限公司。这些资产管理公司资金雄厚，其主要经营范围是收购、受托经营金融机构不良资产，对不良资产进行处置等。其发行的资产管理公司金融债在银行间债券市场交易活跃。

表 5.3.3　在银行间债券市场比较活跃的资产管理公司金融债的发行人

机构全称	上市情况	前三大股东	总资产（万亿元）
中国华融资产管理股份有限公司	港交所上市	财政部、全国社会保障基金理事会、Warburg Pincus Financial International Ltd.	1.73
中国东方资产管理股份有限公司	非上市企业	财政部、全国社会保障基金理事会、中国电信集团	1.13
中国信达资产管理股份有限公司	港交所上市	财政部、全国社会保障基金理事会、Oversea Lucky Investment Limited	1.53
中国长城资产管理股份有限公司	非上市企业	财政部、全国社会保障基金理事会、中国人寿保险（集团）公司	0.61
中国建银投资有限责任公司	非上市企业	中央汇金投资有限责任公司	0.17

（6）金融租赁公司金融债

金融租赁公司是从 2009 年 9 月人民银行和银监会联合发布公告开始可以在银行间市场发行金融债的。从 2020 年 11 月新发行的部分金融租赁公司金融债来看，期限多为 3 年，相比银行间市场的同业拆借（一般期限在一年以内），金融租赁公司发行金融债更能满足自身对资金的需求。从发行规模来看，表 5.3.4 中的金融租赁公司金融债每只债券的发行规模在 14 亿~40 亿元，也比金融租赁公司在同业拆借市场能获得的资金规模要大些，有利于发行人补充资金。

表 5.3.4　　2020 年 11 月新发行的部分金融租赁公司金融债

债券简称	发行规模（亿元）	发行期限（年）	利率类型	发行人简称	发行人企业性质
20 九鼎租赁债	14	3	固定利率	九鼎金融	
20 工银租赁债 02	30	3	固定利率	工银租赁	中央国有企业
20 江苏租赁债 01	20	3	固定利率	江苏租赁	地方国有企业
20 招银租赁债 01	40	3	固定利率	招银租赁	中央国有企业
20 浦银租赁债	30	3	固定利率	浦银租赁	地方国有企业
20 交银租赁债 01	30	3	固定利率	交银租赁	中央国有企业
20 建信租赁债 01	30	3	固定利率	建信租赁	中央国有企业

数据来源：Wind。

（7）保险公司资本补充债

这种债券是指保险公司发行用于补充自身资本的债券。2015 年 1 月，中国人民银行和当时的保监会联合发布了《关于保险公司发行资本补充债券有关事宜的公告》。公告中所指的保险公司资本补充债一般的发行期限在五年或五年以上，发行资本补充债须满足的条件比发行次级债要严格一些，比如要连续经营三年以上，上年末及最近一季度净资产不低于 10 亿元，偿付能力充足率不低于 100% 等。

（8）证券公司债

证券公司债指证券公司发行的，约定在一定期限内还本付息的债券，不包括证券公司发行的可转换债券和次级债。证券公司债的发行和转让由证监会进行监督。证监会于 2003 年 8 月发布了第 15 号令即《证券公司债券管理暂行办法》，办法规定：证券公司债既可以公开发行，也可以定向发行。

（9）汽车金融公司金融债

汽车金融公司发行金融债始于 2010 年，第一只汽车金融公司金融债的发行人为上汽通用汽车金融有限公司。目前在银行间债券市场比较活跃的汽车金融公司金融债多为 3 年期左右的固定利率债，不同发行年份、不同发行人之间票面利率差别也比较大。

表 5.3.5　2020 年在银行间债券市场上交易活跃的部分汽车金融公司金融债

债券代码	债券名称	发行机构	债券利率类型	发行期限	当前票面利率	当前流通总额
2022018	20 上汽通用债	上汽通用汽车金融有限责任公司	固定	3 年	2.68	80
1822006	18 宝马汽车 01	宝马汽车金融（中国）有限公司	固定	3 年	4.98	30
1822021	18 宝马汽车 02	宝马汽车金融（中国）有限公司	固定	3 年	4.64	30
2022004	20 东风日产汽车债 01	东风日产汽车金融有限公司	固定	3 年	3.09	15
1922026	19 上汽通用债	上汽通用汽车金融有限责任公司	固定	3 年	3.8	50
1822039	18 上汽通用债 02	上汽通用汽车金融有限责任公司	固定	3 年	4.05	50
1722027	17 东风日产汽车债 02	东风日产汽车金融有限公司	固定	3 年	4.95	15
1822043	18 福特汽车 03	福特汽车金融（中国）有限公司	固定	2 年	3.85	10
1822038	18 奇瑞徽银汽车 02	奇瑞徽银汽车金融股份有限公司	固定	3 年	5.8	15
1922019	19 福特汽车 01	福特汽车金融（中国）有限公司	固定	3 年	3.88	20

数据来源：全国银行间同业拆借中心。

（10）次级债

次级债也叫商业银行次级债，是指由商业银行发行的，清偿顺序在其他债权之后，但先于股权资本的债券。目前在银行间市场流通的次级债都是在2013年之前发行的。2013年我国开始施行《商业银行资本管理办法》，将银行资本由原来的"核心资本和附属资本"改为"核心一级资本、其他一级资本和二级资本"，从此次级债就被二级资本债所替代。所以2013年以后发行的就只有二级资本债了。

（11）混合资本债

我国从2005年12月引入了混合资本债。混合资本债属于二级资本中的高二级资本，是一种创新的债券模式，是按照《巴塞尔协议》中对二级资本中的混合工具的规定和要求设计的。混合资本债的清偿顺序在发行人的一般债权和次级债之后，优先于股权资本。发行期限一般在15年以上，且10年内不得赎回。发行10年后发行人可以有一次赎回权，若未行使赎回权则可以适当提高利率。例如图5.3.2中的11深发展01这个混合资本债，发行期限为15年，在第10年时有一次发行人赎回权。

债券基本信息

债券简称	11深发展01	债券代码	1116001
债券类型	混合资本债	发行人	平安银行股份有限公司(原:深圳发展银行股份有限公司)
债券发行日	2011-04-27	到期兑付日	2026-04-29
债券期限	15年	面值(元)	100.00
发行价格(元)	100.0000	计划发行量(亿元)	20
实际发行量(亿元)	36.5	息票类型	附息式固定利率
付息频率	年	债券起息日	2011-04-29
基准利差(%)	—	票面利率(%)	7.5000
基准利率名	—	基准利率	—
信用评级机构	大公国际资信评估有限公司	债项/主体评级	AA+/AAA
是否含权	是	发起人	—

图5.3.2 一个典型的混合资本债例子——11深发展01

（12）财务公司债

在我国，企业集团财务公司受银保监会监管。财务公司发行金融债券一般由其母公司提供担保，可以一次性足额发行，也可以在限额内分期发行。迄今为止，在银行间市场成功发行财务公司债的财务公司仅有12家，即：中石化财务、中核财务、中国电力财务、中国华电集团财务、上海电气财务、华能财务、武钢财务、中油财务、兵工财务、国电财务、海尔财务和国家电投集团财务。

（13）其他金融债

不属于以上（1）～（12）类的金融债归于其他金融债，比如由一些金融资产投资公司、消费金融公司、信用增进投资公司和存贷款公司等发行的金融债。

4. 非金融企业债

非金融企业债是指具有法人资格的非金融企业在银行间债券市场发行的约定一定期限还本付息的有价证券。非金融企业债又可以细分为发改委体系和交易商协会体系。发改委体系的非金融企业债主要有企业债和项目收益债券，交易商协会体系的非金融企业债又可以称为"非金融企业债务融资工具"，包括中期票据、超短期融资券、定向工具、短期融资券和绿色债务融资工具等。

图5.3.3 非金融企业债务融资工具的主要类型

（1）中期票据

中期票据的发行期限一般在 1 年以上，用于解决公司中长期流动资金不足的问题。与公司债相比，中期票据具有募集资金更灵活、审批更便捷、成本更低廉等优点。中期票据可以采取多次、小额分批次发行，具体的发行条件可以根据当时的市场情况而定。目前市场上比较流行的发行品种有 3 年期、5 年期、7 年期和 10 年期及以上这几个品种。

（2）超短期融资券

超短期融资券期限一般在 270 天以内，主要用于满足企业的短期债务融资需求。超短期融资券可以在一定时间范围内分次发行，总金额不能超过在交易商协会注册的发行规模。2010 年 12 月中国银行间市场交易商协会发布了《银行间债券市场非金融企业超短期融资券业务规程》，正式推出了超短期融资券。

（3）定向工具

定向工具是指在银行间债券市场以非公开定向发行方式发行的债务融资工具。"定向"的意思是指发行人向特定投资人范围的投资人发行，投资人转让债券时，也只能在特定范围的投资人之间转让。当然，在定向工具上市交易后，银行间市场的成员也可以向发行人或主承销商申请加入某定向工具的投资人范围。

（4）短期融资券

短期融资券一般期限在一年之内，是一种无担保信用债券。我国以前对企业发行融资券实行余额管理，企业待偿还的融资券余额不得超过其净资产的40%。2020 年 6 月，中国银行间市场交易商协会修订了《非金融企业短期融资券业务指引》，删除了 40% 的约束要求。这一修改使得短期融资券与交易所公司债、发改委企业债的要求趋同，有利于债券市场的统一标准。短期融资券一开始托管在中债登，2013 年 5 月以后全部改为上清所。短期融资券的主要优点在于企业的筹资成本较低，而且可以提高企业的知名度。

（5）绿色债务融资工具

绿色债务融资工具的发行需要在中国银行间市场交易商协会注册，其募集资金需专项用于节能环保、污染防治、资源节约与循环利用等绿色项目。2019 年 5 月 13 日，中国人民银行发布了《关于支持绿色金融改革创新试验区发行绿色债务融资工具的通知》，支持绿色金融改革创新试验区的非金融企业发行绿色债务融资工具。绿色债务融资工具可以是定向工具，也可以是资产支持票据、中期票据或超短期融资券等，券种很灵活。

（6）企业债

企业债多为中央政府部门所属企业、国有独资企业或有国有控股企业发行，由发改委核准发行。企业债的期限从 3 个月到 10 年不等。在实际交易中比较活跃的企业债单只债券的发行量一般都在 10 亿～200 亿元，所以通常只有规模比较大的国有或国有控股企业才能获准发行企业债。

表 5.3.6　　　　2020 年在银行间债券市场交易比较活跃的企业债

债券名称	发行机构名称	发行期限	待偿期	当前票面利率
20 南京地铁绿色债 01	南京地铁集团有限公司	5 年	4.37Y	3.18
12 中石油 05	中国石油天然气集团有限公司	10 年	1.27Y	4.8
17 西安高新债 01	西安高新控股有限公司	7 年	4.05Y	6.12
19 陕煤债 02	陕西煤业化工集团有限责任公司	3 年	2.05Y	4.26
20 沪建债 01	上海城投（集团）有限公司	7 年	4.30Y＋2Y	3.2
20 厦门轨道债 01	厦门轨道交通集团有限公司	5 年	4.38Y	3.28
20 鄂交投债 01	湖北省交通投资集团有限公司	5 年	4.24Y	3.38
19 中原豫资债 02	中原豫资投资控股集团有限公司	5 年	3.86Y	4.04
20 深地铁债 01	深圳市地铁集团有限公司	7 年	6.39Y	3.46
19 陕煤债 01	陕西煤业化工集团有限责任公司	3 年	2.02Y	4.28

数据来源：全国银行间同业拆借中心。

（7）项目收益债券

项目收益债券顾名思义，就是筹集资金用于某个项目的建设，然后偿还本金的资金则来源于该项目建成后的收益。项目收益债券在银行间债券市场和交易所债券市场均有，不同的是银行间市场的项目收益债由发改委监管，而交易所市场的项目收益债是证监会系统公司债的子品种，在发行方式等诸多方面都跟公司债非常类似，只是募集资金一般用于某个特定项目的建设。相对于企业发行的普通债券，项目收益债在发行条件、资金管理等方面要求较高，有一定的门槛限制。项目投资债的发行人多为地方国有企业，特别是城投企业。在银行间债券市场流通的项目收益债券基本都是公开发行的，发行期限多在 5~20 年。

三、资产支持证券

资产支持证券（Asset Backed Security, ABS）是以资产信用为支持的证券，是由受托机构发行，以其金融资产产生的现金流为限，向投资人分期支付一定金额的本金和利息的有价证券。资产支持证券的发起人一般是金融机构，这些金融机构通过将其资产证券化，可以把一部分资产从其资产负债表上分离出去，提高资本充足率，增强其资产的流动性。对于投资者来说，购买资产支持证券则可以获得较高的回报。资产支持证券通常会分几个层级，比如 A1、A2、A3 和 C 档，每档利率不同，定期支付部分本金和应付利息。由于金融资产可获得的现金流是不定的，所以资产支持证券每期可兑付的本金也是不定的，要根据受托机构定期公布的报告来看某个时间兑付多少本金。例如，某个资产支持证券从今年 12 月开始每月还本付息一次，初始本金 100 元，第一次兑付 2 元，剩余本金就是 98 元，第二次兑付 3 元，剩余本金 95 元，第三次兑付 0 元，剩余本金 95 元……依此类推。目前国内的资产支持证券主要有银保监会主管的信贷 ABS、证监会主管企业 ABS 和交易商协会主管 ABN（Asset Backed Note）。这三类资产支持证券的产品原理基本相同，区别主要在于主管部门不同。

1. 资产支持证券

狭义的资产支持证券主要指银保监会主管，在银行间债券市场发行流通，一般托管在中债登的资产支持证券。2005 年 12 月，国家开发银行发行了国内第一单银保监会主管 ABS——05 开元 1A、1B 和 1C。资产支持证券的主要市场参与者为银行、基金等，投资的主要目的是配置资产。资产支持证券目前在银行间市场上的交易并不算活跃，其最大的原因是定价困难。虽然在资产支持证券发行时，可以预测出何时开始偿还本金以及本金偿还的频率是多少，但是无法预测每次偿还本金的具体金额，进而导致无法对资产支持证券的价格有比较明确的判断。在美国等发达国家，已经产生了可以个性化输入假设条件，通过调节各个参数，建立计算模型，以精确计算出未来现金流，从而推算出资产支持证券现价的软件，但在国内这种软件还不普及。与发达国家相比，我国的政府支持机构、大型商业银行和保险公司对资产支持证券的交易还比较少，未来随着资产支持证券发行量增加和定价模式日益成熟，预计交易会更加活跃。

2. 资产支持票据

资产支持票据通常期限在 3～7 年，主管部门是交易商协会，在银行间市场交易流通。资产支持票据既可以公开发行，也可以定向发行。2017年，中国银行间市场交易商协会公布了《非金融企业资产支持票据指引》，对资产支持票据的资产类型、交易结构、风险隔离、信息披露和投资者保护机制等方面做出了明确的规定。在指引发布后，资产支持票据发展迅速。

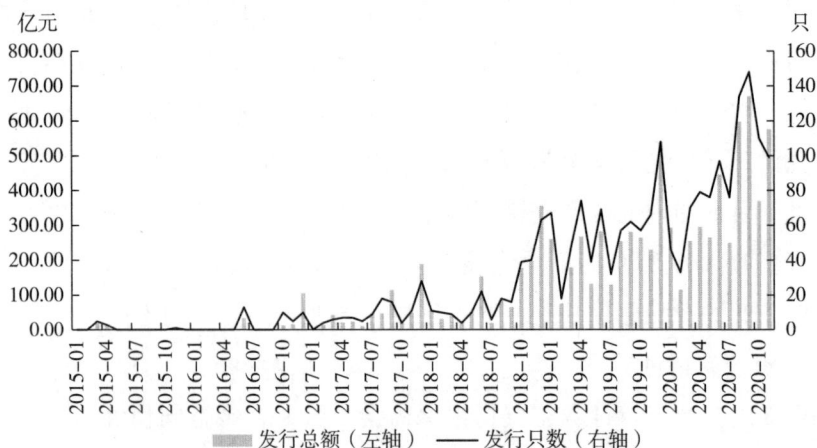

图 5.3.4　2015 年以来资产支持票据的发行

（数据来源：Wind）

第六章　债券市场的运行机制

第一节　发行审核机制

发行审核机制是债券市场运行机制的重要组成部分。债券怎么发行，需要通过怎样的审核，会影响到一国债券市场的容量，影响到债券的质量。2020 年 3 月 1 日起正式施行的新《证券法》，明确将股票和债券这两类最重要的证券全面推行发行注册制。当然，注册制的实施不可能是一蹴而就的，将分阶段、分步骤推行。

一、债券发行审核的作用

发行审批是监管当局对债券进行监管的一种方式。债券的发行审批，一方面是对发行人，即债券的主体进行鉴别，另一方面是对债券本身进行审核，看是否同意或不同意债券的发行。按照债券发行审核的严格与否，大致可以分为三种：

一是审批制。审批制最主要的特点是存在较多的行政干预，例如对债券发行主体，往往由地方和主管政府机构根据额度决定。

二是审核制。审核制比审批制要宽松一些，对债券发行的审查可以是实质性的，也可以是形式上的，只要发债主体具备了发债的条件，就可以允许其发行债券。

三是备案和注册制。备案制一般只进行形式审查，即审查申请材料的完整性和真实性，只要符合完整真实的条件就可以准许发债。在注册制下，发行人一般要加入某个行业自律组织，注册制的核心是发行人信息披露，即相关管理机构不对债券进行实质性审核，而只是审核发行人披露材料的真实性、准确性和完整性。

债券发行审核的第一个作用就是保护投资者利益。通过对发行人经营状况和信用状况的审核，使符合条件的债券得以发行，使不符合条件的债券不能发行，从而可以从源头上保护投资者的利益。

当然，虽然发行的债券经过了主管部门的审核，但这并不意味着政府对债券的信用风险进行了担保。因为监管部门无法做到对每只债券都进行实质性审核，而必须依赖中介机构，例如会计师、律师、评级机构等机构履行尽职调查的义务，诚实地提供信息。投资者在购买债券时，仍然需要自己对债券进行甄选，运用可能的信息自行判断某只债券是否值得投资。

发行审核的第二个作用是维护债券市场的稳定。这包含两层意思：一是看某个债券是否符合发行条件，二是看这个债券是否适合给某类投资者进行投资。比如银行间债券市场主要是机构投资者，交易所债券市场既有机构投资者，也有个人投资者，柜台债券市场既有企业投资者，也有个人投资者。相对来说，机构投资者的专业能力较强，对风险的鉴别和防范能力比个人投资者要强，所以更能接受金额较大、结构比较复杂的金融产品。

由于世界各国经济、金融发展的情况千差万别，所以债券发行审核机制也不尽相同。一般来说，发达国家的债券发行审核较为宽松，欠发达国家的债券发行审核较为严格；面向机构投资者的债券发行审核较为宽松，面向个人投资者的债券发行审核较为严格；发行主体评级较高的债券发行审核较为宽松，发行主体评级较低的债券发行审核较为严格。例如美国一向对公司发债的审核非常宽松，所以在2008年国际金融危机之前，美国的债券市场上发行了很多结构复杂的包含金融衍生工具的债券。但金融危机之后，这种过分宽松的审核机制也遭到了诟病。

在我国，债券的发行审核条件依据不同的券种、不同的主管机构而各有不同。总体来说，对国债、政策性金融债的发行比较宽松，对企业债、非政策性银行发行的金融债、涉外债券等的发行审核比较严格。经过近十多年的发展，我国债券市场的发行审核体系已经正式建立起来，并在实践中不断发展和完善。

二、政府债券的发行审批

前文我们提到过，政府债券包括中央政府发行的国债和地方政府发行的地方政府债。

1. 国债的发行审批

我国目前国债的发行实行存量控制，也就是由全国人大决定一定时期国债可以有多少存量。在这个存量范围内，发行多少国债和什么时候发行国债，可以由财政部决定。

2. 地方政府债券的发行审批

2009 年，中央政府开始允许 36 个省级地方政府发行地方政府债。现行的地方政府债发行基本是采用提前一年由下向上汇总额度需求，然后由上至下分配限额，层层下发，通过债券市场完成债券发行后，所得资金由省级财政部门转贷给市县级财政部门。

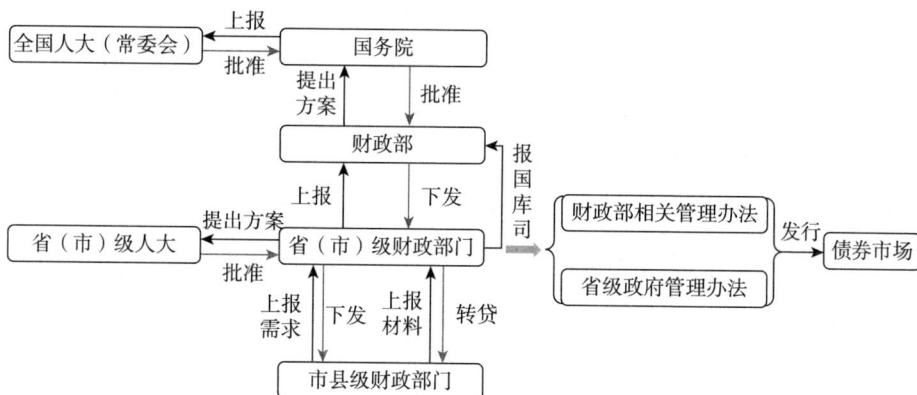

图 6.1.1　地方政府债的发行审批流程

地方政府债券又可以根据资金的用途和偿还资金的来源分为一般责任债券和专项债券。专项债重点用于交通基础设施、能源项目、生态环保项目、民生服务、市政和产业园区基础设施等项目。

三、金融债券的发行审核

金融债券是我国债券市场上最为重要的债券品种之一。金融债券可以分为政策性金融债和商业性金融债，政策性金融债由政策性银行发行，商业性金融债由商业性金融机构发行，包括商业银行、证券公司、信托公司、金融租赁公司等。

1. 政策性金融债的发行审核

1994 年 4 月，国家开发银行第一次进行派购发行债券，拉开了政策性金融债的发行序幕。政策性金融债为记账式债券，由中央国债登记结算有限责任公司负责托管登记。从 1998 年开始，国家开发银行率先推出了政策性金融债的市场化发行，受到了银行间市场成员的欢迎。政策性金融债的期限短至三个月，长至三十年，有浮动利率、固定利率债券，其中有些附有投资人或发行人选择权。政策性金融债也经常进行增发，是银行间债券市场交易最为活跃的券种。

政策性银行作为国家支持的金融机构，其发行的债券具有准政府信用债券的特征。因此，我国对政策性金融债每年的发行规模进行控制。国开行、农发行、进出口行这三家政策性银行每年年初会向人民银行提交全年发行债券的申请，人民银行核准其全年发行规模。政策性银行金融债券的发行申请应包括发行数量、期限安排、发行方式等内容，如需调整，应及时报中国人民银行核准。

人民银行对政策性金融债发行的审核不包括对发行主体信用状况的审核。2015 年，银监会明确：国开行发行的金融债的风险权重为零。

2. 商业性金融债券的发行审核

商业性金融债券是从 2004 年 6 月开始推出的，最初是商业银行次级债。由于商业性金融债券的发行人包括商业银行和非银行金融机构等，所以对商业性金融债券的发行审核不仅包括对债券发行数量的审核，还包括对发行人的信用状况、还债能力、经营状况等一系列监管指标的审核。

目前我国商业性金融债的发行审批一般采用双重审批，即银保监会审批加人民银行审批。例如，商业银行、财务公司、金融租赁公司、汽车金融公司和消费金融公司发行金融债前，先向当地银保监局提交申请，获得银保监会审批后，再递交人民银行在当地的中心支行。中心支行进行预审，随后报送人民银行总行，总行内部审核通过后，正式批准金融债的发行。由于金融债发行的双重审批制度，一般发行金融债的流程非常缓慢，审核要求也高，这也是很多银行宁可选择发行同业存单的原因。

金融债的发行条件较高，对于商业银行，要求具有良好的公司治理机制，资本充足率达标，最近三年连续盈利等。对于企业集团财务公司，要求设立1年以上，经营状况良好，申请前1年利润率、不良资产率和注册资本金均达到一定的标准，近3年无重大违法违规记录等。对于金融租赁公司、汽车金融公司和消费金融公司，要求具有良好的公司治理、内控体系和风险管理制度，资本充足率不低于监管要求，最近三年连续盈利等。只有具备这些条件的金融机构才可以申请发行金融债。

四、非金融企业债券的发行审批

非金融企业债券是指以非金融类企业的信用为基础发行的各种债券，主要包括公司债、企业债以及交易商协会管理的非金融企业债务融资工具等。

1. 企业债的审批

企业债目前由国家发展和改革委员会（发改委）主管。发债主体是境内具有法人资格的企业。企业申请发行企业债必须满足一定的条件，包括：应当具备健全且运行良好的组织机构，最近三年平均可分配利润足以支付企业债券一年的利息，具有合理的资产负债结构和正常的现金流量，同时鼓励发行企业债券的募集资金投向符合国家宏观调控政策和产业政策的项目建设。

2020年3月，国家发改委发布了《关于企业债券发行实施注册制有关事项的通知》（298号文），根据3月1日起施行的《中华人民共和国证券法》，企业债券发行由核准制改为注册制，发行企业债券应当依法经发改委注册。企业发行企业债，直接向受理机构——中央国债登记结算有限责任公司提出申请，由中债登和交易商协会两家机构进行审核，并在规定时间内完成受理、审核工作。298 号文删除了此前的两项规定：一是删除了"股份有限公司的净资产不低于人民币 3000 万元，有限责任公司的净资产不低于 6000 万元"的规定，二是删除了"累计债券余额不超过公司净资产的 40%"的规定，放宽了对公司发行企业债的限制，将融资结构的决定权交给公司自身。

我国企业债中相当大一部分比例是城投债，而产业债的比例相对较小。例如，根据 Wind 数据显示，截至 2020 年 12 月 22 日，我国银行间债券市场企业债的债券余额是 2.26 万亿元，其中，1.76 万亿元是城投债，占比为 78%。这些城投债虽然也属于企业债，但所筹集的资金并未用于产业发展，而多是用于地方政府投资基础设施建设。这与我国正处于城市化快速发展阶段，地方政府需要资金用于基础设施的开发建设有关。相对于其他公司信用类债券而言，企业债的期限较长、成本较低，所以违约风险也是公司信用类债券中最低的。

2. 公司债的审批

公司债的发行主要依据的法律法规是《证券法》和证监会的《公司债券发行与交易管理办法》。由于 2020 年 3 月 1 日起我国正式施行新的《证券法》，明确了公司债的发行采取注册制，所以从 2020 年 8 月开始，证监会着手修订《公司债券发行与交易管理办法》，并向全社会征求修改意见。

目前公开发行公司债须向证券交易所提供申请材料。证券交易所负责受理、审核材料，如果审核通过，向证监会报送审核意见及相关申请文件，然后证监会履行发行注册程序。如果审核不通过，则终止发行审核并向发行人告知理由。

对于非公开发行的公司债，主要由行业自律组织——中国证券业协会管理其发行，即承销机构或发行人应当在每次发行完成后 5 个工作日内向证券业协会备案。具体承办非公开发行公司债券备案工作的是中证登。证券业协会仅对材料是否齐备进行审核，在备案材料齐备后 5 个工作日内予以备案。

3. 非金融企业债务融资工具的注册发行

在新《证券法》发布后，国务院要求要落实好公司债券公开发行注册制的要求，但"公司债券"的范围仅包括发改委的企业债和证监会的公司债，即前文第 1 点和第 2 点的债券品种，并不包括其他债券品种，比如交易商协会的非金融企业债务融资工具。

非金融企业债务融资工具始于 2005 年。当时由中国人民银行推动，创新发展了非金融企业债务融资工具。这类融资工具采取了市场化的备案和注册发行方式，获得了蓬勃的发展。

从 2008 年开始，中国人民银行发布了《银行间债券市场非金融企业债务融资工具管理办法》，规定企业发行债务融资工具须在交易商协会进行注册。交易商协会在接受注册后，须在一定时间内向人民银行备案。

2020 年，随着新《证券法》的实施，银行间债券市场非金融企业债务融资工具的注册发行进行了新的优化升级。交易商协会公布了包括《非金融企业债务融资工具公开发行注册工作规程（2020 年版）》在内的一系列规程，从 7 月 1 日起正式施行。与 2016 年版工作规程相比，2020 年版工作规程对企业的分类更加细致，一共分为两层四类，第一类和第二类为成熟层企业，第三类和第四类为基础层企业。该规程扩大了统一注册企业融资工具的产品范围，提高了承销团主承销商的数量上限，加快了成熟层第一类企业的发行效率。

五、发债审批方式的比较

如前文分析，债券发行的审批方式主要有审批制、审核制和备案注册制。以往我国对利率债的发行审批比较宽松，对信用债的发行审批比较严格。不过随着我国债券市场的发展与新《证券法》的施行，公司信用类债券的发行转向了备案注册制，比以前的发行审批简化了许多。

目前来看，我国对政府类债券、政策性金融债的发行审批主要是对存量和规模进行控制，而对除政策性银行外其他金融机构发行的金融债则实施银保监会和人民银行的双重审批，故审批最为严格，流程也比较慢。

由于各种债券的监管主体不同，所以即使是性质相似的债券，比如企业债和公司债，也会因为监管主体的不同，其发行审批的流程和规定不同，可能不同的监管主体在执行标准上严格程度也会有所不同。将来需要进行改革，以逐步建立比较协调统一的发行流程和监管规则。

第二节　信用评级机制

信用评级机制是债券市场实现市场监督的重要部分。独立、客观的信用评级机制对债券市场的健康发展具有重要的作用。

一、信用评级对债券市场的作用

债券信用评级一般是第三方独立机构运用一套指标评价体系，对债务人的还款能力和还款意愿做出的评价。债券信用评级主要是对债券发行人的主体和其发行的某一债项进行评价，也就是说着眼于债务人本身的违约风险。信用评级与经营业绩评价不完全相同，因为某些债券的发行人可能经营业绩不佳，但其违约风险较低。信用评级机构相比普通投资者应具有一定的技术优势和专业优势。

信用评级可以增强发行人的信用意识，培育规范化发展的金融市场。有利于信用资质较好的发行人以较低的成本融资。信用评级的作用有：

第一，信用评级可以减少债券发行人和投资者之间的信息不对称。债券市场中的存量债券有几万只，投资者很可能没有足够的时间和精力去了解每只债券的发行人资质和违约风险，他们需要依赖信用评级机构给出的信用等级作为参考，降低投资风险，提高决策效率。

第二，信用评级是决定发行人融资成本的重要依据。在一个健康的市场上，不同信用等级的债券价格必然不同，因为信用等级反映了发行人的资质。各等级债券之间的利差有利于实现市场对资源的有效配置。

第三，信用评级对发行人提高自身资质、改善经营管理和现金流有一定的鞭策作用。由于信用等级好的发行人筹资成本低，发行债券比较容易，这就会促进发行人为了提升信用等级改善经营管理，努力对现有债券及时还本付息，维护自身良好的信用状况。

二、国际债券市场的信用评级制度

经过多年的发展，许多国家已经建立起了比较完备的债券市场信用评级制度。比如，对评级市场准入和评级机构的认定有详细的标准，信用评级机构也能尽力避免与被评级人发生利害关系，以确保评级结果的客观性。

1. 欧美的信用评级制度

在美国，经美国证券交易委员会认可的"全国认定评级组织"（Nationally Recognized Statistical Rating Organizations，NRSRO）共有9家，其中有三家在国际上都有业务，即标普、穆迪和惠誉评级。标准普尔使用的评级级别从 AAA（最高质量债券）到 D（违约）；穆迪的评级级别略有不同，是从 Aaa（最小风险等级）到 C（默认等级）。

描述	穆迪	标准普尔	
投资级			最安全
	Aaa	AAA	
	Aa	AA	
	A	A	
	Baa	BBB	
投机级			
	Ba	BB	
	B	B	
	Caa	CCC	
			信用最差

图 6.2.1　穆迪和标普的长期信用评级量表

欧洲的主要评级机构也是三家：标普、穆迪和惠誉，这三家信用评级机构在欧洲各国的一些子公司是经过 ESMA（European Securities and Markets Authority，欧洲证券和市场管理局）鉴定的，例如标普在法国、德国、意大利、西班牙、瑞典和英国的子公司，穆迪在塞浦路斯、捷克、法国、德国、意大利、西班牙和英国的子公司，惠誉在法国、德国、意大利、波兰、西班牙和英国的子公司。除了这三大评级机构外，还有一些小型的针对专门产业的评级机构，由其来满足特殊市场的需求。近年来，欧盟委员会出台了一些法案，旨在打破美国三大评级机构的垄断，减少投资者对这些机构的过分依赖，提高评级过程的透明度。

2. 亚洲的信用评级制度

亚洲各国中，最早建立信用评级机构的国家是日本。1975 年，日本成立了亚洲第一家信用评级机构——日本债券评级研究所。1985 年，又成立了日本信用评级公司和日本投资服务公司两家评级公司。1998 年，日本债券评级研究所和日本投资服务公司合并，成立了日本信用评级和投资服务公司，是日本目前最大的信用评级机构。该公司一直申请通过美国证券交易委员会的 NRSRO 认可，但未获得资格。日本的评级制度只对发行人进行评级，一年之内，同一个发行人发行的所有债券都是这个级别；而美国是对某个发行人的债券种类进行评级，同一个发行人在同一年度发行不同种类的债券，可能有不同的评级。

除日本外，亚洲本土信用评级机构的发展多开始于 20 世纪 80 年代。韩国在 80 年代中期成立了第一家评级机构，随后印度也成立了第一家评级机构，东盟各国的评级机构多成立于 90 年代初期，比如马来西亚。新加坡和中国香港的信用评级比较依赖于世界著名评级机构。

总体来看，与欧美相比，亚洲除中国以外的国家债券市场的规模依然偏小，信用评级也处于较低的发展阶段。

3. 国际金融危机以来对信用评级业的再认识

2008 年国际金融危机以来，美国公众意识到，不能再依赖于监管机构和评级机构来准确评判自己所持证券的质量。因为这些评级机构在危机到来时，迅速给很多证券降低了评级，但这些行为都太迟了。事实证明：这些原本被评为高等级的证券其实根本就是垃圾证券，最后埋单的只能是投资者。因为这些评级机构的失败，使全球经济举步维艰。评级机构的批评者认为，这些机构把自身和发行人的利益置于投资者利益之上，因而没有提供准确的评级。另外，美国的评级行业是高度垄断的，前三大评级机构的市场份额约有95％，前两大评级机构的市场份额约有80％。市场份额的高度集中加剧了利益冲突、缺乏透明度和缺乏竞争的问题。美国的评级行业目前由证券交易委员会监管，其主要的监管目标包括保证评级质量、保护非公开信息免受不当使用和防止利益冲突。2009年，证券交易委员会提议修改现有的规则，以鼓励更多的竞争。然而这也不能从根本上解决问题，因为更多的竞争并不一定能促进更客观的评级，反而有可能把证券的评级结果推得更高。立法层面，2006年美国颁布了《评级机构改革法案》，但这个法案对防止2008年的金融危机收效甚微，于是2010年美国又出台了《多德—弗兰克法案》，旨在进行更重要的监管改革。在欧洲，欧盟委员会提议进行新的立法以解决与美国同样的问题，比如建议禁止向客户提供咨询服务以排除利益冲突，通过在年度透明度报告中披露评级方法和模型以增加透明度。尽管监管机构采取了各种措施，但由于信用评级机构是私人所有，不可避免地缺少对保护投资者利益的责任感，所以信用评级机构的监管是一个世界性难题，所有的监管措施都只能是部分有效的。

三、我国债券市场的信用评级制度

我国债券市场长期以国债、政金债等利率债为主导。这些利率债由于是政府信用或者准政府信用，不需要进行信用评级，所以客观上导致了信用评级行业发展缓慢。

1988年2月，我国成立了第一家信用评级类机构——远东资信评估有限公司。经过30多年的发展，评级机构数量增加，评级规模扩大，认可度逐步提高。目前我国信用评级机构有100多家，其中评级结果可以在银行间债券市场使用的评级机构有中诚信国际信用评级有限责任公司、中债资信评估有限责任公司、联合资信评估有限公司、上海新世纪资信评估投资服务有限公司、东方金诚国际信用评估有限公司、中证鹏元资信评估股份有限公司、大公国际资信评估有限公司、远东资信评估有限公司（仅金融机构债券）、标普信用评级（中国）有限公司和惠誉博华信用评级有限公司（仅金融机构债券、结构化产品）。比较知名的企业债券评级机构有中诚信国际信用评级有限责任公司、联合资信评估有限公司、上海新世纪资信评估投资服务有限公司、中证鹏元资信评估股份有限公司、东方金诚国际信用评估有限公司和大公国际资信评估有限公司等。近年来，我国评级行业在统一监管和对外开放方面有所提高，但也存在评级虚高、区分度不足和预警能力弱等问题，制约了我国债券市场的高质量发展。

目前，我国银行间债券市场的评级分为主体评级和债项评级。主体评级是对债务发行人偿债能力的评定，而债项评级是针对特定债务的等级评定。主体评级和债项评级可能相同，也可能有所差别。

我国债券市场的信用评级制度虽然近年来不断地发展完善，但仍然存在以下的一些问题：

一是区分度不强，评级虚高。我国目前现存的信用债中，主体评级为AAA级的金额占比有65.25%，AA＋级和AA级的占比分别为13.95%和

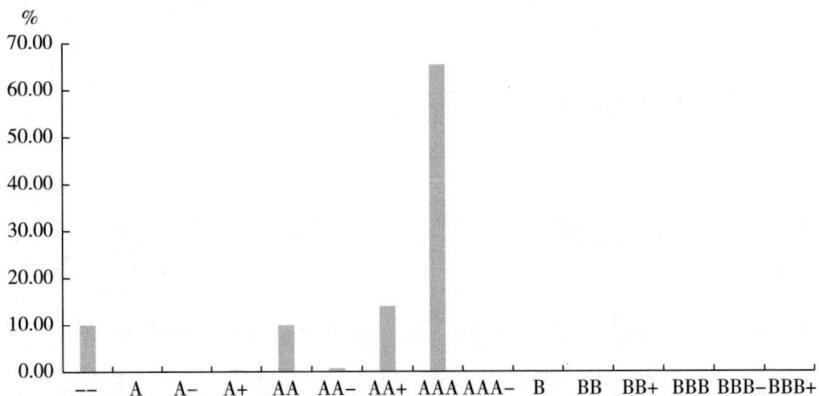

图 6.2.2　我国信用债的主体评级分布比例

（数据来源：Wind。数据日期：2021－01－04）

9.93%，AA级以下的比例非常小，显然这不符合信用债的实际情况。而在2014—2020年发生违约的债券来看，虽然有很大一部分在违约前主体评级已经降到C级，但仍有很大一部分债券甚至在违约前主体评级还是AA级甚至AAA级的。

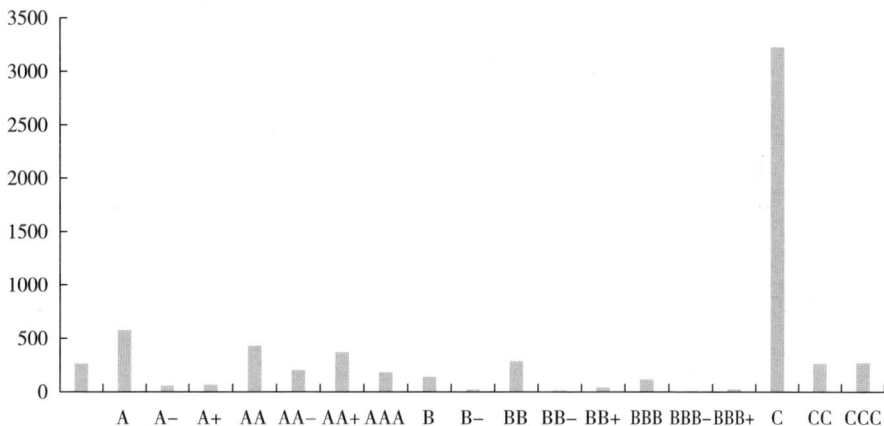

图6.2.3　2014—2020年发生违约债券的违约前主体评级分布

（数据来源：Wind）

二是等级招标的问题仍然存在。为了达到一定的信用等级，一些企业在选择信用评级机构时，不可避免地会倾向于能给其较高评级的机构，而不是选择声誉较好、评级公正的机构。产生这一问题的根源在于发行人付费制度，由此产生了逆向选择的问题，即评级较高的机构更容易被发行人选择。

三是信用评级行业缺乏统一的行业规范，信用评级过程缺乏透明度。不同种类的债券监管部门各有不同，导致各个监管部门可能对信用评级的要求也不尽相同。信用评级机构如何在评级过程中避免利益冲突，仍然是个难点问题。

2019年，由人民银行、发展改革委、财政部和证监会四部门共同颁布了《信用评级业管理暂行办法》，并从2019年12月26日起正式施行。该办法的施行标志着我国信用评级业进入了统一监管的时代。办法明确：中国人民银行为信用评级行业主管部门，发改委、财政部和证监会为业务主管部门。为了提高信用评级行业的公信力，该办法提出了一些措施，比如，禁止信用评级机构向被评机构提供咨询服务等。随着中国债券市场的对外开放，信用评级将成为境外投资者投资中国债券市场的重要参考，因此，加强对信用评级行业的监管，建立统一规范的监管标准，有利于信用评级行业和我国债券市场的健康发展。

案例 6.2.1　五洋债欺诈发行案宣判

2020 年 12 月 31 日，杭州中院就债券持有人起诉五洋建设及其实际控制人，以及德邦证券、大信会计、锦天城律所、大公国际的证券虚假陈述责任纠纷案件作出一审判决。这是全国首例公司债券欺诈发行案件，也是首例在审理期间适用代表人诉讼制度的案件。

2017 年 8 月，五洋建设的两只债券"15 五洋债"和"15 五洋 02"出现违约，合计发行规模达 13.6 亿元。2018 年，证监会对五洋建设作出行政处罚，认为五洋建设在申请发行公司债券时，使用了虚假的申报文件。其中，2012—2014 年度的财务报表违反了会计准则，虚增了净利润。

根据该案的民事判决书，本案的 487 名投资者认为，中介机构未履行勤勉尽责义务，应承担连带赔偿责任。对此，各中介机构均表示自己不应该承担赔偿责任。大公国际表示，已履行普通注意义务，即使评级报告中所引用的财务数据存在问题，也不属于大公国际的过错，大公国际撰写的评级报告本身并不存在虚假陈述。

杭州中院称，大公国际与被诉债券发行行为有关，应当对可能涉及债券发行条件、偿债能力的重大债权债务、重大资产变化等事项给予关注和提示。一审判决：大公国际就五洋建设对原告的总计 4.94 亿元债务本息在 10% 范围内承担连带赔偿责任。法院表示，让装睡的"看门人"不敢装睡，是司法审判对证券市场虚假陈述行为的基本态度。

第三节　债券市场的交易机制

债券市场的交易机制是指如何汇总债券交易指令以形成市场价格的规则的总和。债券市场的交易机制非常重要，因为它决定着市场的运行效率与功能。

一、债券市场的主要交易机制

按照通常的分类方法，可以把债券交易分为场内交易和场外交易。场内交易是指在交易所内进行的交易，场外交易是指在交易所外，通过网络、电话、传真等方式进行的交易。由于场内和场外市场的组织形式不同，所以交易机制也具有不同的特点。主要的交易机制有指令驱动制（又叫拍卖制度）和报价驱动制（又叫做市商制度）两种。现在世界各国各金融市场实行的交易机制基本上都是指令驱动制和报价驱动制的混合，只是各个市场各有侧重罢了。此外，由于报价驱动制能够有效处理大额买卖指令，所以世界上大部分国家的债券市场、货币市场和外汇市场都是以报价驱动制为主。

表 6. 3. 1　　　　　　　　　指令驱动制与报价驱动制的区别

交易机制	指令驱动制	报价驱动制
价格形成方式	开盘与随后的交易价格均是竞价形成的。所有投资者的买卖指令汇集到交易所的主机中，由电脑将买单和卖单匹配成交，成交价格是在交易系统内部生成的。	证券的开盘价格和随后的交易价格是由做市商报出的，成交价格是从交易系统外部输入的。
交易成本	证券的价格是单一的，投资者的交易成本仅仅是付给经纪人的手续费。	同一证券做市商会提供两个不同的价格：买价和卖价。两者之差是做市商收取的合理报酬。
处理大额买卖指令的能力	大额买卖指令要等待交易对手的买卖盘，通常需要等待较长时间。	能够有效处理大额买卖指令。

1. 场内市场交易

场内市场交易的核心机制是指令驱动，即以"竞价撮合、时间优先、价格优先"为特征。所有的投资者都在同一个市场中直接报价，由系统按照一定的规则撮合买卖双方的交易。指令驱动制又可细分为集合竞价机制和连续竞价机制。

（1）集合竞价机制

集合竞价多用于开盘前的一段时间，比如上午9：15～9：25，由买卖双方的投资者集中报出各自理想的买价和卖价，交易系统收齐所有指令后，在某个时点开始集中撮合成交。撮合时满足的条件有：一是成交量最大，二是高于成交价格的买入指令和低于成交价格的卖出指令全部成交，三是与成交价格相同的买入指令和卖出指令至少有一方全部成交。集合竞价反映了买卖双方的力量对比，价格有效性较高。

（2）连续竞价机制

连续竞价机制是指对买卖申报逐笔连续撮合的竞价方式。集合竞价结束后，证券交易所开始当天的正式交易，会按照价格优先、时间优先的原则，确定每笔证券交易的具体价格。

连续竞价的成交规则：一是价格优先，即买进申报的较高价格者优先，卖出申报的较低价格者优先；二是时间优先，即买卖方向和价格相同的申报，按照时间先后排列，先申报者优先于后申报者。

在指令驱动制下，交易的匹配都是按照事先拟好的规则严格进行的。交易所事先将交易规则进行编码，输入计算机系统当中。不同的交易市场的交易规则可能会有所不同，但无论采用何种规则，都只能按既定的方式来匹配，交易员没有选择交易对手的权利。这就会面临交易对手的信用风险问题。交易所必须对所有的交易成员进行资质审核，以确定是否可以有资格参加交易。

从目前世界交易市场的演变来看，场内市场交易中集合竞价机制和连续竞价机制都是混合存在的。在流动性不足时，场内市场也会引入报价驱动机制，比如要求一些交易成员提供流动性。

2. 场外市场交易

场外市场交易一般比较分散，又可以分为交易商间的市场（批发市场）与交易商和客户间的市场（零售市场）。场外市场的交易多采用报价驱动机制，报价驱动既可以是一对一的询价，也可以是通过做市商报价的方式。

（1）询价交易机制

询价一般可以分为三个阶段：报价、报价交谈和成交。报价是指针对某交易方发过来的询价请求进行回复，比如 A 发询价请求给 B1、B2 和 B3 三个交易成员，想要买入某国债 1 亿元。B1、B2 和 B3 分别报出净价为 99.36 元、99.67 元和 99.45 元。这是第一阶段的报价。第二阶段，A 觉得 B1 的价格最好，于是与 B1 展开报价交谈，敲定交易要素细节。最后是成交，A 确认交易要素都 OK，于是完成交易。

由于询价交易通常是一对一或一对多的，寻找合适的交易对手的效率比较低，这就需要中介机构来促成交易，于是货币经纪公司应运而生了。货币经纪公司在债券市场的作用主要有：一是准确而快速地提供市场信息。货币经纪公司可以汇总买方和卖方客户的需求，从而为客户提供比较真实的市场价格信息，有利于市场成员找到交易对手并达成交易。二是可以为客户提供一定的保密性。因为通过货币经纪寻找交易对手，在交易谈成之前，客户并不知道自己的交易对手是谁，所以对一些不愿向市场公开自己身份的成员来说，可以保护他们的价格和交易意愿等商业秘密。货币经纪在各个金融市场发挥着非常重要的作用，即使是在成熟的金融市场，电子交易系统已经异常发达，可以每秒处理大量交易，也仍然需要货币经纪协助市场成员达成交易。

在债券市场上比较活跃的货币经纪公司一般是从事交易商与交易商之间的中介服务，本身并不自行进行交易。这种经纪活动不同于我们平常所说的证券经纪，即证券公司接受个人或企业委托进行证券交易的业务。

（2）做市商交易机制

做市商制度是指做市商不断地向债券市场报出买价和卖价，并承诺在一定的时间和数量范围内无条件接受投资者的买卖请求，投资者可以直接提交指令并确认成交的制度。做市商买价和卖价之差就是他们的合理报酬，是对做市商报价行为的补偿。

做市商制度是债券市场发展到一定程度的必然产物。做市商通过公开、有序、竞争性的报买报卖，可以为市场提供流动性，同时起到稳定市场价格的作用。

在场外市场交易中，大的交易商比较容易通过双边询价找到合适的交易对手，而中小交易商往往偏向于与做市商进行交易，从而更容易找到所需的交易品种和交易对手。

做市商为了能够向市场提供流动性，需要维持一定的仓位，或者叫库存。这个仓位既不能太小（要随时能够向其他交易成员提供债券），也不能太大（免得承担投资风险）。

做市商的做市能力主要体现在买卖价差上。价差越小，做市商的做市能力越强。

做市商制度是各国债券市场普遍采用的制度。以美国为例，美国的场外债券市场可以分为三个层次：第一层是做市商以及为做市商之间交易提供服务的做市商经纪商；第二层是做市商与投资者之间进行的交易；第三层是投资者和其经纪商构成的市场。做市商之间可以通过第一层次的市场互相调节头寸，然后做市商向投资者进行报价和买卖服务。做市商之间的交易主要通过询价或者由经纪商进行撮合而成。欧洲的债券市场也采用了做市商制度，例如欧元区的 Euro MTS 设有一级交易商 29 家、单个市场做市商 24 家和一般交易商 18 家。其中，一级交易商和单个市场做市商有做市义务，一般交易商没有做市义务。每天交易结束时，Euro MTS 会根据做市商做市报价的时间对其做市表现进行打分，如果报价时间超过 5 小时，则得分为 100%，否则得分小于 100%，表示其只部分履行了做市义务。

（3）场外电子交易系统的发展

场外债券市场的交易最初是通过电话、传真等方式达成的。随着计算机技术的发展，场外电子交易系统慢慢发展起来，由最初的计算机辅助交易变为通过电子交易系统直接达成交易。

据统计，美国用于场外债券市场交易的电子系统有 80 多个，其中

36%用于政府债券的交易。欧洲的场外交易系统也很多，主要包括交易商之间交易的系统，例如 MTS 等，以及交易商向客户报价交易的系统。

随着场外市场的发展，报价驱动制不再是场外债券市场唯一的交易机制。场外债券市场的电子交易系统也融合了指令驱动制的交易机制。比如，按照时间优先、价格优先的原则，将交易商提交的指令与做市商报价自动匹配成交。但这些交易系统总体上仍被视为场外交易系统。

3. 债券交易机制的选择

场内交易还是场外交易？这似乎是个问题。从国际主流来看，债券交易还是以场外交易为主，这是由债券产品的属性和投资者结构决定的。

（1）债券产品的属性和投资者结构

债券产品的风险和收益等属性决定了债券更适合机构投资者，主要原因有：

首先，债券是固定收益产品，有比较明确的到期日和稳定的现金流，但是收益率较低，对个人投资者来说，吸引力不是特别大。而对于资金实力雄厚的机构投资者来说，债券能提供比较稳定的收益，是资产组合配置时必须维持一定比例的金融产品。

其次，在法律上，债券作为一种债务凭证，比股权凭证具有更优先的清偿权，所以一些比较大的机构投资者，比如养老基金等必然更加偏向于投资债券。

最后，债券涉及的交易要素比较多，每个债券具体的条款各不相同，也涉及一系列的专业计算，比较适合专业的投资机构进行研究和投资。而像股票等金融产品的交易比较简单，需要考虑的要素少一些，更适合个人投资者。

正是由于上述原因，所以债券更受到机构投资者的青睐，而个人投资者更倾向于投资股票。

据统计，美国国债的持有者中，个人投资者仅占10%，比重比较大的机构投资者有海外和国际投资者、养老基金、货币当局和共同基金等。机构投资者持有国债的比重超过了80%。

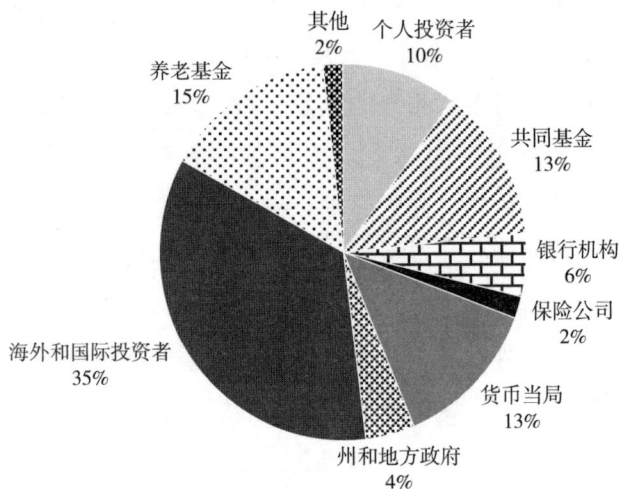

图 6.3.1 美国国债的持有者结构（2019 年）

（数据来源：Wind）

机构投资者的类型非常丰富，由于各国国情不同，所以各类机构投资者持有债券的比例也各有差异。例如美国的金融自由化程度较高，因此海外投资者比重较大。另外美国的养老基金比较发达，所以所占比重大，像日本等储蓄率较高的国家就是商业银行和储蓄机构持有债券的比重更大一些。

从成熟经济体共同的特点来看，这些国家个人投资者所持债券的比例都很小，普遍都低于 10%，即绝大部分的债券为机构投资者所持有。

通常发展比较成熟的债券市场中，各类投资者的比例比较均衡，比如美国的养老基金虽然持债比例较大，但也仅占国债总量的 15%。这种比较均衡的投资者结构有利于增强债券市场的流动性。

（2）债券交易方式的选择

债券作为金融产品的自身特点以及债券投资者以机构投资者为主的情况决定了债券交易主要以大宗交易为主。而大宗交易如果在场内市场完成，会面临以下问题：

一是难以寻找到合适的交易对手方。当机构投资者在场内债券市场发送交易指令后，由于交易量大，一时难以通过系统自动匹配找到方向相反、交易量相当的指令，可能只能将大的交易量分拆成若干笔交易量较小的指令进行匹配，导致交易难以快速达成。

二是订单披露问题。由于大宗交易可能会对市场价格产生影响，所以与大宗交易相反方向的交易者可能会延迟提交订单，以充分利用大宗交易带来的有利的价格变动。而与大宗交易同向交易者如果得知了大宗订单的意图后，会赶时间提交价格优于大宗订单的指令，以便在大宗订单成交前先成交。所以大宗订单的发起方通常不愿意披露自己的大宗订单。

三是信息不对称问题。流动性的提供方可能会担心大宗订单的发起方通过交易得到更多的有用信息，从而使自己在交易中处于不利的地位。

于鑫等（2011）的研究发现，纽约证券交易所上市债券的换手率在1922—2002年的80年间呈现出逐渐下降的趋势。这从实证上证明了债券交易由于其自身特点，如果在场内市场进行以指令驱动制为主的交易，会面临一系列困难和问题。相反，场外交易机制对于机构投资者来说会有以下的优势：机构投资者由于每笔交易的量比较大，会更倾向于市场透明度较低的场外交易模式。他们可以利用自身信息搜寻和信息解读的优势，寻找到更合适的交易对手，并且通过谈判获得更优惠的佣金水平。机构投资者既可以按照做市商的报价进行交易，也可以和做市商进行谈判，根据自己交易的数量和品种争取更有利的价格。

综上所述，不管是从场内场外债券市场的特点，还是从现有的一些实证研究中我们都可以发现，债券交易由于机构投资者所占的比重大，单笔金额大，更适合在场外债券市场达成交易。机构投资者可以充分利用自身优势，在场外市场以更高的效率、更优惠的价格找到合适的交易对手。

二、我国债券市场的交易机制

我国的债券市场主要有银行间债券市场、交易所债券市场和柜台债券市场，它们各自有不同的交易机制。

1. 银行间债券市场

我国银行间债券市场主要采用的交易机制是报价驱动制。当然，随着银行间债券市场的发展，现在也有相当一部分交易是采用指令驱动制达成的，比如匿名点击。不过这部分我们将侧重介绍报价驱动制下的两种交易方式——询价交易和做市商交易机制。

（1）银行间债券市场的询价交易机制

询价交易可以是一对一询价，也可以是一对多询价，即请求报价。询价交易机制是银行间债券市场最为重要的交易机制。从表6.3.2中可以看出，质押式回购中的87%、现券中的88%和买断式回购中的100%都是通过询价达成的。询价的途径既可以是通过全国银行间同业拆借中心的本币交易系统，也可以是通过聊天软件，比如拆借中心的官方聊天软件iDeal以及市场上比较常见的企业QQ。询价也可以通过电话或者货币经纪介绍，例如据统计，目前银行间债券市场的现券交易中，有超过30%的成交量是通过货币经纪撮合的。

表6.3.2　银行间债券市场各种报价成交类型占成交总金额的比例（2020年）

子市场名称	报价成交类型（%）				
	询价	请求报价	点击成交	匿名点击	总计
质押式回购	84	3	0	13	100
现券	32	56	0	11	100
买断式回购	100	0	0	0	100

数据来源：全国银行间同业拆借中心。

我国银行间债券市场借鉴国外经验，从2006年起引入了货币经纪商，其主要目的在于增加市场的流动性。货币经纪商作为专业的中介机构，促成了很多通过直接对话难以达成的交易。货币经纪工作的一般流程是：先收集有交易意向的客户的需求，再通过内部的网络发送给各个经纪人，然后经纪人反馈其客户的报价，货币经纪筛选出最优的报价后，可以帮助客户迅速达成交易需求，免去了客户零散地搜寻交易对手的麻烦。

值得注意的是，按照我国现行的法律法规，通过货币经纪撮合达成的债券交易，包括现券和债券回购交易，均应订立书面形式的合同，其书面形式包括全国银行间同业拆借中心交易系统生成的成交单等形式。利率互换可以不通过同业中心的交易系统，而在线下达成，但必须进行逐笔备案。

根据《中国人民银行关于货币经纪公司进入银行间市场有关事项的通知》规定，货币经纪公司在促成交易后，应将成交信息发至同业中心以作成交备案。

（2）银行间债券市场的做市商交易机制

做市商机制是银行间债券市场一项非常重要的制度。申请成为做市商需要具备一定的资质。目前我国银行间债券市场的做市商大多是资金实力雄厚、信誉良好、交易活跃的银行和证券公司。截至2021年2月4日，银行间债券市场共有做市商30家，其中包括政策性银行1家、大型商业银行6家、股份制银行8家、城商行7家、外资银行3家和证券公司5家。另外，还有54家尝试做市机构。

2020年，中国人民银行发布了第21号公告，公告的第三条内容是：境内金融机构与交易平台签订做市业务协议后，即可开展做市业务。而此前，申请成为做市商需要经过中国人民银行总行金融市场司批准。21号公告是为了贯彻落实国务院取消和下放一批行政许可的决定，简化了做市商申请的流程。公告生效后，申请做市商资格仅需与交易平台签订协议并报人民银行备案。全国银行间同业拆借中心同步发布了《全国银行间同业拆借中心银行间债券市场现券做市商业务操作指引》，明确了现券做市商业务的操作流程。

央行21号公告中提到做市商的义务主要有：在约定时间内提供双边报价，积极回复市场机构的询价请求；对于报价范围只是提到"要在市场合理范围内"；提供本机构所能提供的"最优做市价格"；严格履行交易义务。21号公告发布后，为了引导做市商与交易平台及时签订协议，履行做市义务，还为做市机构设置了过渡期，即到2021年3月31日。

21号公告中提出的做市商的权利有：将做市表现作为国债承销商和其

他债券承销商的重要指标；将做市表现作为公开市场业务一级交易商的重要指标，而通常公开市场业务一级交易商都是规模比较大、信誉良好的做市机构，比如大型商业银行、股份制银行、交易活跃的城商行、农商行、证券公司和外资银行等，这些交易商可以运用国债和政策性金融债与央行开展公开市场交易；将做市表现作为参与随买随卖业务的重要参考指标；优先开展银行间债券市场现券交易净额清算业务；获得交易平台提供的交易信息便利；优先参与衍生品等市场创新业务。

目前银行间债券市场的做市商报价情况如何呢？以2021年2月的某个交易日为例，我们列出了银行间市场做市商对几只活跃券报价的买卖价差，可以发现：（1）做市商对活跃券报价的覆盖面还并不算广泛，例如，绝大多数做市商对20国开15和20附息国债14这两只利率债都有报价，但只有少数做市商对其他三只信用债也有报价。由于这三只信用债是前一个交易日位列成交量前10的活跃券，活跃券尚且如此，那么其他信用债的做市商报价可能更少。（2）价差还比较大。报价比较齐全的两只利率债中，20国开15的最小价差达到6~7个基点，但仅有三家做市商达到这样的价差，其他做市商的价差至少在15个基点以上，最高有近50个基点；20附息国债14最小价差为4个基点，但仅有1家做市商报出，其他做市商的价差均在20~50个基点。信用债的价差也在30~50个基点。

表6.3.3　　2021年2月某个交易日做市商对活跃券报价的买卖价差　单位：基点

报价机构	20国开15	20附息国债14	20电网CP004	20北京债17	20福建债18
浦发银行	7.00	29.00			
中信证券	15.00	20.00			
邮储银行	7.00	40.00			
南京银行	6.00	48.00			
洛阳银行	15.00	30.00			
广发银行	49.90	49.90			
中金公司	30.00	30.00			
中国工商银行	14.00	29.00			
中国农业银行	29.00	29.00	49.50		

续表

报价机构	20 国开 15	20 附息国债 14	20 电网 CP004	20 北京债 17	20 福建债 18
交通银行	16.00	29.00			
中信银行	36.00	49.00			32.00
江苏银行	30.00				
恒丰银行	49.50	49.50			
招商银行	49.00	49.00			
花旗银行	40.00	49.00			
渣打中国	40.00	40.00			
兴业银行				30.00	30.00
中国民生银行				40.00	
上海银行		4.00			
中国建设银行		25.00	30.02		
第一创业		19.50			

数据来源：中国货币网。

（3）银行间债券市场的交易系统

与国外有数量众多、分散的、多元化的交易平台不同，我国银行间债券市场在建立之初，就依托全国银行间同业拆借中心建立了统一的债券交易系统。2018 年 2 月，同业中心启动新一代银行间本币交易平台 CIBMTS（新本币）上线项目，以现券市场为开始，后续陆续上线回购、衍生品等模块的更新，将全面升级本币市场的交易服务。

新本币提供多种交易机制可供选择：主要有询价、点击成交、请求报价和匿名点击几种交易方式。

询价是银行间债券市场最基本的交易方式。询价是指交易双方通过交谈自行商定交易要素，达成交易。询价的流程可以通过意向报价或对话报价发起。意向报价是指在市场上发出交易意向，不可直接成交。发送范围有三种：全市场、部分机构和交易员或者指定交易员。对话报价是指在市场上发起一笔一对一的实价报价，对手方对该报价予以确认即可成交。若发起方为质押式回购逆回购方，且未填写质押券，则正回购方需补充质押券后方可成交。意向报价和对话报价的主要区别在于：意向报价是非实价报价，表明交易意向，可以通过设置群组发送给指定对象群；对话报价是实价报价，是针对一个交易员发送，必须完整填写所有交易要素，格式化交谈必须在约定的 5 轮内完成，单笔交易的质押券最多不能超过 15 只。询价的交易流程可以用图 6.3.2 表示。

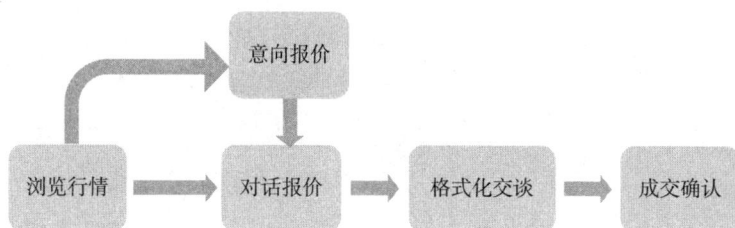

图 6.3.2　询价交易流程（以质押式回购为例）

询价的过程除了可以通过同业中心的交易系统进行，还可以利用同业中心提供的即时通信工具 iDeal。iDeal 与市场上其他的实时聊天工具相比，最大的优点是其用户全部来自银行间市场的交易成员，经过同业中心的实名认证，安全性有保障。例如，某交易员或风控人员可以通过所在机构注册用户名，登录 iDeal。iDeal 通过专线网和互联网均可登录，所有聊天记录都会由同业中心保存，满足合规留痕的要求。在该聊天软件上，同业中心提供在线客服，可以提供交易相关的咨询服务，也会通过 iDeal 发布一些权威的数据。可以说，iDeal 承担着同业拆借中心交易辅助和支撑的重要功能。

点击成交是指做市机构主动报价，然后市场交易成员按照做市商的买价或卖价进行交易。目前只有现券买卖和预发行市场支持点击成交的交易方式。

以现券买卖为例，点击成交具体又可以分为三种报价方式：（1）单边点击成交报价，指做市商或尝试做市机构向全市场发送买入或者卖出方向的点击成交报价，受价方直接点击"点击成交报价"即可成交。（2）做市报价，指做市商或尝试做市机构向全市场发送的，同时包含买、卖两个方向的点击成交报价，受价方直接点击"点击成交报价"即可成交，只能单边点击成交。（3）限价报价，是指制定了交易价格和交易量等要素的报价，能与优于或等于该价格的点击成交报价自动成交，其他要素也必须完全符合。

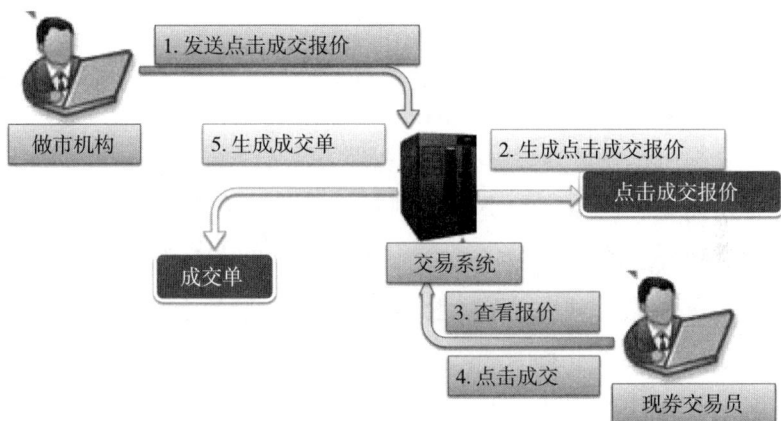

图 6.3.3　现券点击成交的交易流程（不含限价报价）

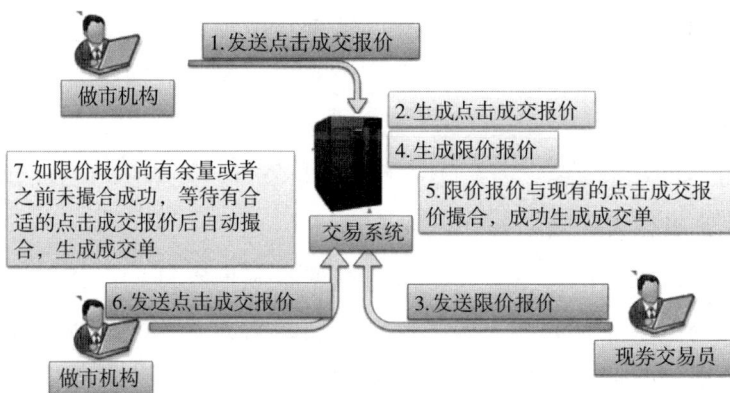

图 6.3.4　限价报价点击成交的流程

银行间柜台债券市场由于开办机构主要是商业银行，它们都是银行间债券市场的成员，所以柜台债券市场可以看作是银行间债券市场的延伸。银行间柜台债券市场的交易原理与银行间市场做市商报价的原理相似，主要是通过柜台债券承办机构（银行）进行双边买卖报价，投资者选择相应的交易品种、交易方向和交易数量直接成交。

2. 交易所债券市场

交易所债券市场是传统意义上的场内市场，以指令驱动制为主要交易机制。同时，上海证券交易所和深圳证券交易所也分别建立了固定收益证券综合电子平台和协议转让平台，采取了与银行间债券市场相类似的询价交易机制。

（1）交易所市场的竞价撮合交易机制

交易所债券市场主要的交易机制是竞价撮合机制。以上海证券交易所的国债竞价交易为例，每个交易日9：15~9：25为开盘集中竞价时间，9：30~11：30、13：00~15：00为连续竞价时间。投资者以限价委托的方式进行申报，现券的最低申报数量为1手（人民币1000元）及其整数倍，单笔交易最大申报数量为10万手。当天买入的国债可以当天卖出。

交易所市场的竞价机制遵循"三先"原则，即价格优先、时间优先和客户委托优先。价格优先是指较高价格买入申报优先于较低价格买入申报，较低价格卖出申报优先于较高价格卖出申报。时间优先是指买卖方向、价格相同的申报，先提交的申报优先于后提交的申报，按交易主机收到申报的时间为准。客户委托优先是指证券公司在接受客户委托和自营之间，以客户委托为优先。

交易所债券市场的主要交易工具有现券和债券回购。其中，现券的交易机制与股票非常类似，即采用竞价交易的方式。交易所的债券回购又可分为质押式回购和协议回购。质押式回购相对标准化一些，而协议回购更加灵活。2018年5月，上海证券交易所推出了新三方回购。新三方回购介于质押式回购和协议回购之间，由第三方提供担保品的集中管理。目前，成交量最大的还是质押式回购，协议回购和新三方回购的成交量较小。

交易所质押式回购的债券种类主要包括：①在交易所上市交易的国债、地方政府债和政策性金融债；②信用债，主要是资质较好的企业债、公司债、可转换公司债等债券。交易所对主体评级和债项评级的要求是逐年提高的，例如 2017 年出台的规定要求 2017 年 4 月 7 日开始公布募集说明书的新债，债项评级要在 AAA 以上，主体评级要在 AA 级以上，而此前的规定只要求债项评级在 AA 以上；③债券型基金产品，要求所有标的债券均在交易所上市交易且持续满足回购质押品条件。

交易所的质押式回购采用标准券折算率。具体操作方式是：每个交易日收市后，中证登会计算出回购质押品标准券的折算率，在官网上公布，适用于之后 T + 2 个交易日。对于新上市的债券，中证登最迟会在其上市前一个交易日，计算出其标准券折算率并予以公布，该折算率适用于该债券的上市日及之后一个交易日。

参与交易所质押式回购的主要有自然人、证券投资基金和证券公司。期限方面，以短期为主，大约有 80% 的质押式回购是隔夜回购。

交易所质押式回购是场内交易，匿名撮合成交，由清算机构担任中央对手方。质押式回购实行标准券制度，事先规定担保品类型及质押比例。由于是自动撮合成交、中央担保交收，交易者无须担心对手方的信用风险。融资方在到期时可以自动滚动叙做，非常方便地滚动续期。但是，质押式回购也有其自身的局限性：首先是质押债券的信用风险，近年来中央对手方不断严格债券入库标准，把大量信用债券排除在质押债券范围之外；其次是债券跌价的市场风险，通过调整质押比例和压力测试可以得到控制；最重要的是流动性风险，质押式回购如果到期有一方不能叙做，那么融资方只能卖券还款，交易所市场的体量较小，如果有大量机构抛售债券，将造成债券跌价，从而流动性压力会转换成债券跌价风险。

交易所于 2018 年推出的三方回购的主要特点有：一是实行准入备案制度，严格控制交易主体的风险；二是根据债券品种和信用等级设立了八个标准化的质押券篮子；三是对担保品实行集中管理，对质押债券实行逐日盯市；四是建立了违约担保品处置机制，消除了交易双方的后顾之忧。

表 6.3.4　　　　　　　交易所三方回购的质押券篮子

质押券篮子	简称	篮子标准	折扣率（%）
篮子1	利率债	政府债券、政策性金融机构债券、政府支持机构债券	0
篮子2	AAA（公）	公开发行的、评级 AAA 信用债	3
篮子3	AA +（公）	公开发行的、评级 AA + 信用债	8
篮子4	AA（公）	公开发行的、评级 AA 信用债	15
篮子5	AAA（私）	非公开发行的、评级 AAA 的信用债	8
篮子6	AA +（私）	非公开发行的、评级 AA + 的信用债	15
篮子7	AA（私）	非公开发行的、评级 AA 的信用债	25
篮子8	其他	篮子1~7 以外的上交所挂牌交易或转让的信用债	40

（2）综合电子平台和综合协议转让平台的交易机制

从 2007 年开始，交易所借鉴场外市场的做市商报价机制，也引入了报价驱动制的交易方式。例如，上海证券交易所推出了固定收益证券综合电子平台，主要面向机构投资者。深圳证券交易所则推出了综合协议转让平台。以下重点对上交所的综合电子平台做个介绍。

固定收益证券综合电子平台的用户有三类，即一级交易商、普通交易商和间接参与人。交易商主要包括一些符合上交所交易参与资格的证券公司、基金管理公司、财务公司、保险资产管理公司和其他交易参与人。其中一级交易商即做市商，他们负有提供持续双边报价和对询价请求进行报价的义务。一级交易商必须对关键期限国债进行做市。一级交易商的做市行为有非常明确的时间要求，例如，每日累计中断双边报价的时间不得超过 60 分钟，对接到的询价请求必须在 20 分钟内进行回复，除非出现一些特殊情况，例如做市的固定收益证券价格出现剧烈波动，导致无法正常报价。

上交所对一级交易商资格的要求有：最近 6 个月净资本不低于 8 亿元，具备做市能力，具备完善的内控制度和风险防范能力，具备较好的固定收益证券市场研究能力等。国债承销团成员可以优先申请一级交易商资格。一级交易商资格申请须经上交所审核后批准。

2007 年上交所公布的首批固定收益证券电子平台的一级交易商共有

13 家，包括 11 家头部券商和 2 家保险公司资管。后来又陆续增加了一些券商。目前，固定收益证券电子平台一共有一级交易商 19 家，普通交易商 277 家。

固定收益证券综合电子平台采用报价交易和询价交易两种交易方式。其中，报价交易可以采用匿名或实名进行，交易商询价交易只能实名进行。

综合电子平台上交易的证券类型主要包括国债、公司债、企业债券、分离债等。综合电子平台不仅可以进行现券交易，还可以进行隔夜回购。隔夜回购是指交易商在某个交易日将其所持有的国债以约定价格卖出，在第二个交易日再以约定价格买回的交易行为。例如，一级交易商的证券账户中，如果用于交收国债出现不足的，那么可以授权上交所和中债登通过综合电子平台自动进行隔夜回购，补足不足部分。具体方式是：上交所每个交易日下午两点会统计各交易商证券账户中国债的净额，以及一级交易商用于交收的国债不足部分的数量，在主协议授权的情况下，平台会将各交易商授权账户中的国债数量从大到小排序，作为补券的券源。

目前，交易商参与固定收益证券综合电子平台，需要与上海证券交易所和中证登签订交易主协议，并遵守上海证券交易所关于综合电子平台交易的规定。

三、我国债券市场交易机制的完善

近年来，随着我国债券市场的发展，市场交易行为日渐复杂化、多样化，也出现了一些不规范的交易行为，比如相互租借账户、利益输送和内幕交易等。对此，人民银行、银保监会、证监会等监管部门也出台了一些文件规定，以整治这些违规交易。事实证明，只有走市场化和规范化道路，我国债券市场才能健康发展。同时，我们要正视当前债券市场交易机制存在的一些问题，进一步完善现有的交易机制，特别是现阶段占主体地位的场外市场债券交易机制。

1. 当前场外市场债券交易机制存在的问题

场外市场相对场内市场来说，是一个分散的无形市场。它主要是依靠电话和计算机网络等连接起来的。

与发达国家成熟的债券市场相比，我国银行间债券市场还存在市场分层程度不够、利率管理工具较少和债券类型结构性失衡等问题。与国际市场相比，我国债券市场的流动性仍然较低，市场的微观结构和运行效率仍然处于较低的发展水平。

一些国家经过多年的发展，形成了较为成熟的场外债券市场，具有非常清晰的分层结构。例如，美国的场外债券市场主要有三类参与者：一是投资者及其经纪商，他们主要投资债券；二是做市商，为投资者提供报价；三是做市商的经纪商，他们为做市商之间的交易提供便利。由此美国的债券市场形成了三个层次：第一层是做市商经纪商撮合做市商之间进行交易，第二层是做市商面向投资者进行报价，第三层是投资者及其经纪商所形成的市场。而我们的邻国日本，其国债市场不仅拥有庞大的规模，同时也具有良好的流动性。日本的国债大部分也是在场外市场进行交易的，国债交易价格信息可以通过大型交易商、经纪人的经纪商或者 JSDA（日本证券交易商协会）等机构获得。日本的国债交易非常活跃，约占所有债券交易量的90%。从交易者结构来看，最活跃的是证券交易商，其次是银行和国外投资者。日本的国债衍生品市场有相当大的规模，有利于增强国债市场的活跃性和有效性。

我国银行间市场成员目前有38000多家，其中一半以上是证券公司的资产管理业务、基金和基金公司的特定客户资产管理业务。从图6.3.4中可以看到，占比较大的都是一些非法人产品户，而法人机构类，比如城商行、证券公司和股份制银行等占比非常小，均不到1%。可以说，我国银行间市场的交易成员类型非常多样，但差异化很大，不利于进行统一的管理。例如，对商业银行和非法人产品而言，在风险控制、偏好券种、交易行为等诸多方面均存在差异。

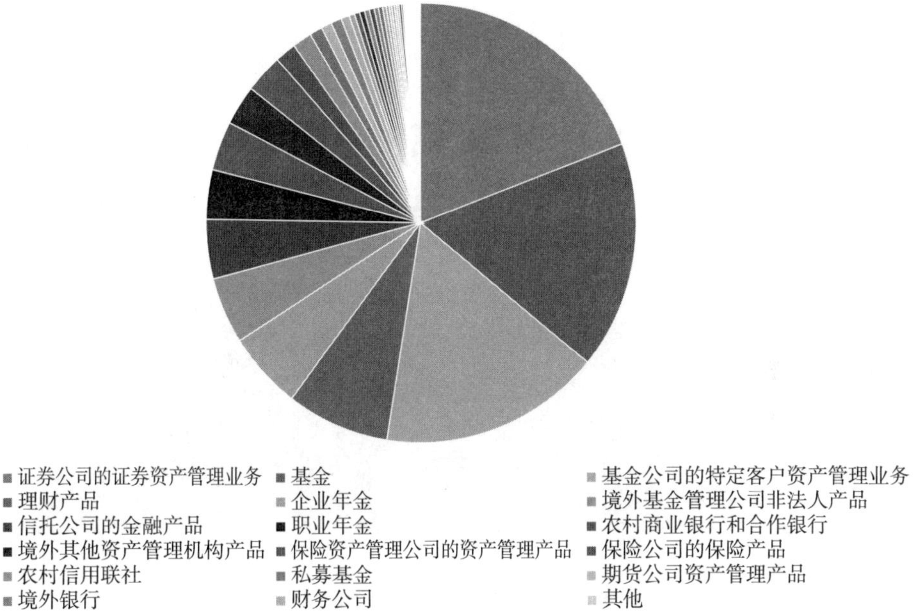

■ 证券公司的证券资产管理业务 ■ 基金 ■ 基金公司的特定客户资产管理业务
■ 理财产品 ■ 企业年金 ■ 境外基金管理公司非法人产品
■ 信托公司的金融产品 ■ 职业年金 ■ 农村商业银行和合作银行
■ 境外其他资产管理机构产品 ■ 保险资产管理公司的资产管理产品 ■ 保险公司的保险产品
■ 农村信用联社 ■ 私募基金 ■ 期货公司资产管理产品
■ 境外银行 ■ 财务公司 ■ 其他

图 6.3.5 我国银行间市场成员类型占比

（数据来源：中国货币网，截至 2021 - 03 - 22）

（1）市场分层还不够明晰

我国的场外债券市场基本可以分为四层：第一层由做市商和尝试做市商构成，这些做市商很多也同时是柜台市场的承办机构，他们在银行间市场承担做市报价义务；第二层为除做市商以外的金融机构和非法人产品，他们可以与做市商进行交易，也可以与其他金融机构或非法人产品直接进行交易，这与美国等发达国家是不同的；第三层为非金融机构法人，主要通过其结算代理机构在北金所参与债券投资；第四层为个人和企业投资者，可以参与柜台市场，按照柜台市场报价机构的双边报价进行交易。其中，第一层和第二层为银行间债券市场，第三层和第四层是银行间债券市场的延伸。

可以看到，我国场外债券市场虽然也有一定程度的分层，但这个分层不是非常严格的，表现在：普通金融机构和非法人产品可以与其他金融机构或非法人产品进行交易，而不是只能与做市商交易；满足条件的普通金

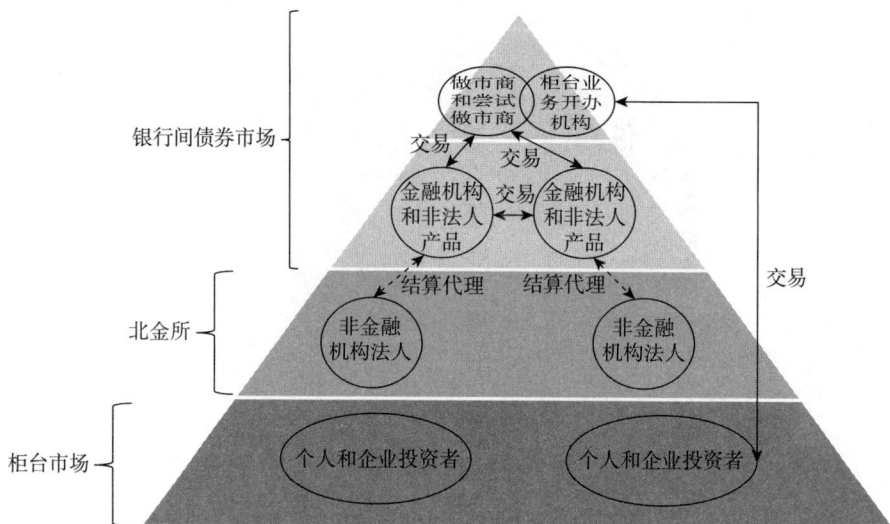

图 6.3.6　我国场外债券市场的分层

融机构可以申请尝试做市商资格，甚至晋级为正式做市商；银行间债券市场最主要的交易方式还是询价，询价既可以向做市商和尝试做市商询价，也可以和普通金融机构或非法人产品进行一对一询价。

由于我国银行间债券市场成员众多，既有大型金融机构，也有中小机构和非法人产品等，所有的交易成员都是使用同一个交易系统，所以同业中心的交易系统必须要考虑到所有交易成员的业务需要、交易习惯等问题，这也是相当大的挑战。

（2）做市商的作用发挥得不够充分

由于银行间债券市场的分散性，做市商对于提高债券的流动性发挥了重要作用，尤其是对于询价能力有限的中小机构而言，直接点击做市商的报价是其重要的交易方式。做市商制度在我国已经实现了多年，然而做市商的报价质量却不尽如人意。报价连续性和报价价差是衡量做市商做市质量的重要指标。例如，在成熟市场中，关键期限国债的双边报价价差可能只有 1 个基点，但我国可能只有少数几家做市商可以达到 3~5 个基点，甚至有做市商的报价价差在 30 个基点以上。流动性较好的利率债双边价差大，而流动性较差的信用债则只有部分有做市报价，特别是民企发行的债券则只有不到2%的债券有做市报价。做市商报价数量不足的原因，既有某些债券本身流动性较差的问题，还有市场上缺乏控制或对冲信用风险的工具。

（3）货币经纪公司运作还不够规范

货币经纪公司是指经批准在我国境内设立的，通过电子技术或其他手段，专门从事促进金融机构间资金融通或外汇交易等经纪业务，并从中收取佣金的非银行金融机构。我国的货币经纪公司始于2005年银监会批设第一家货币经纪——上海国利货币经纪有限公司。货币经纪公司由银保监会负责监管，同时，货币经纪公司在银行间市场从事债券买卖等经纪业务时，也要接受中国人民银行和国家外汇管理局的监管。

经过十几年的发展，货币经纪公司业务规模不断扩大。2020年，我国五大货币经纪公司共在银行间市场完成交易265万亿元，占整个市场成交量的19%。其中，现券成交量84万亿元，占全市场现券成交量的36%；质押式回购成交量149万亿元，占全市场质押式回购的16%。但是，货币经纪行业在其内部机制和外部环境方面仍然存在着一些亟待解决的问题。比如，某些货币经纪公司内控机制不到位，存在内部人员越权开展经纪业务、不向公司报备并记录的情况。

2. 进一步完善场外市场债券交易机制

（1）完善我国场外市场的层次结构

我国银行间债券市场虽然成员众多，但是交易的集中度还是很高的。以现券市场为例，笔者测算过2020年现券成交量，发现成交量排名前100名的成员占全市场现券成交量的76%，排名前200名的成员则占全市场现券成交量的88%。也就是说，约有76%的交易量是由头部的100名交易成员贡献的。这100名的构成主要是知名度比较高的证券公司和商业银行，其中包含了很多做市商。中小金融机构和非法人产品虽然数量众多，但只贡献了少量的交易。这也符合我们熟知的"二八法则"。因此，未来可以考虑把做市商间市场做大做强。

市场分层方面，我们可以按照交易规模的大小把场外市场划分为批发和零售两个层次。其中，批发市场中主要是大型的金融机构和活跃的交易成员，他们可以通过一对一询价、货币经纪撮合和做市商点击成交等方式完成批量交易。而零售市场主要是中小金融机构、非金融机构、非法人产品以及个人投资者等，他们可以通过做市商点击成交、柜台市场、结算代理人和一对一询价等方式找到合适的交易对手。

体现在交易系统上，可以针对不同规模的交易成员设计满足其各自需求的模块。在报价方面，应体现出做市商和交易活跃成员与中小金融机构的区分度，设置不同的权限，提高价格的透明度。

（2）充分发挥做市商的作用

第一，积极引导符合条件的机构加入做市商队伍，建立比较科学的做市商考核指标体系。按照2020年12月25日同业中心公布的《全国银行间同业拆借中心银行间债券市场现券做市商业务操作指引》的规定，金融机构申请成为做市商，须向同业中心提交申请材料，并与同业中心签署做市商协议。经过6个月的试运行符合指引的要求，交易中心即向市场公告其成为正式做市商，同时报告中国人民银行，抄送银行间市场交易商协会。2021年1月，银行间市场交易商协会修订了《银行间债券市场现券做市业务自律指引》和《银行间债券市场现券做市业务评价指标》，从2021年4月1日起开始执行。此次修订细化了内部控制、违规行为界定等相关规定，为做市商业务提供了制度保障。

第二，尽快推进银行间债券市场的净额结算制度。目前，中债登采用的是全额结算制度，上清所采用的主要是净额结算制度，也就是说，占目前银行间债券市场现券交易量60%以上的托管在中债登的债券还都是采用全额结算。从结算效率上来看，净额结算制度的效率更高，有利于做市商减少债券交易的结算量，降低交易的对手方风险。

第三，可以研究并推出债券中央借贷机制，有效满足做市商对冲存货成本的需求。债券中央借贷机制可以保证做市商在某只债券被点空时及时补券，可以增加做市商可做市债券的数量。

第四，统筹协调好银行间债券市场做市商和公开市场一级交易商之间的关系。公开市场一级交易商是指在二级市场与中国人民银行进行交易的债券二级市场参与者。人民银行从债券二级市场中遴选符合条件的机构，与之进行债券交易，以配合人民银行实现货币政策的目标。根据国际经验来看，一些国家的做市商同时也是一级交易商，央行可以通过公开市场的回购交易为做市商提供便利，比如便于做市商进行空头补券等。所以债券市场的做市商和一级交易商之间可以进行整合。

第五，协调好债券做市商和主承销商资质的关系。由债券的主承销商担任该债券的做市商有诸多好处，从各国实践来看，这也是经常给做市商提供债券承销的便利。给予做市商优先承销债券的资格，也是为了实现做市商的权责对等，因为在现行的做市商制度下，做市商的权利有限，而责任很大。

第六，同业中心的交易系统向做市商提供应有的信息便利。目前做市商可以在交易系统中查到本方的做市报价和市场的做市报价信息，以及浏览一些市场行情。其实与非做市机构相比，目前做市商并没有多么大的信息优势。交易系统可以向做市商提供更深和更细的交易数据，帮助做市商抵御市场冲击。

（3）促进货币经纪行业的发展

第一，合理定位货币经纪行业，理顺货币经纪和做市商制度的边界。货币经纪的功能与同业中心交易系统的部分功能也存在竞争关系，要合理引导竞争，提高货币经纪行业整体的效率和水平。

第二，货币经纪公司要加强日常管理，完善内控制度和规范流程，提高货币经纪人的专业素质和综合能力。货币经纪公司要严格遵守有关规定，规范开展货币经纪业务。

第三，逐步开发适应经纪业务需要的专门的信息交流平台，推进电子经纪业务，改变目前依赖网络聊天工具如 QQ 等软件的情况。随着未来银行间市场债券交易自动化程度的提高，传统的声讯经纪可能会受到挑战，这就需要经纪行业不断提高自身的技术水平。

第四节 债券登记托管和清算机制

一、债券市场登记托管机制

债券的登记和托管是债券交易的基础环节，主要作用是明晰债权债务关系，保障投资人的利益。债券实行无纸化交易后，债券的登记和托管主要依托托管机构的电子系统来完成。

1. 债券的登记和托管

目前，我国的债券市场已经基本实现了债券登记、托管、清算和结算的集中化管理。债券登记是指第三方机构对债券权利的归属和变动进行确认和记载的行为。债券托管是指第三方机构为债券持有人进行债券的保管，并对其持有的债券权益进行管理和维护的行为。我国主要的债券登记托管结算机构主要包括：中央国债登记结算有限责任公司（中债登）、银行间市场清算所股份有限公司（上清所）和中国证券登记结算有限责任公司（中证登）。

债券的托管最早起源于实物券时代，由于纸质债券分散于众多持有人，很难进行统一的托管，所以也限制了债券交易的范围，即债券交易要跨区进行是很难的。后来出现了记账式债券，产生了集中的债券登记托管机构。

我们现在常常在债券的募集说明书中看到"由某某机构簿记建档"的字样，说的就是债券登记机构在电子簿记系统中登记债券持有人的账户余额。例如，中债登会在企业债发行登记时，使用企业债券发行簿记建档系统。债券登记持有人持有的债券份额根据电子簿记系统的记录予以确认。

2. 我国债券市场登记托管制度的演变

在1988—1993年的实物券柜台市场主导时期，当时还未建立统一的国债托管机构，投资者是通过金融机构的柜台购买无记名国债的。这种无记名国债面值不等，不可挂失，可上市流通。由于缺乏统一的托管机构，交易只能在代保管机构所在地进行，不能跨地区交易，而且产生了很多混乱和问题，比如挪用无记名国债等，最后导致无记名国债柜台市场的关闭。可见，建立统一的债券登记托管机构是非常必要的。

为了解决分散托管带来的种种问题，1996年我国成立中债登统一托管国债。1997年，财政部发布了《中华人民共和国国债托管管理暂行办法》。按照办法规定，财政部授权中债登公司建立和运营全国统一的国债托管体系，并实行自律管理。2001年中证登成立，设上海和深圳分公司，承接了沪深交易所的登记结算业务。2009年，上清所成立，主推受央行青睐的中央对手方交易清算机制，于是形成了目前中债登、上清所和中证登三足鼎立的局面。

3. 各个市场的登记托管机制

我国债券市场可以分为银行间债券市场、银行柜台市场和交易所市场，登记托管机构有中债登、上清所和中证登，主要托管的券种可以用表6.4.1来表示。

表6.4.1　　　　　　　　　我国债券市场的登记托管体系

银行间市场		银行柜台市场	交易所市场
中债登	上清所	中债登	中证登
政府债券 政策性金融债 政府支持机构债券 商业银行债券 二级资本工具 非银行金融机构债券 企业债券 资产支持证券等	短期融资券 超短期融资券 中期票据 中小企业集合票据 非公开定向债务 融资工具 金融企业短期融资券 非金融企业资产支持票据 信贷资产支持证券 资产管理公司金融债 同业存单等	记账式国债 政策性金融债 政府支持机构债券等	国债 地方债 政策性金融债 企业债 公司债 可转债 中小企业私募债等

银行间债券市场的托管机构是中债登和上清所，实行一级、二级账户综合托管模式。其中，中债登主要负责利率债和部分信用债的托管，上清所主要负责信用债的托管。中债登的托管账户根据投资者的性质不

同可以分为甲乙丙三类，甲类账户主要是银行，乙类账户是除甲类账户以外的银行、信用社、非银行金融机构和产品，例如证券、信托、基金公司、资管计划、公募基金等，丙类账户主要是境外机构，例如境外央行、境外证券、基金和保险机构等。甲乙两类账户可以直接在中债登进行托管，丙类账户不能在中债登直接进行托管，只能借由甲类账户在中债登开立的托管账户作为其结算代理人。上清所也实行类似的账户制度，只是其分为 ABC 三类账户，A 类为结算代理人，也是直接联网的机构，B 类为直接结算成员，C 类为间接结算成员，C 类账户要由 A 类账户作为其结算代理人。

债券登记托管结算机构在债券登记、托管和结算业务中履行的职能有：设立和管理债券账户；债券登记；债券托管；债券结算；代理拨付债券兑付本息和其他收益资金；跨市场交易流通债券的总托管等。

交易所债券市场的托管方式与银行间市场有所不同，是根据券种的不同，实行不同的托管体制，即"中央登记、二级托管"的制度。中央登记指所有的债券由中证登登记，记录所有权的转移过程，其中，国债、地方政府债和企业债的总托管人是中债登，中债登为中证登开立代理总账户。二级托管是指交易所债券市场的投资者可以是机构或个人，一般而言，投资者无法以自身账户直接参与交易所的债券交易，投资者投资债券必须通过有资质的证券公司，将债券托管在证券公司，由证券公司代理交易结算。

商业银行柜台债券市场实行二级托管制度。投资者在商业银行开立债券托管账户，商业银行为二级托管人，中债登为一级托管人，负责为承办银行开立债券自营账户和代理总账户。承办银行每日将债券余额变动情况传输至中债登，同时，投资者可以通过中债登的电话查询到自己名下的债券余额情况，以便确保债券托管的安全性，保护投资者的利益。

4. 不同市场间的转托管机制

由于银行间、交易所和柜台市场有各自不同的债券托管机构，所以债券转托管指的就是债券由某个托管机构转移到另一个托管机构的行为。例如，国债、地方债和企业债在银行间债券市场和交易所债券市场都有交易，这几类债券就可以进行转托管。而某些债券只在交易所流通，比如可转债或某些私募债等，这类债券就不能进行转托管。

转托管的原因有很多，比如，某个时间银行间债券市场的流动性较好，借钱比较容易，这时候把债券从交易所转托管到银行间市场，可以便于做债券回购进行融资。

通常二级市场的转托管最短 T + 1 日完成，比如国债的转托管，长则需要 T + 2 或 T + 3 日。这是因为两个市场的工作时间不同，比如银行间市场办理债券转入转出的时间是每个工作日的 8：30 ~ 16：30，而中证登受理转托管业务的时间只有在每个工作日的 9：00 ~ 11：30 和 13：00 ~ 15：00，而且在当天 14：00 以后收到的转出申请要到下一个工作日才做减记处理。转托管的费用一般由转出的托管机构收取。例如，从银行间债券市场转托管到交易所债券市场，就由银行间市场的托管机构收取一笔费用。中债登按国债面值的 0.005% 收取费用，最低 10 元，最高 10000 元。

2019 年，中债登推出了企业债的跨市场电子化转托管业务，进一步便利了企业债的转托管，有利于企业债的跨市场交易融资。2020 年，人民银行和证监会联合发布人民银行证监会公告〔2020〕第 7 号，表示要加强金融基础设施互联互通。具体而言，互联互通是指银行间和交易所债券市场的合格投资者通过基础设施的连接，买卖两个市场流通的债券的机制安排。

柜台债券市场的债券也可以进行转托管。柜台市场的转托管又包括内部转托管和外部转托管。内部转托管是指同一家承办银行下两个二级托管账户之间的转托管。外部转托管包括从某家承办银行的二级托管账户转到另一家承办银行的二级托管账户，比如从农行的二级托管账户转到建行的二级托管账户，以及机构投资者在中债登开立的一级托管账户和在承办银行开立的二级托管账户之间的转托管。

5. 我国债券登记托管体系存在的问题

在长期的发展过程中，我国债券登记托管体系日益完善，但仍然存在着一些问题：

一是转托管效率低，影响各个债券市场真正实现互联互通。虽然高层设计上已经指出我国债券市场最终要实现各个市场的互联互通，但由于目前各个债券市场之间转托管的效率低下，距离互联互通还有相当大的距离。长期以来转托管多以手工提交材料并进行人工审核，虽然近年来开始逐渐推出电子化转托管业务，但手工操作的方式还未根本得到改变。从国际经验来看，欧洲国家虽然也存在众多债券交易的平台，但转托管的流程不像我国这样烦琐，而是比较顺畅高效，所以从技术层面来讲，提高债券转托管的效率是完全可以做到的。

二是我国债券登记结算虽然有业务部门的各项规范性文件，但缺乏法律层面的制度规定。在现有的登记托管体系中，没有统一的国家标准，尤其是三大托管机构的结算模式存在巨大差异：中债登是全额逐笔结算模式，上清所是集中清算模式，中证登既有作为中央对手方进行净额清算，也有净额清算担保交收或全额清算非担保交收。从国际经验来看，债券托管机构走向一体化的趋势越来越明显，而我国各托管机构存在的结算模式和系统等方面的差异成为托管机构走向一体化需要解决的实际问题。

二、债券清算和结算机制

债券的清算和结算是保证债券交易顺利进行的关键环节。我国债券市场过去多年的发展实践证明：债券的清算和结算机制是债券市场最重要的基础设施之一，对提高债券市场的运行效率、防范各种风险和整个债券市场的发展起着至关重要的作用。

1. 债券的清算和结算

债券的清算是指在每一个营业日对债券经营机构的债券数量与价款进行轧抵，从而计算出应收或应付的债券和资金的过程。债券的结算则包括两个方面：一方面是债券所有权的转移或权利质押，另一方面是相关款项的结算交收，即券和款两方面。债券清算和结算的步骤通常可以分为交易确认、清算和结算三步。

债券的结算方式根据债券和资金转移的时间先后不同可以分为纯券过户、见券付款、见款付券和券款对付四种：

纯券过户是指现券买卖双方要求结算机构在结算日当天办理债券过户交割，而对资金结算情况则不需要通知结算机构。这种结算方式适用于双方都有良好的信誉而且非常了解对方的情况。

见券付款是指在结算日买方通过债券簿记系统得知卖方有足额的债券后，即向对方划付款项，然后通知结算机构办理债券结算。这是一种对买方有利的结算方式。

见款付券是指在结算日卖方收到买方划付的款项后，通知结算机构办理债券结算。这是一种对卖方有利的结算方式。

券款对付是指在结算日债券和资金同步进行结算并互为结算条件的方式。根据中国人民银行2013年第12号文件的规定，银行间债券市场的债券结算方式主要采取券款对付，即DVP。原因是券款对付是结算风险最低的结算方式，而且对买方和买方都比较公平。根据国际清算银行的定义，DVP又可以分为三种模式：（1）证券与资金均以逐笔全额方式同时交收；（2）证券以逐笔全额，资金以净额方式交收；（3）证券与资金均以净额方式同时交收。

根据债券交易和结算的相互关系，债券结算可以分为全额结算和净额结算两种：

全额结算是指逐笔交易单独进行核算，一个买方对应一个卖方，如果结算时发现债券不足或资金不足的情况，系统不进行部分结算。全额结算是最基本的结算方式，比较适用于单笔金额较大、笔数不多的交易场景。在全额结算过程中，结算机构不参加到结算中去，也不对结算完成进行担保。这种结算方式的优点是有利于交易双方非常清楚地看到自己每笔交易的结算情况，有利于评估自身对不同对手方的风险暴露，也有利于维持交易的稳定和结算的及时性，降低结算本金风险。缺点是对于买卖交易量都较大而且交易非常频繁的交易方，比如做市商而言，结算的资金负担较大，结算成本也比较高。

  净额结算是指结算系统在一定的时间段内，对市场参与者债券买卖的净差额和资金净差额进行交收的行为。净额结算比较适合交易频繁的场景，比如交易所竞价撮合模式和做市商交易非常活跃的场外市场。净额结算又可以分为双边净额结算和多边净额结算。净额结算要求结算机构介入债券交易合同，成为结算参与人的共同对手方，保证对守约结算参与人的交收。净额结算的优点在于指定的一个时间段内只会产生一个结算净额，从而降低了市场参与者的流动性需求、结算成本和相关风险，也提高了市场参与者的结算效率；同时，由于结算机构成为结算参与人的共同对手方，可以降低交易对手的信用风险，增强投资者的信心。净额结算的缺点在于它要求某个时间段的所有结算都顺利进行，如果某个结算者不能顺利结算，会影响到其他市场参与者的结算，甚至可能产生整个市场的系统性风险。2015 年，上海清算所在现券净额清算业务的基础上，推出了债券净额业务，包括现券、质押式回购和买断式回购。操作方法是：市场参与者将某个交易日达成的交易提交上海清算所进行清算。上海清算所作为中央对手方，按照多边净额方式轧差计算各债券净额清算会员在相同结算日应收或应付债券、应收或应付资金、应质押或释放的债券，保证资金结算和债券结算顺利完成。

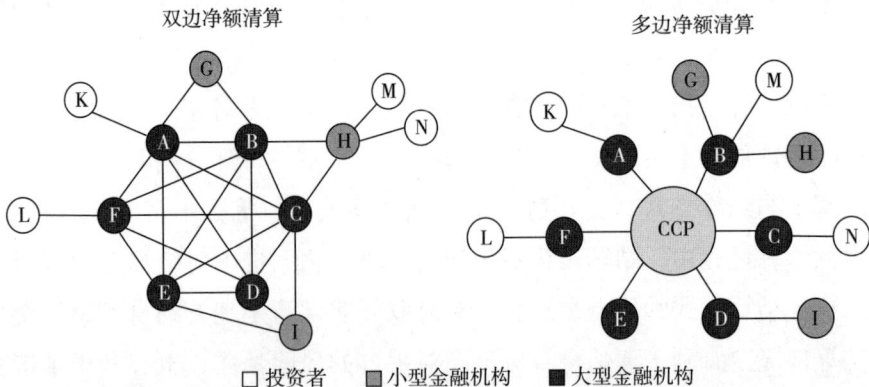

图 6.4.1　双边净额清算和多边净额清算

从清算量来看，目前我国还是以全额清算结算为主，净额清算结算占银行间债券市场债券清算量的比重仅为1%左右。主要原因是我国债券交易中，利率债的交易占很大部分，而利率债绝大多数托管在中债登，采取的是全额结算的方式。

表 6.4.2　　　　　上清所债券净额清算规模（2021 年 2 月）

交易品种	上清所净额清算规模	上清所清算量	净额清算规模/上清所清算量（%）	银行间债券市场交易量	净额清算规模/银行间债券市场交易量（%）
现券	3603.10	38810.07	9	108828.55	3
债券回购	730.55	108971.34	1	533515.26	0
合计	4333.65	147781.41	3	642343.81	1

数据来源：上清所网站，全国银行间同业拆借中心。

2. 银行间债券市场的清算和结算

中债登和上清所是银行间债券市场的清算和结算机构，属于后台部门。市场参与者在全国银行间同业拆借中心达成的交易由这两家机构进行后台处理。

银行间债券市场的结算既有全额结算，也有净额结算。中债登采用的全部是全额结算，上清所既有全额结算，也有中央对手方净额清算（即净额结算）。银行间债券市场目前占比较大的是实时全额结算。实时全额结算是指交易双方在同业中心达成交易后，结算机构按照结算顺序即时进行每笔交易资金和债券的交割，而不是等到日终进行轧差。如果是通过上清所达成的交易，在符合上清所净额结算的条件下，交易参与者可以选择是进行净额结算还是全额结算。

目前上清所可以实施中央对手方清算的业务包括具有该业务资格的市场参与者的现券、买断式回购和质押式回购的交易。作为中央对手方（CCP），上清所采取了一系列的风控措施，比如，要求清算会员向上清所交纳保证金以弥补清算会员违规违约给上清所带来的损失；为各清算会员的各项中央对手方清算业务核定一个清算限额，即风险敞口，并对净额或风险敞口实施实时监测；对清算会员实行分类管理，将清算会员分为综合

| 1 | 现券交易 | A | 券 → ← 钱 | CCP | 券 → ← 钱 | B |

图中内容：

1 现券交易　A ⇄（券、钱）CCP ⇄（券、钱）B

2 买断式回购交易
　首期：正回购方 ⇄（券、钱）CCP ⇄（券、钱）逆回购方
　到期：正回购方 ⇄（钱、券）CCP ⇄（钱、券）逆回购方

3 质押式回购交易
　首期：正回购方 ⇄（券、钱）CCP ⇄（钱）逆回购方
　到期：正回购方 ⇄（钱、券）CCP ⇄（钱）逆回购方

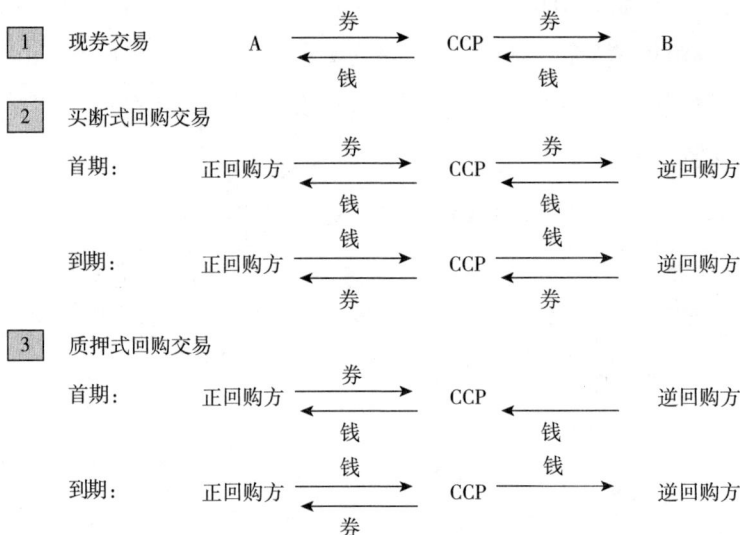

图 6.4.2　债券净额清算业务流程

清算会员、普通清算会员和特殊清算会员等几类，赋予不同的清算权限，严格管理其准入和资格变更等。

在债券结算和资金结算的关系方面，目前银行间债券市场主流的结算模式是券款对付，即 DVP。市场参与机构可以在同业拆借中心的本币交易系统中设置自己的 DVP 默认托管账户及资金账户。DVP 模式在我国的推广是从 2004 年开始逐步进行的，先是银行类金融机构实现 DVP 结算，然后又推广到非银行金融机构。在 DVP 模式下，结算机构的资金系统与人民银行的大额支付系统相连，可以实现资金的自动划付，减少了人工操作可能产生的失误，极大地提高了资金清算效率。清算速度方面，银行间债券市场的交易既可以是 T + 0 清算，也可以是 T + 1 清算，由交易双方自行商定。

由于银行间债券市场是机构投资者的批发市场，对于一些中小机构或境外投资者而言，为了接入银行间债券市场，需要通过债券结算代理人。债券结算代理人制度自 2000 年推出以来，截至 2018 年，银行间债券市场共有结算代理人 48 家，全部为商业银行。境外机构可以通过结算代理人

完成在银行间债券市场的开户、备案等手续，结算代理人根据委托人的指令，为其进行债券交易及债券结算。

银行间债券市场的参与者如果在交易中发生了结算失败，按照人民银行公告2013年第12号的规定，需要在结算失败的次日向结算机构提交加盖公章的书面说明，并抄送银行间市场交易商协会和全国银行间同业拆借中心。债券结算失败的主要原因在于债券不足或资金不足。据统计，我国银行间债券市场结算失败率仅为0.1%，大大低于发达国家的平均水平。

3. 交易所债券市场的清算结算

交易所债券市场的清算采用的主要是中央对手方制度。在现券交易中，中证登作为中央对手方，对债券交收负有担保责任。也就是说，在交易所进行现券交易的交易对手方实际上是中证登，而不像银行间债券市场在大多数情况下是自己寻找的一对一的交易对手。中证登在收到证券交易所传输过来的交易数据后，与各结算参与人完成清算和交收。

交易所质押式回购也实行中央对手方制度，清算结算的流程为：在回购交易日，中证登会对各结算参与人应收、应付资金数据进行计算，轧差算出各结算参与人净应收或净应付的资金余额。到期清算日当天收市后，中证登会计算各结算参与人到期应购回的应收、应付金额，轧差计算得净应收或净应付资金余额。如果结算参与人需要净应付款的，应按规定履行资金交收义务。

买断式回购则与质押式回购不同，中证登上海不作为结算参与人的共同对手方，对买断式回购到期购回结算也不提供交收担保。此外，中证登对协议回购提供实时逐笔非担保交收服务。

由于中证登实行二级结算制度，即中证登为各结算参与人（如证券公司）进行结算，各结算参与人与各自的客户进行结算，为了保护客户的资金不被结算参与人挪用，客户的资金应当存放在商业银行，以每个客户的名义开户管理。

在交易所债券市场的现券竞价交易系统中，清算速度为T+1。根据债券类型和交易平台的不同，又有不同的结算方式。例如，国债、地方债和高等级的企业债等债券，可以通过上交所的固收平台以询价方式进行交易，实行 T + 1 净额轧差结算。质押式回购实行 T + 0 清算、T + 1 日交收。例如，某投资者在周四进行了一笔隔夜质押式回购（GC001），那么首次清算日是周四，首次交收日是周五，到期清算日为周五，到期交收日为下周一，名义占款天数为 1 天，实际占款天数是 3 天，即周五、周六和周日。

第三篇

债券操作实务

第七章　现券交易

银行间债券市场是金融市场的重要组成部分，它主要包括现券买卖和债券借贷两个市场。银行间债券市场是机构投资者之间大额债券交易的场所，是中央银行宏观政策传导的载体。银行间债券市场的健康发展有利于稳定整个金融体系、降低金融风险，有利于丰富机构投资者的投资渠道和风险规避手段，也有利于形成金融市场基准利率。

第一节　债券交易要素

债券是指发行人向投资者发行的，同时承诺按一定利率支付利息并按约定条件偿还本金的债权债务凭证。

一、债券的基本要素及实例

债券的基本要素包括面值、期限、票面利率、发行人等。我们先看一个政策性金融债的债券要素，比较简单。

表 7.1.1 中，债券代码为 190210，其中 19 表示债券的发行年份为 2019 年，02 表示发行人为国开行，10 表示这个债券是 2019 年国开行发行的第 10 个债券。计息基准目前主要有实际/实际、实际/365、实际/365F、实际/360、30/360 等。这个债券是固定利率债券，每年的 5 月 21 日付息。托管机构是国债登记结算公司（以下简称中债登），目前绝大多数利率债都托管在中债登。适用市场表示该债券可以进行的交易类型，19 国开 10 可以用于现券、债券远期、债券借贷、质押式回购、买

断式回购 5 种交易。

表 7.1.1　　　　　　　　　19 国开 10 的债券基本信息

债券全称：国家开发银行2019年第十期金融债券(含增发)

债券基本信息			
债券简称	19国开10	债券代码	190210
ISIN码	CND100029N93	发行人	国家开发银行(原:国家开发银行股份有限公司)
债券类型	政策性金融债	币种	CNY
债券发行日	2019-05-16	到期兑付日	2029-05-21
上市交易日	2019-05-23	债券摘牌日	2029-05-18
债券期限	10年	面值(元)	100.00
发行价格(元)	100.0000	计划发行量(亿)	130
实际发行量(亿)	153.3	计息基础	实际/实际
息票类型	固定利率	债券起息日	2019-05-21
付息频率	每年	票面利率(%)	3.6500
发行收益率(%)	----	参考收益率(%)	----
基准利率名	----	基准利率	----
基准利差(%)	----	流通范围	公开发行
信用评级机构一	----	债项/主体评级一	----/----
信用评级机构二	----	债项/主体评级二	----/----
行权类型	----	行权日期	----
托管机构	国债登记结算公司	适用市场	现券、债券远期、债券借贷、质押式回购、买断式回购

目前主要利率债的编码规则是这样的:

附息国债的编码规则是:年份 + 00 + 期数,如 19 附息国债 03 的代码是 190003。贴现国债的编码规则是:年份 + 99 + 期数,如 19 贴现国债 46 的代码是 199946。央票的编码规则是:年份 + 01 + 期数,如 13 央行票据 11 的代码是 1301011,19 央票 06 换的代码是 1901006S,S 代表互换。政策性金融债的编码也有规律。国开债编码规则是:年份 + 02 + 期数,如 19 国开 15 的代码是 190215。进出口债的编码规则是:年份 + 03 + 期数,如 19 进出 05 的代码是 190305。农发债的编码规则是:年份 + 04 + 期数,如 19 农发 01 的代码是 190401。

再看一个含权债券的要素。

表 7.1.2　　　　　　**19 福新能源 MTN002 的债券基本信息**

(2019 年 11 月 18 日查询)

债券代码	101901267. IB	债券简称	19 福新能源 MTN002
当前余额（亿元）	16	债券类型	一般中期票据
质押券代码	—	折合标准券元	—
上市日期	2019 – 09 – 20	摘牌日期	2022 – 09 – 16
交易市场	101901267. IB（银行间债券）	海外评级	无
最新债项评级	AAA（首次，2019 – 08 – 26）	评级机构	东方金诚国际信用评估有限公司
票面利率（当期）	3.98	发行价格（元）/最新面值（元）	100/100
利率类型	固定利率	息票品种	附息
付息频率	每年付息 1 次	下一付息日	2020 – 09 – 19
利率说明	3.9800%	距下一付息日（天）	306
计息基准	ACT/ACT	票息类型	附息
剩余期限（年）	2.8365 + 3 + N	期限（年）	3（3 + N）
起息日期	2019 – 09 – 19	到期日期	2022 – 09 – 19
发行规模（亿元）	16	发行方式	公募
债券全称	华电福新能源股份有限公司 2019 年度第二期中期票据	是否城投债曲线样本券	否
发行人	华电福新能源股份有限公司	发行人企业性质	中央国有企业
发行人注册地址	福建省福州市鼓楼区湖东路 231 号前田大厦 20 层	偿付顺序	普通
托管机构	银行间市场清算所股份有限公司	担保人	—
增信方式	—	增信情况	—
缴款日期	2019 – 09 – 19	主承销商	中信建投证券股份有限公司，兴业银行股份有限公司
内含特殊条款	利息递延权，持有人救济，调整票面利率，赎回，延期	下一行权日	2022 – 09 – 19

数据来源：Wind。

19 福新能源 MTN002 的债券代码实际上是 101901267，"IB" 表示 "Inter – Bank"，即这个债券是在银行间市场上市交易的，在交易时只需使用 101901267 这个 9 位代码。托管在中债登的债券代码多为 6 位或 7 位，而托管在上清所的债券代码较长。债券类型为中期票据，为信用债的一种。上市日期和摘牌日期表示在银行间市场进行二级交易的起止日期。债项评级表示对 19 福新能源 MTN002 这个中期票据的评级，区别于主体评级。主体评级是对发行人华电福新能源股份有限公司的评级。该券的发行价格为 100，每年 9 月 19 日支付利息。虽然在万得上查到这个债券是固定利率债券，但实际上查看其募集说明书可以发现：这是一个浮动利率债券。它的基准利率是簿记建档日前 5 个工作日中国债券信息网公布的中债银行间固定利率国债收益率曲线中，待偿期为 3 年的国债收益率算术平均值加初始利差 1.23%。与 19 国开 10 相比，19 福新能源 MTN002 多了一个行权信息，在募集说明书中写明，发行人有权选择在本期中期票据第 3 个和其后每个付息日按面值加应付利息赎回本期中期票据。如果发行人不行使赎回权，则从第 4 个计息年度开始票面利率调整为当期基准利率加上初始利差再加上 300 个基点，在之后的 3 个计息年度内保持不变。也就是说，这是一个永续债，下一个行权日是 2022 年 9 月 19 日，如果 2022 年不赎回，那再下一个行权日就是 2025 年 9 月 19 日。剩余年限一栏中，2.8365 表示当前距行权日还有 2.8365 年。3 表示该券是起息日后第 3 年行权。N 表示行权后该券存续的年限不确定，N 可能等于 0，也可能等于 3、6、9 等。到期日期 2022 年 9 月 19 日只是表示在发行人行使赎回权的情况下的到期日期，如果发行人不行权，那么到期日期还要往后延展。要注意看 "内含特殊条款" 这一栏。

图 7.1.1 展示的是一个资产支持证券的债券要素。资产支持证券与其他债券既有相同之处，也有细微区别。债券简称是 17 唯盈 3A1 _ bc，其中 bc 是 Bond Connect 的简称，表示该券可以通过债券通的方式供境外投资者进行交易。剩余本金值是资产支持证券特有的一个要素，它表示该券目前还有多少本金未还。在上例中，17 唯盈 3A1 _ bc 的起

息日虽然是 2017 年 10 月 17 日，但首次还本日是 2017 年 11 月 26 日，之后按月还本，当前的剩余本金值为 8 元。资产支持证券的剩余本金值非常重要，因为它决定了资产支持证券的交易价格。剩余本金值可以通过中国货币网输入债券代码，查询资产支持证券定期公布的受托机构报告进行确认。

▶ 债券基本资料

债券名称	唯盈2017年第三期个人汽车抵押贷款优先A1级资产支持证券	基本利差(%)	0
债券简称	17唯盈3A1_bc	基础利率(%)	0
债券代码	1789277	首次划款日	2017-10-16
发行日期	2017-10-12	起息日	2017-10-17
债券期限(年/月/日)	313日	到期日	2018-08-26
计划发行总额(亿元)	10.0000	流通标志	已流通
实际发行总额(亿元)	10.0000	上市流通日	2017-10-18
发行人简称	其它	发行手续费率(%)	0
债券品种	资产支持证券	流通场所	银行间债券市场
选择权		首次发行范围	银行间债券市场
本息状态		首次发行价格	100.000
付息频率(月)	1.0	计息方式	附息式固定利率
票面利率(%)	4.8100	兑付手续费率(%)	0
债券评级	AAA	债券评级机构	中诚信国际信用评级有限公司
主体评级		主体评级机构	
备注		剩余本金值	8.00

图 7.1.1　17 唯盈 3A1 _ bc 的债券基本信息

二、交易要素释义

在本币交易系统进行现券交易，特别是一对一询价过程中，系统会要求操作者填写现券买卖的交易要素，具体包括以下内容（要素名称仅供参考，以交易系统显示为准）：

交易方向：买入或卖出。

对手方：要求填写对手方成员简称，例如，中国银行、工商银行、中信证券等。

对手方交易员：对手方机构交易员的姓名，例如张某、李某、王某等。

拆分标识：全额成交还是拆分成交，适用于限价报价与点击成交报价。如机构 A 发出一笔点击成交报价为 5000 万元，不可拆分，则其他机构只能一次成交 5000 万元，不能对 5000 万元进行拆分成交；如机构 B 发出一笔点击成交报价为 5000 万元,可拆分,则其他机构可对 5000 万元进行拆分成交,如点击成交 1000 万元、2000 万元等。

债券代码:交易债券的代码,例如 190210。

债券名称:交易债券的名称,例如 19 国开 10。

净价:不含应计利息的价格。

到期收益率:以全价买入并将债券持有至到期的收益率,但资产支持证券是没有到期收益率的。

行权收益率:含权债券的内嵌选择权被行使时的收益率,也不适用于资产支持证券。

券面总额:交易债券的券面总额,例如 1000 万元、5000 万元、1 亿元等。

最大显示券面总额:即冰山订单功能,该功能可有效保护做市机构交易意图,缓解对市场价格的冲击。如机构 A 发出一笔 5 亿点击成交报价买单,最大显示券面总额 5000 万元,则其他机构在交易系统中只能看到 5000 万元订单的显示,当显示的 5000 万元被成交后,系统自动递补 5000 万元订单继续显示,总订单变为 4.5 亿元。这个功能容易让人混淆。2009 年,冰山订单功能刚上线时,曾有某个交易员想买 3000 万元的某只债券,正好看到有笔点击成交报价,价格很合适,券面也正好是 3000 万元,于是点击,结果发现交易系统界面纹丝不动,怀疑没点成功,再点,还是不动。他点了很多下之后,这笔报价终于消失了。这时候,他接到了自己单位中台打来的电话,原来他某个债券刚成交了 3 亿元,远超其授权额度。这就是银行间著名的倒在冰山订单下的首名交易员。

成交券面总额变动单位:如机构 A 发出一笔点击成交报价为 5000 万元,可拆分,成交券面总额变动单位为 1000 万元,则其他机构必须以 1000 万元的整数倍进行点击成交,无法点击成交如 1200 万元等非 1000 万元的整数倍。

每百元本金额:ABS(资产支持证券)特有。因为 ABS 本金在存续期间会逐渐减少,而且每期还本的金额大小没有固定的规律,所以 ABS 没有到期收益率。而且 ABS 只能做质押式回购的质押券，不能用于做买断式回购。

清算速度：成交日与结算日之间的工作日天数，有 T＋0（成交当天进行清算）和 T＋1（成交日下一工作日进行清算）两种。

结算方式：应采用券款对付（DVP）方式。

报价有效时间：系统自动撤销报价的时间，默认为交易当日的19：00。

应计利息：上一付息日（或起息日）至结算日之间累计的按百元面值计算的债券发行人应付给债券持有人的利息。

应计利息总额：总的应计利息金额，即（应计利息×券面总额）/100。

全价：未来现金流的现值之和，为净价与应计利息之和。

交易金额：按净价算出的成交金额，即（净价×券面总额）/100。

结算金额：按全价算出的成交金额，即（全价×券面总额）/100。

结算日：现券买卖交易的结算日期。

清算账户：本方用于清算的资金账户。

托管账户：本方用于结算的债券托管账户，一般指开立在中债登或上清所的托管账户。

补充条款：可填入交易双方协商的非格式化内容。

注意以上要素并非所有的都是必填项，有些是可以选填的，具体以交易系统界面为准。

第二节　债券到期收益率的计算

在日常交易中，各家机构的交易员们一般会借助全国银行间同业拆借中心的本币交易系统以及各种软件的债券试算工具进行债券到期收益率、净价和全价之间的推算。然而，笔者在实际工作中还是会经常碰到很多交易员询问为什么各种软件终端之间，或者自家开发的系统与本币交易系统之间，在债券收益率推算方面经常存在细微的差别。由此他们产生了很多的困惑。本节我们会结合案例，详述各种收益率推算的情况，特别是推算的原理。

除特殊债因为计息不规律系统无法自动计算到期收益率外，交易系统对每一笔现券报价自动计算并显示到期收益率。《中国人民银行关于完善全国银行间债券市场债券到期收益率计算标准有关事项的通知》（银发〔2007〕200号）规定了全国银行间债券市场所有产品的到期收益率。具体计算公式如下所述：

一、按单利计算的情况

对处于最后付息周期的固定利率债券和浮动利率债券、待偿期在一年及以内的到期一次还本付息债券和零息债券，到期收益率按单利计算。计算公式为

$$y = \frac{FV - PV}{PV} \div \frac{D}{TY} \qquad (7.2.1)$$

其中：y：到期收益率；FV：到期兑付日债券本息和，固定利率债券为$M + C/f$，到期一次还本付息债券为$M + N \times C$，零息债券为M；PV：债券全价；D：债券结算日至到期兑付日的实际天数；M：债券面值；N：债券期限（年），即从起息日至到期兑付日的年数；C：债券票面年利息；f：年付息频率；TY：当前计息年度的实际天数，算头不算尾。

案例 7.2.1　19 附息国债 12 到期收益率的计算

2019 年 11 月 22 日，某交易员欲买入 19 附息国债 12。已知成交全价为 100.3109，清算速度为 T + 1，求到期收益率。

19 附息国债 12 的债券要素如下：

这是一个 1 年期的附息国债，此时待偿期为 0.8192 年，属于处于最后付息周期的固定利率债券，也是待偿期在一年及以内的到期一次还本付息债券，到期收益率应按单利计算，套用式（7.2.1）。

债券全称：2019年记账式附息(十二期)国债(含续发)

债券基本信息

债券简称	19附息国债12	债券代码	190012
ISIN码	CND10002FZ58	发行人	中华人民共和国财政部(原:财政部)
债券类型	国债	币种	CNY
债券发行日	2019-09-18	到期兑付日	2020-09-19
上市交易日	2019-09-23	债券摘牌日	2020-09-18
债券期限	1年	面值(元)	100.00
发行价格(元)	100.0000	计划发行量(亿)	400
实际发行量(亿)	400	计息基准	A/A
息票类型	附息式固定利率	债券起息日	2019-09-19
付息频率	年	票面利率(%)	2.4600
发行收益率(%)	——	参考收益率(%)	——
基准利率名	——	基准利率	——
基准利差(%)	——	流通范围	公开

$$FV = M + N \times C$$
$$= 100 + 1 \times 2.46$$
$$= 102.46$$
$$PV = 100.3109$$

$D = 299$，从 $2019-11-25$ 到 $2020-09-19$ 共有 299 天。

$$M = 100$$
$$N = 1$$
$$C = 2.46$$

$TY = 366$，从 $2019-09-19$ 到 $2020-09-19$ 共有 366 天。

$$y = \frac{FV - PV}{PV} \div \frac{D}{TY}$$

$$= \frac{102.46 - 100.3109}{100.3109} \div \frac{299}{366}$$

$$= 2.6225\%$$

在实际交易时，由于交易员所用的债券计算器来源不同，对债券实际收益率的计算结果可能会有微小差异。建议大家以同业中心的本币交易系统中债券计算器的结果为准。

二、按复利将终值贴现计算的情况

对待偿期在一年以上的到期一次还本付息债券和零息债券，到期收益率按复利计算。计算公式为

$$PV = \frac{FV}{(1+y)^{\frac{d}{TY}+m}} \qquad (7.2.2)$$

其中：PV：债券全价；FV：到期兑付日债券本息和，到期一次还本付息债券为 $M+N \times C$，零息债券为 M；y：到期收益率；d：结算日至下一最近理论付息日的实际天数；m：结算日至到期兑付日的整年数；M：债券面值；N：债券期限（年），即从起息日至到期兑付日的年数；C：债券票面年利息；TY：当前计息年度的实际天数，算头不算尾。

在实际中，待偿期在一年以上的一次还本付息债券非常少，交易也不太活跃，故我们略去式（7.2.2）的案例分析。

三、按复利将未来多期现金流贴现计算的情况

对不处于最后付息周期的固定利率债券和浮动利率债券，到期收益率按复利计算。计算公式为

$$PV = \frac{C/f}{\left(1+\frac{y}{f}\right)^{\frac{d}{TS}}} + \frac{C/f}{\left(1+\frac{y}{f}\right)^{\frac{d}{TS}+1}} + \cdots + \frac{C/f}{\left(1+\frac{y}{f}\right)^{\frac{d}{TS}+n-1}} + \frac{M}{\left(1+\frac{y}{f}\right)^{\frac{d}{TS}+n-1}}$$

$$(7.2.3)$$

其中：PV：债券全价；C：当前票面年利息或按照市场利率水平推算的票面年利息（浮息债）；f：年付息频率；y：到期收益率；d：债券结算日至下一最近付息日的实际天数；n：结算日至到期兑付日的债券付息次数；M：债券面值；TS：当前付息周期的实际天数。

案例 7.2.2　15 华融租赁债 03 到期收益率的计算

2019 年 9 月 9 日，某银行的交易员联系到我，说她对 15 华融租赁债

03 的到期收益率计算有些疑问。该债券在这天按清算速度 T + 1 计算出来的应计利息是 2.99178 元，她按到期收益率是 4.0869% 买入，自己推算出来的净价是 99.8913，而交易中心的系统推算出来的净价是 99.8808，每百元券面金额要相差 0.0105 元，这是怎么回事呢？

让我们先来看下 15 华融租赁债 03 的基本信息：

债券基本信息

债券简称	15华融租赁债03	债券代码	1522010
ISIN码	CND100009984	发行人	华融金融租赁股份有限公司
债券类型	普通金融债	币种	CNY
债券发行日	2015-12-10	到期兑付日	2020-12-11
上市交易日	2015-12-14	债券摘牌日	2020-12-10
债券期限	5年	面值(元)	100.00
发行价格(元)	100.0000	计划发行量(亿)	20
实际发行量(亿)	20	计息基础	实际/365F
息票类型	固定利率	债券起息日	2015-12-11
付息频率	每年	票面利率(%)	4.0000
发行收益率(%)	——	参考收益率(%)	——
基准利率名	——	基准利率	——
基准利差(%)	——	流通范围	公开发行
信用评级机构一	中诚信国际信用评级有限责任公司	债项/主体评级一	AAA/AAA
信用评级机构二	——	债项/主体评级二	——/——
行权类型	——	行权日期	——
托管机构	国债登记结算公司	适用市场	现券、债券远期、债券借贷、质押式回购、买断式回购

15 华融租赁债 03 起息日是 2015 年 12 月 11 日，到期兑付日是 2020 年 12 月 11 日，按年支付固定利率。在 2019 年 9 月 9 日这天，15 华融租赁债 03 不处于最后付息周期，因为它在 2019 年 12 月 11 日和 2020 年 12 月 11 日还有两次付息。所以计算这个债券的到期收益率应按式（7.2.3）来计算。现在我们已知到期收益率 y，可以用式（7.2.3）推出债券全价，再减去应计利息，就是这个债券在这个交易日的净价。

计算过程如下：

$C = 4$，票面利息为 4。

$f = 1$，每年付息 1 次。

$y = 4.0869\%$，是这个交易员给出的。

$d = 92$，从 2019 年 9 月 10 日到下一付息日 2019 年 12 月 11 日共有 92 天。

$n = 2$，还有两次付息，即 2019 年 12 月 11 日和 2020 年 12 月 11 日。

$M = 100$，面值为 100。

$TS = 365$，当前付息周期，即从 2018 年 12 月 11 日到 2019 年 12 月 11 日共有 365 天。

代入式 (7.2.3) 得：

$$PV = \frac{C/f}{\left(1+\frac{y}{f}\right)^{\frac{d}{TS}}} + \frac{C/f}{\left(1+\frac{y}{f}\right)^{\frac{d}{TS}+1}} + \cdots + \frac{C/f}{\left(1+\frac{y}{f}\right)^{\frac{d}{TS}+n-1}} + \frac{M}{\left(1+\frac{y}{f}\right)^{\frac{d}{TS}+n-1}}$$

$$= \frac{4/1}{\left(1+\frac{4.0869\%}{1}\right)^{\frac{92}{365}}} + \frac{4/1}{\left(1+\frac{4.0869\%}{1}\right)^{\frac{92}{365}+1}} + \frac{100}{\left(1+\frac{4.0869\%}{1}\right)^{\frac{92}{365}+1}}$$

$$\approx 102.87261921$$

净价 = 全价(PV) − 应计利息

= 102.87261921 − 2.99178

≈ 99.8808

所以本币交易系统中的净价 99.8808 是正确的。这位交易员自己推算的净价之所以不正确是因为她没有套用正确的公式。

案例 7.2.3　19 国开 15 全价的计算

2019 年 11 月 22 日，某交易员欲卖出 19 国开 15 这个债券。请分别计算下列两种情况下的成交全价：（1）到期收益率为 3.554%，清算速度 T+0；（2）到期收益率为 3.5575，清算速度 T+1。

19 国开 15 的债券要素如下：

19 国开 15 要到 2029 年才到期，所以 2019 年交易时，这个债券是属于不处于最后付息周期的固定利率债券，应套用式 (7.2.3)。

（1）$C = 3.45$。

债券基本信息

债券简称	19国开15	债券代码	190215
ISIN码	CND10002GGR3	发行人	国家开发银行(原:国家开发银行股份有限公司)
债券类型	政策性金融债	币种	CNY
债券发行日	2019-09-17	到期兑付日	2029-09-20
上市交易日	2019-09-24	债券摘牌日	2029-09-19
债券期限	10年	面值(元)	100.00
发行价格(元)	100.0000	计划发行量(亿)	110
实际发行量(亿)	130	计息基准	A/A
息票类型	附息式固定利率	债券起息日	2019-09-20
付息频率	年	票面利率(%)	3.4500
发行收益率(%)	——	参考收益率(%)	——
基准利率名	——	基准利率	——
基准利差(%)	——	流通范围	公开
信用评级机构一	——	债项/主体评级一	——/——
信用评级机构二	——	债项/主体评级二	——/——
行权类型	——	行权日期	——
托管机构	国债登记结算公司	适用市场	现券、债券远期、债券借贷、质押式回购、买断式回购

$f = 1$。

$y = 3.554\%$。

$d = 303$，即从 2019 年 11 月 22 日到 2020 年 9 月 20 日共有 303 天。

$n = 10$。

$M = 100$。

$TS = 366$，当前付息周期有 366 天，因为 2020 年是闰年。

$$PV = \frac{C/f}{\left(1+\dfrac{y}{f}\right)^{\frac{d}{TS}}} + \frac{C/f}{\left(1+\dfrac{y}{f}\right)^{\frac{d}{TS}+1}} + \cdots + \frac{C/f}{\left(1+\dfrac{y}{f}\right)^{\frac{d}{TS}+n-1}} + \frac{M}{\left(1+\dfrac{y}{f}\right)^{\frac{d}{TS}+n-1}}$$

$$= \frac{3.45/1}{\left(1+\dfrac{3.554\%}{1}\right)^{\frac{303}{366}}} + \frac{3.45/1}{\left(1+\dfrac{3.554\%}{1}\right)^{\left(\frac{303}{366}+1\right)}} + \frac{3.45/1}{\left(1+\dfrac{3.554\%}{1}\right)^{\left(\frac{303}{366}+2\right)}}$$

$$+ \frac{3.45/1}{\left(1+\dfrac{3.554\%}{1}\right)^{\left(\frac{303}{366}+3\right)}} + \frac{3.45/1}{\left(1+\dfrac{3.554\%}{1}\right)^{\left(\frac{303}{366}+4\right)}}$$

$$+ \frac{3.45/1}{\left(1 + \frac{3.554\%}{1}\right)^{\left(\frac{303}{366}+5\right)}} + \frac{3.45/1}{\left(1 + \frac{3.554\%}{1}\right)^{\left(\frac{303}{366}+6\right)}}$$

$$+ \frac{3.45/1}{\left(1 + \frac{3.554\%}{1}\right)^{\left(\frac{303}{366}+7\right)}} + \frac{3.45/1}{\left(1 + \frac{3.554\%}{1}\right)^{\left(\frac{303}{366}+8\right)}}$$

$$+ \frac{3.45/1}{\left(1 + \frac{3.554\%}{1}\right)^{\left(\frac{303}{366}+9\right)}} + \frac{100}{\left(1 + \frac{3.554\%}{1}\right)^{\left(\frac{303}{366}+9\right)}}$$

$$\approx 99.7352$$

第一种情况的成交全价为 99.7352。

（2）$C = 3.45$。

$f = 1$。

$\gamma = 3.5575\%$。

$d = 302$，即从 2019 年 11 月 25 日到 2020 年 9 月 20 日共有 300 天。注意此处的结算日不是 2019 年 11 月 23 日，因为结算日必须是交易日。

$n = 10$。

$M = 100$。

$TS = 366$，当前付息周期有 366 天，因为 2020 年是闰年。

$$PV = \frac{C/f}{\left(1 + \frac{y}{f}\right)^{\frac{d}{TS}}} + \frac{C/f}{\left(1 + \frac{y}{f}\right)^{\frac{d}{TS}+1}} + \cdots + \frac{C/f}{\left(1 + \frac{y}{f}\right)^{\frac{d}{TS}+n-1}} + \frac{M}{\left(1 + \frac{y}{f}\right)^{\frac{d}{TS}+n-1}}$$

$$= \frac{3.45/1}{\left(1 + \frac{3.5575\%}{1}\right)^{\frac{300}{366}}} + \frac{3.45/1}{\left(1 + \frac{3.5575\%}{1}\right)^{\left(\frac{300}{366}+1\right)}} + \frac{3.45/1}{\left(1 + \frac{3.5575\%}{1}\right)^{\left(\frac{300}{366}+2\right)}}$$

$$+ \frac{3.45/1}{\left(1 + \frac{3.5575\%}{1}\right)^{\left(\frac{300}{366}+3\right)}} + \frac{3.45/1}{\left(1 + \frac{3.5575\%}{1}\right)^{\left(\frac{300}{366}+4\right)}}$$

$$+ \frac{3.45/1}{\left(1 + \frac{3.5575\%}{1}\right)^{\left(\frac{300}{366}+5\right)}} + \frac{3.45/1}{\left(1 + \frac{3.5575\%}{1}\right)^{\left(\frac{300}{366}+6\right)}}$$

$$+ \frac{3.45/1}{\left(1 + \frac{3.5575\%}{1}\right)^{\left(\frac{300}{366}+7\right)}} + \frac{3.45/1}{\left(1 + \frac{3.5575\%}{1}\right)^{\left(\frac{300}{366}+8\right)}}$$

$$+ \frac{3.45/1}{\left(1 + \frac{3.5575\%}{1}\right)^{\left(\frac{300}{366}+9\right)}} + \frac{100}{\left(1 + \frac{3.5575\%}{1}\right)^{\left(\frac{300}{366}+9\right)}}$$

$$\approx 99.7352$$

第二种情况的成交全价为 99.7352。

细心的读者如果把上面的算式代入 Excel 计算可能会发现，保留 4 位小数后的全价是 99.7353。那为什么交易系统里显示的全价是 99.7352 呢？这是因为交易系统是以净价计算为准的。也就是说，系统自动推算出全价是 99.73527329 之后，要减去应计利息 0.62213115，再四舍五入保留 4 位小数，所以净价显示为 99.1131。全价是由净价 99.1131 + 应计利息 0.62213115 = 99.73523115 再四舍五入得 99.7352。由于本书主要是阐述债券收益率计算的原理，因此近似地采用本币交易系统里的全价 99.7352 作为结果。

从案例 7.2.3 可以看出，在两种情况下的全价相同，但 T + 0 和 T + 1 的收益率是不同的，T + 0 的收益率低于 T + 1 的收益率。这是因为 T + 1 时的参数 d 比较小，所以 y 会更大一些。

四、关于到期收益率计算公式的几点说明

1. 债券的剩余期限

债券的剩余期限规定为从交割日开始到债券到期日截止的实际天数所包含的付息周期数（不一定是整数）。

2. 最后付息周期

最后付息周期是指附息债券处在上一次利息已经支付过、只剩下最后

一次利息尚未支付的时期，如果债券是一年付息一次，则最后付息周期指债券存续期的最后一年。如果债券是半年付息一次，则最后付息周期指债券存续期的最后半年。

3. 浮动利率债券的票面年利息

根据上述公式计算浮动利率债券，每一付息周期需要根据参数 C 的变化做调整。

五、含权债券到期收益率及行权收益率的计算方法

1. 采用的公式

当债券附属信息中包含行权信息，且当前日期小于行权日，计算该债券的行权收益率，将原到期收益率计算公式中的到期兑付日改为行权日，债券面值改为行权价格，使用行权前的票面利率计算利息收入；应计利息使用行权前利率计算；处于行权日前最后付息周期的债券，在计算行权收益率时用原来处于最后付息周期债券的到期收益率计算公式。

2. 考虑行权前后票面利率的不同

当债券附属信息中包含行权信息，且当前日期小于行权日，计算该债券的到期收益率时要考虑行权日前的票面利率和行权后的票面利率的不同，即行权日之前的利息支付使用行权前利率计算，行权日后的利息支付使用行权后利率计算；应计利息使用行权前利率计算。

3. 行权后债券

当日行权，及已过行权日的含权债券，当作不含权的债券处理。使用行权后利率作为债券的票面利率，计算方法及相关显示参照不含权的债券。

第三节　收益率曲线

收益率曲线本质上揭示的是利率的期限结构。收益率曲线又分到期收

益率曲线、即期收益率曲线和远期收益率曲线三种。到期收益率曲线是"期限—到期收益率"的二维曲线图，绘制方法是先收集有效交易数据和报价数据，并选取关键期限及样本券，再通过插值模型连接各关键节点，得出非关键节点的收益率。到期收益率曲线前台交易员使用较多，优点是简单直观，常用作市场走势分析。即期收益率曲线是在到期收益率曲线基础上，通过拔靴法逐步推导得到，多用于债券定价估值及模型设计。远期收益率曲线是通过即期或到期收益率曲线推导的隐含远期利率，多用于构建利率模型。

一、CFETS 收益率曲线

CFETS 债券收益率曲线可以作为债券市场重要的定价参考。目前 CFETS 收益率曲线包括实时收益率曲线和收盘收益率曲线。

实时曲线为到期收益率曲线，包括报买入、报卖出和均值曲线 3 条曲线。实时收益率曲线的数据来源有：实时报价、当日报价、货币经纪报价和历史报价。选价的优先顺序是：实时报价优于当日报价优于货币经纪报价优于历史报价。每天 9：30 在中国货币网发布首条曲线，实时逐笔更新至收盘，更新频率为一小时一次。

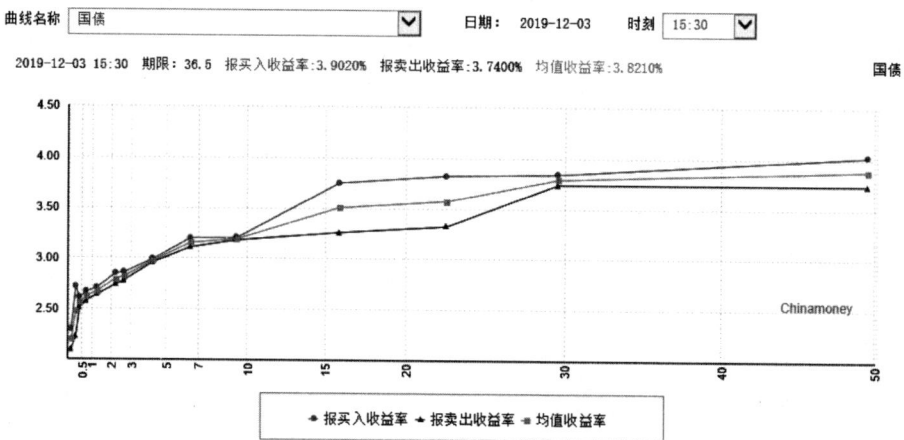

图 7.3.1　CFETS 国债实时收益率曲线

此外，还有 CFETS 收盘收益率曲线。它的数据来源是双边报价和成交数据。于每天的 17：15 发布，包含到期收益率、即期利率和远期利率曲线。

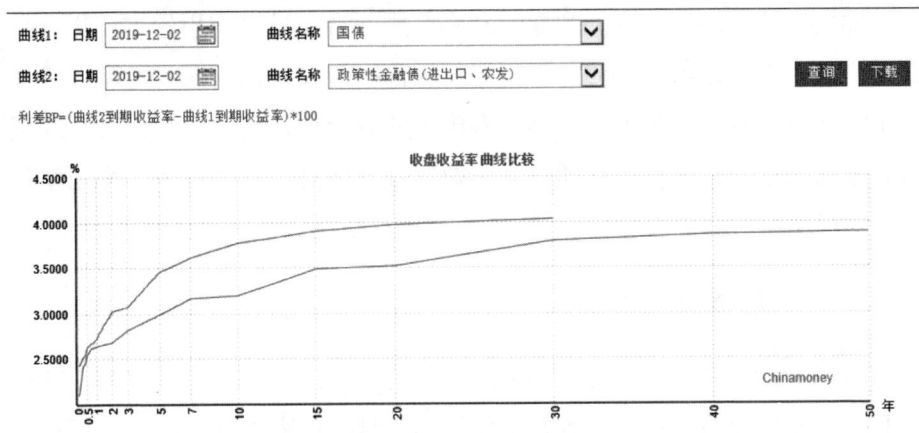

图 7.3.2　CFETS 收盘收益率曲线

图 7.3.2 中，曲线 1（上方那条曲线）代表政策性金融债（进出口、农发）的收盘收益率曲线，曲线 2（下方那条曲线）代表国债的收益率曲线。可以看出，短端政金债与国债的利差比较小，而中长期限的利差较大，其中，10 年期左右的利差最大。

CFETS 收益率曲线主要可以应用于异常交易监测，作为交易员日常交易的定价参考以及应用于债券估值等。

CFETS 收益率曲线的发布渠道主要有三个：一是中国货币网—基准指标—收益率曲线—实时收益率曲线/收盘收益率曲线；二是本币交易系统中信息查询菜单下有实时收益率曲线，或者在本币交易系统双击债券代码，查看成交走势图中的实时收益率曲线；三是市场成员可以通过 CMDS 数据接口直接获得交易中心的收益率曲线数据。

目前银行间债券市场最有影响力的基准指标是由国债公司发布的中债估值。国债公司也发布收益率曲线，但中债系列收益率曲线为收盘收益率曲线，而交易中心的收益率曲线包括实时收益率曲线，可为交易员的交易提供实时参考。但由于目前债券市场流动性并不理想，一天之内债券价格波动不大，因此实时收益率曲线的价值尚未完全凸显，其优势会在未来有更好体现。

二、中债收益率曲线

中央国债登记结算有限责任公司从 1999 年开始编制中债收益率曲线。编制的主要目的是反映出各类债券不同期限下的收益率水平。其数据来源包括银行间债券市场的双边报价、银行间债券市场结算数据、柜台市场双边报价、交易所债券的成交数据、交易所固定收益平台报价和成交数据、货币经纪公司的报价数据等。选取的模型是赫尔米特模型，每天提供 161 条各类收益率曲线，涵盖了各类债券品种。

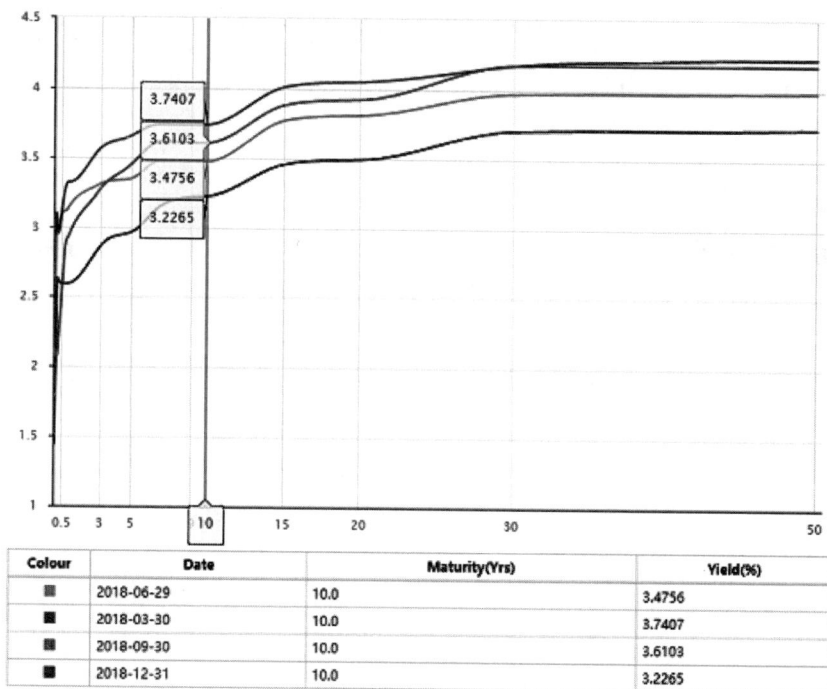

Colour	Date	Maturity(Yrs)	Yield(%)
■	2018-06-29	10.0	3.4756
■	2018-03-30	10.0	3.7407
■	2018-09-30	10.0	3.6103
■	2018-12-31	10.0	3.2265

图 7.3.3　2018 年中国国债收益率曲线变化

（数据来源：全国债券信息网）

例如，图 7.3.3 展示的是 2018 年中国国债收益率曲线变化的形态。可以看到，2018 年国债收益率曲线大幅下行。第一季度国债收益率曲线小幅下行。第二季度国债收益率曲线震荡企稳。第三季度国债收益率曲线长短端走势出现分歧，短端收益率大幅下行，长端收益率小幅上行，国债收益率曲线趋于陡峭。第四季度国债收益率走势逆转，短端收益率上行，长端收益率下行，国债收益率曲线趋于平坦。

三、中证收益率曲线

和中债登一样，中证指数有限公司也提供债券估值。有些债券在银行间市场和交易所市场都有托管，于是，各自的托管机构中债和中证都会根据实际交易提供估值和收益率曲线。

为了把各关键期限点上的数据连接起来，中证采用的是三次样条插值法。图7.3.4是2019年12月3日中证国债的到期收益率曲线。它是将期限在0.1到50年之间的150个国债的收益率点连接起来得到的。当然，其中某些点是用插值法推算出来的。

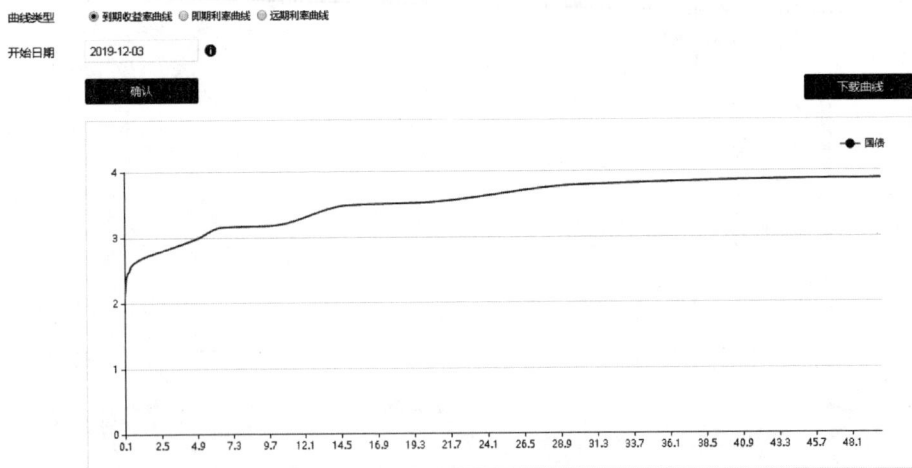

图7.3.4 中证债券收益率曲线

目前各种债券收益率曲线仍存在曲线长端失真的问题，其主要原因是交易少、数据异常，这也是国内众多发布收益率曲线的机构所面临的共同问题。

四、完善国债收益率曲线

2015 年央行宣布放开存款利率上限，标志着我国利率管制实现制度性完全放开，但这并不意味着利率市场化已经完成，而是进入了一个新的阶段。利率市场化需要找到定价的基准：金融产品定价的依据是利率，金融市场上存在的是一个利率体系；将各期限无风险利率连接起来形成无风险收益率曲线，往往被作为市场的基准收益率曲线。中国正在进行收益率曲线的建设，虽然国债收益率曲线作为基准收益率曲线具有优势，但是国债市场还存在诸多问题，需要有针对性地加以解决，逐步形成市场化程度更高的、作为央行调控标的的国债收益率曲线，以发挥基准作用。

如何才能完善国债收益率曲线呢？

首先，合理的国债品种和期限结构，是健全国债收益率曲线的重要保障。当前，中国国债期限结构不合理主要体现在中长期国债比例过高。根据万得 2019 年 12 月 5 日的统计结果，1 ~ 10 年期限的国债比例高达74.4%，是最主要的期限品种；1 年以下的短期国债占比 3.8%；10 年以

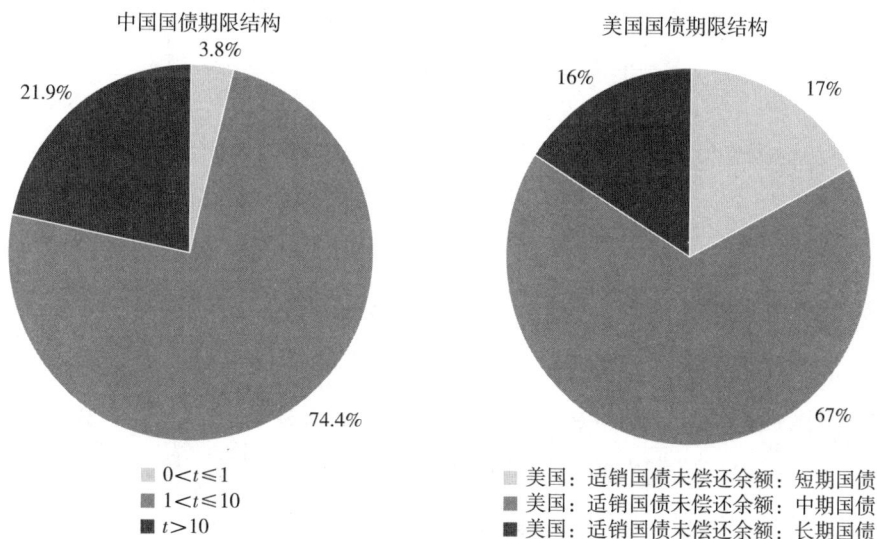

图 7.3.5　中美国债的期限结构对比

（数据来源：Wind）

上的长期国债占 21.9%。对比 2019 年 11 月美国国债的期限机构，可以看出，美国的中期国债占比要小一些，短期国债占比较我国要大。

其次，不同期限的国债流动性对于健全国债收益率曲线至关重要。我们用月度债券成交量/月末托管量来估算债券换手率，可以看到：2018 年我国国债换手率有很大提高，在 0.045～0.167，已经逐渐赶上并超过了中期票据的换手率，也始终高于企业债的换手率。但与发达国家的换手率水平相比还非常低。

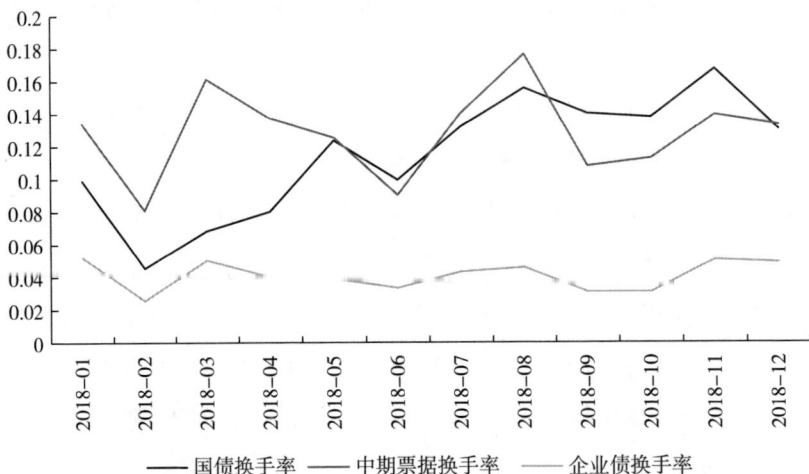

注：包括所有市场的所有类型的国债。中期票据托管量采用的是上清所的月末托管余额。

图 7.3.6　2018 年现券月度换手率计算

（数据来源：Wind）

要完善国债收益率曲线，一是要改变国债的发行管理制度，强化其金融功能。增强国债发行的灵活性，增加短期国债的发行。二是应消除税收政策对国债市场的扭曲。由于国债免税仅限于票息收入，而资本利得并不免税，所以很多投资人倾向于持有到期，而不进行交易，导致我国国债换手率低于发达国家。特别是商业银行常常将国债持有到期，这不利于活跃国债二级市场。三是要从金融市场机制上改善国债的流动性。例如完善做市商制度，合理安排国债的发行期限与频率等。

案例 7.3.1 货币政策对债券市场的影响
——历史上央行 5 次大幅降准对回购利率和
债券收益率的影响

1998—2018 年，我国有 5 次央行降准大于 100 个基点的情况。降准是作用力度较强的一种货币政策工具。本案例主要分析降准对回购利率和债券收益率的影响。

1. 1998 年 3 月降准

1998 年 3 月 21 日起，存款准备金率下降 5%，由之前的 13% 下降到8%。此次降准幅度是近年来最大的，主要的背景是由于亚洲金融危机，银行坏账高企，国内需要去产能。另外，3 月 25 日，央行开始下调金融机构存贷款基准利率。

受降准和降息的双重影响，回购利率（以 R1M 为例）从 3 月下旬的8% 以上迅速下降到 6.5 ~ 7.4%，并维持到 6 月底。

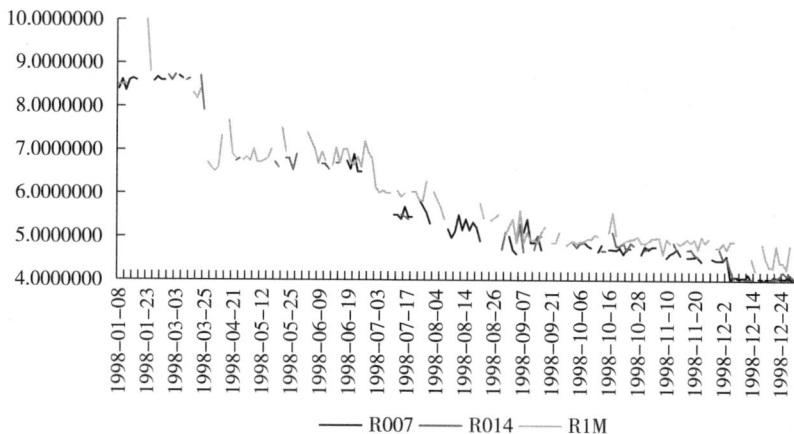

图 7.3.7　回购利率走势（1998 年）

之后，央行在 7 月 1 日和 12 月 7 日两次再度降息，质押式回购利率分别在 7 月初和 12 月上旬出现下降（特别是 R007）。纵观 1998 年回购利率走势，受降准的影响，幅度最大的一次下降还是出现在 3 月下旬。

现券市场方面，由于 1998 年交易的债券品种很少，只有国债，降准对债券收益率未显现影响，当年成交的债券收益率都在 3.8%。

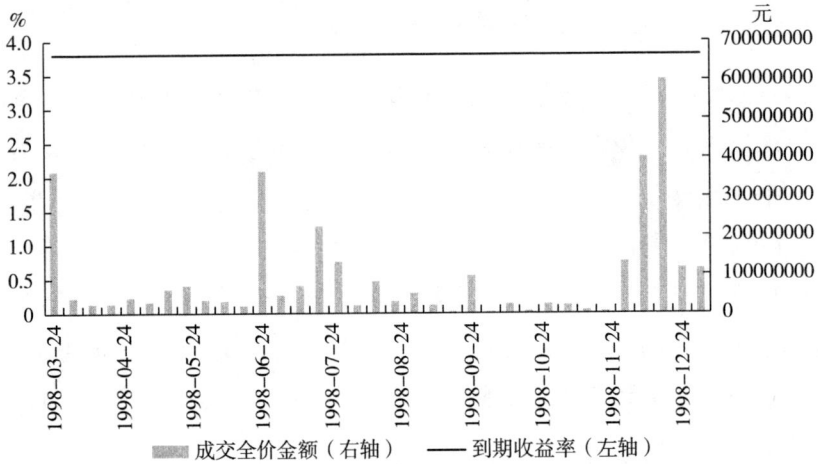

图 7.3.8　现券市场走势（1998 年）

2. 1999 年 11 月降准

1999 年 11 月 21 日起，存款准备金率下降 2%，即由之前的 8% 下降到 6%。从图 7.3.9 可以看出，此次降准对回购利率影响不明显。

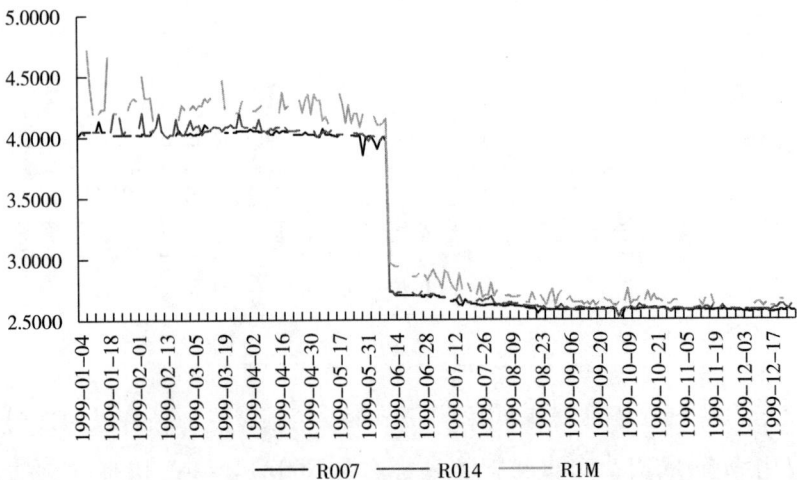

图 7.3.9　回购利率走势（1999 年）

同年6月10日，央行下调金融机构存贷款利率，其中，活期和三个月以内的定期存款分别从1.44和2.79下降到0.99和1.98，6个月以内的贷款利率从6.12下降到5.58。降息后，回购利率迅速从4%以上下降到2.7%～3%，下降了100～130个基点。1999年的降息对回购利率影响更大，降准的影响则较不显著。

现券市场方面，由于1999年债券市场交易的品种还非常单一，只有国债和政金债，且当时的交易量并不大（全年现券交易量为77亿元左右），降准后，对现券成交收益率未造成影响，始终维持在3.8%。

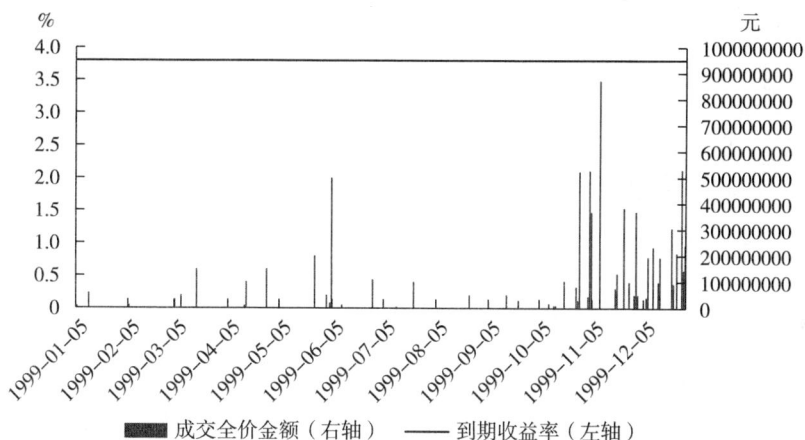

图7.3.10 现券市场走势（1999年）

3. 2008年12月降准

2008年初，货币政策总体偏紧。美国次贷危机爆发后，央行采取了适当宽松的货币政策，9月开始存贷款基准利率下调了5次，其中，1年期存款基准利率累计下调1.89个百分点，1年期贷款基准利率累计下调2.16个百分点。

准备金率也下调了4次，幅度最大的一次是2008年12月5日起，大型金融机构存款准备金率下降1%，中小金融机构下降2%。

从图7.3.11可以看出，2008年上半年，受市场通货膨胀预期较强等因素影响，质押式债券回购加权平均利率稳步上升至6月的3.08%。在上半年5次上调准备金率的情况下，回购利率均迅速上行。第三季度回购利率水平基本保持平稳。进入第四季度，受适度宽松货币政策操作以及市场预期发生明显逆转的影响，回购利率水平明显下降。

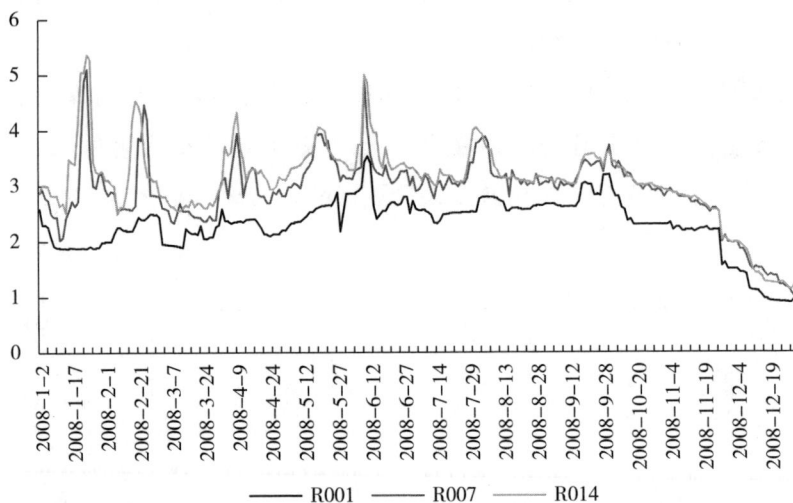

图7.3.11　回购利率走势（2008年）

11月26日宣布降准后，11月27日回购利率大幅下降，其中，R001、R007和R014分别下降约60个基点、50个基点和50个基点。12月质押式债券回购的加权平均利率为1.22%，比6月低1.85个百分点，回购利率达2005年末以来的最低水平。

2008年银行间市场现券收益率曲线整体大幅下行，大致可以分为三个阶段：

第一阶段为1~4月，收益率曲线整体下移。

第二阶段为5~6月，市场资金趋紧和紧缩预期增加，现券价格下降，市场投资行为谨慎，收益率曲线持续上移。

第三阶段为7月至年末，由于宏观经济政策的调整，市场资金充裕，收益率曲线整体呈现快速大幅下行的趋势。

从图7.3.12可以看出，现券收益率基本与回购利率走势相吻合，也受到准备金率调整的影响，但没有回购利率变化得那么显著。

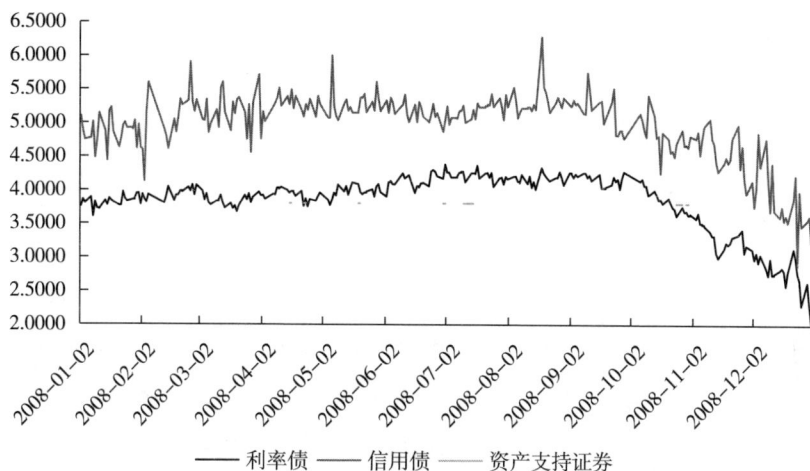

图 7.3.12　债券市场走势（2008 年）

4. 2015 年 4 月降准

2015 年央行继续实施稳健的货币政策，4 次降低存款准备金率、5 次降低贷款基准利率，在保持流动性总量适度充裕的同时引导市场利率下行。

2015 年回购利率震荡上行，达到峰值后剧烈下降，后呈微幅震荡的上升趋势。从质押式回购日加权平均利率来看，年初开始快速上升，并在 2 月达到年内高点 4.51%，之后下降到 5 月 22 日的低点 1.13%，随后呈现微幅震荡的上升趋势。

4～5 月，随着经济基本面持续疲弱，人民银行降准降息，市场资金面维持宽松。6 月以后，市场对货币政策宽松的预期有所减弱，回购利率呈现震荡整理态势。10 月，人民银行进一步降息降准，加上经济形势仍然偏弱，回购利率曲线再次下移。

纵观整个 2015 年的回购利率走势，在 2 月 5 日、4 月 20 日、6 月 28 日、9 月 6 日这几个降准时点均有所下行，以 4 月 20 日的下行幅度最大也最为持久，R001 下降了约 106 个基点，下行走势持续了 1 个多月。而在 3 月 1 日、5 月 11 日、8 月 26 日、10 月 24 日这几个降息时点，回购利率只

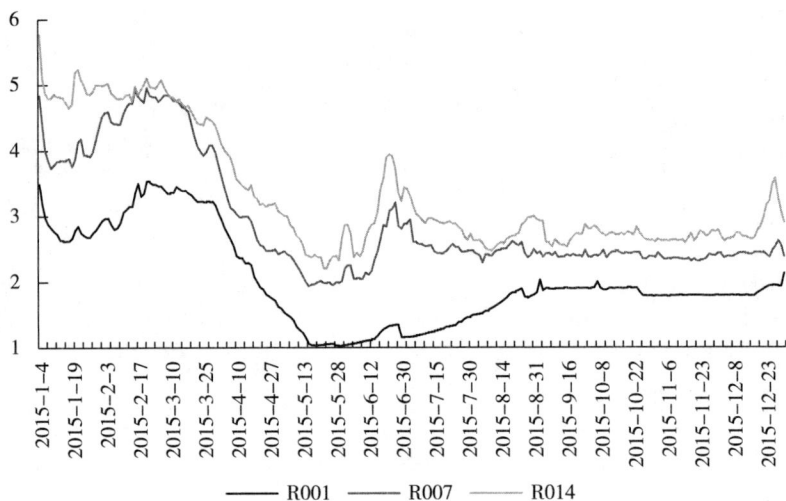

图 7.3.13　回购利率走势（2015 年）

出现小幅下降。

　　现券收益率曲线则震荡下行。在几个降准的时点，现券收益率均明显下行，同业存单和信用债的收益率下行幅度超过利率债。3 月底到 5 月 21日左右的一波下降幅度最大。相比较而言，在几个降息时点，收益率下降没有那么明显。

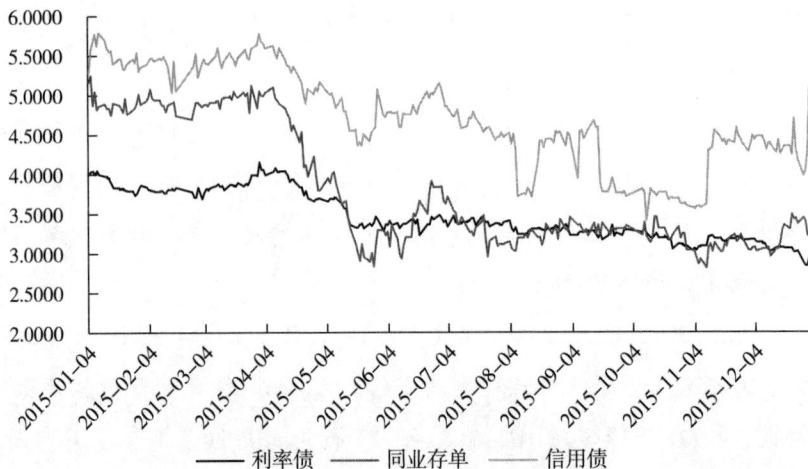

图 7.3.14　现券市场走势（2015 年）

5. 2018 年 4 月降准

4 月 17 日，央行决定从 4 月 25 日起，下调部分金融机构存款准备金率以置换中期借贷便利。降准范围包括大型商业银行、股份制商业银行、城市商业银行、非县域农村商业银行、外资银行。降准幅度为 1 个百分点，降准后准备金率为 16% 或 14%。此次释放资金规模约 13000 亿元，其中偿还 MLF 约 9000 亿元，释放增量资金约 4000 亿元。

从图 7.3.15 可以看到，此次降准前后，回购利率最高点出现在 4 月 24 日，随后一路下行，5 月 11 日达最低点后开始上升。降准对回购利率的影响持续约 2 周，4 月 24 日与 5 月 11 日 R001 的利差约为 155 个基点。如果将央行宣布降准前的 4 月 16 日与 5 月 11 日相比较，利差约为 16 个基点。

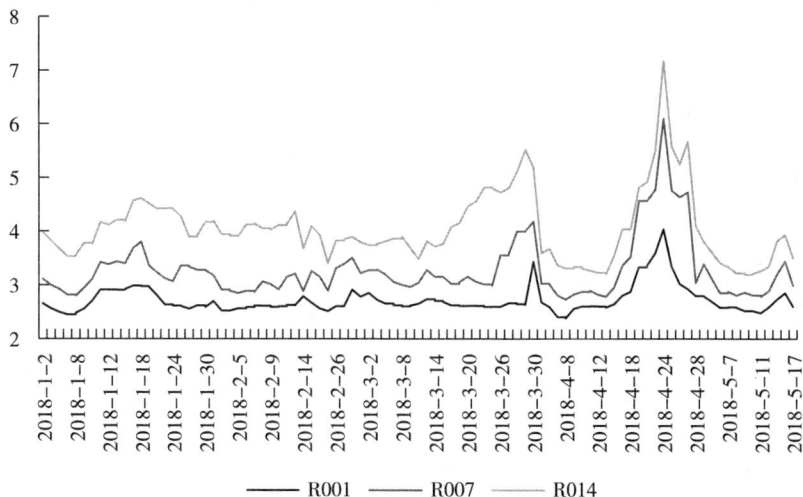

图 7.3.15 回购利率走势（2018 年）

现券市场方面，降准后短期内现券收益率迅速下行。

以利率债为例，收益率从 4 月 16 日的 4.19 先小幅上升，随后下降到 4 月 28 日的低点 3.65，下降了约 54 个基点。但五一节后马上回升到接近降准前水平的 4.16。

之前有部分市场分析人士预测现券收益率将下降 10 个基点或者更多，

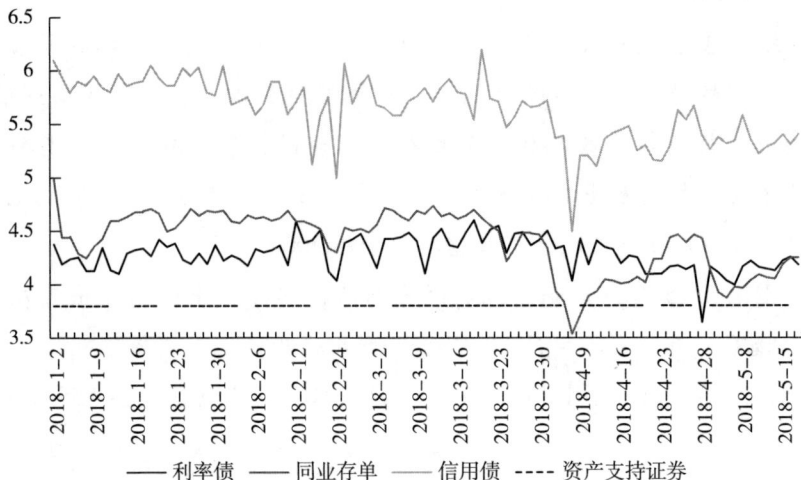

图7.3.16 现券市场走势（2018年）

但实际情况是5月上旬收益率又基本回升到降准前的水平。

分析原因，主要是市场对于本次降准的含义依然存在预期分歧。在降准当天央行上调了MLF利率，而且本次降准释放的资金大部分用于偿还商业银行从央行的借款，加上4月中下旬的税期影响，释放的流动性有限。

6. 降准降息影响总结

综上所述，回顾过去几次大幅降准对回购利率和现券收益率的影响，可以得出以下几个结论：

第一，2000年以后，降准在短期内对回购利率和现券收益率均有显著影响，尤其对回购利率影响更明显，而现券收益率由于受其他各种因素影响，对降准的反应没有回购利率那么明显。

第二，比较降准和降息的影响，从前文分析可知，2000年前由于我国利率市场化水平不高，降息对回购利率影响非常显著（参见前文1999年例子）。随着近年来金融市场的发展，短期内降准对回购利率的影响比降息更为显著。国内有学者通过实证分析认为准备金率变化对回购利率的影响显著，而存贷款基准利率对回购利率影响不显著。笔者的分析也支持这一论点。

第三，货币政策连续性、稳定性的不断提高以及有针对性的预调微调，对合理调节流动性、稳定并引导市场预期作用明显。

第四节　债券估值

债券估值技术现在已经成为国际上债券定价及会计核算的重要手段。由于债券市场中可观察到的持续有交易的债券数量极为稀少，所以，债券的持有者在对债券资产进行公允价值计量时只能采用估值技术。从现有各国的会计准则和实践经验来看，一个普遍的共识是：估值技术应当是市场参与者普遍认同且被以往市场实际交易价格验证具有可靠性的估值技术，采用估值技术时应当尽可能使用市场参与者在金融工具定价时所使用的所有市场参数。

我们在此主要介绍中国市场上的外部估值。所谓外部估值，是由外部第三方专业机构提供的债券估值服务。目前，市场上有几家提供债券第三方估值服务的机构，如中国外汇交易中心、中央结算公司、中证指数有限公司、上海清算所等。

一、CFETS 债券估值

中国外汇交易中心自 2011 年起正式推出债券估值服务。交易中心的债券收盘估值是为银行间市场上市流通债券提供的以债券收盘收益率曲线为基础的计算而得债券收盘估值，现已覆盖 32 种存量债券类型，日常发布约 3.2 万只债券收盘估值。

估值模型采用的是基于估值利差和隐含评级的现金流贴现模型。数据源主要有两块：一块是价格数据源，采用的是本币交易系统做市报价、点击报价、清洗后成交价、X – Bond 行情、货币经纪报价和匿名拍卖价格。另一块是债券基础信息，采用的是债券基础信息和债券信用评级。估值模型支持各种债券种类，包括普通债、含权债、提前还本债和含权提前还本债。

交易中心债券收盘估值是以债券理论估值为基础，根据本币交易系统报价/成交数据、货币经纪行情等代表性价格调整后的最终估值。

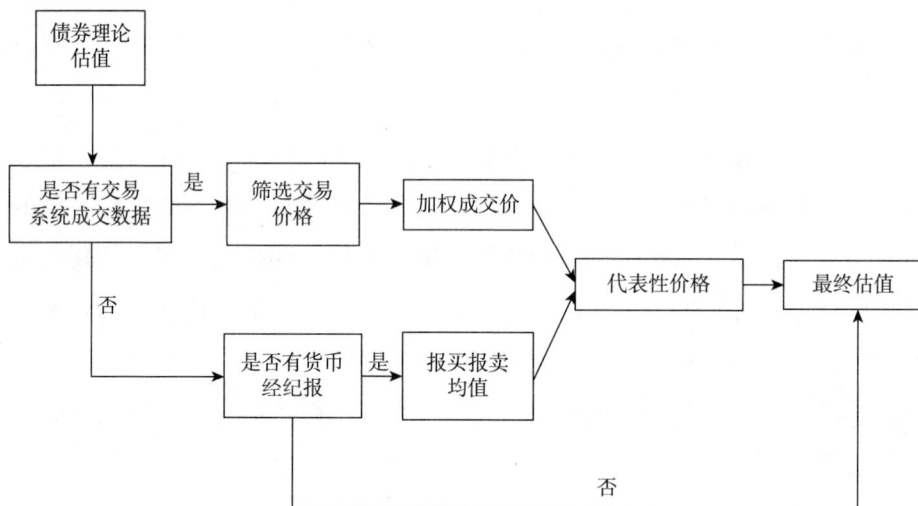

图 7.4.1 CFETS 债券收盘估值算法

信用债的估值流程是：先确定个券的隐含评级，根据评级确定个券的归属曲线，然后按照发行利率和隐含评级确定估值利差，就可以进行债券估值了。当然，估值过后会有检验过程，如果该信用债有信用评级调整或违约事件发生，那么交易中心会对该债券进行回溯调整，重新确定个券的隐含评级，然后重复整个过程，重新进行债券估值。

交易中心推出的债券收盘估值，相对于市场上其他机构提供的债券估值有几个显著的相对优势。

1. 贴近市场

交易中心作为银行间债券市场交易的组织方，还肩负了市场一线的监测职责，所发布的债券估值是最贴近市场的。

2. 估值算法标准

交易中心计算的债券定价结果可以作为债券交易的监测基准。

3. 完备的基准体系

目前 CFETS 推出了完备的包含现货和衍生品在内的基准指标体系，有种类丰富的估值服务运营。

4. 数据源优势

其最大的优势在于数据源最真实可信，主要包括做市商报价、点击报价、货币经纪报价和匿名拍卖价格等。

交易中心的债券收盘估值市场应用广泛，主要有：

1. 同业存单估值的市场推广

交易中心已开放债券估值服务申请。截至 2019 年 3 月底，现有估值用户 157 家，银行、基金、券商 3 类机构数量占比为 82%；已申请基准服务的信息商数据接口用户数共计 346 个。

2. 本币 X 系列产品应用

债券收盘估值用于 X－Bond 选取交易券种和确定成交价范围等方面，债券收盘估值还用于 X－Repo 质押式回购匿名点击业务中质押券的折算率计算。

3. 债券市场监测基准

债券实时收益率曲线和收盘收益率曲线被用作银行间债券市场监测基准，对市场异常价格进行判定。

目前 CFETS 债券估值的数据发布渠道主要有：中国货币网、数据接口、Comstar 终端和信息商终端等。

二、中债估值

中债估值中心从 1999 年开始发布国债收益率曲线，并由此衍生发展出中债估值、中债市场隐含评级等一整套基准价格指标。通过构建估值模型，中债估值已经实现境内各币种债券品种估值全覆盖，目前每日发布58000 余条债券估值信息。

1. 固息债估值基本原理

$$PV = \frac{C/f}{\left(1 + \dfrac{y}{f}\right)^{w}} + \frac{C/f}{\left(1 + \dfrac{y}{f}\right)^{w+1}} + \cdots + \frac{C/f}{\left(1 + \dfrac{y}{f}\right)^{w+n-1}} + \frac{M}{\left(1 + \dfrac{y}{f}\right)^{w+n-1}}$$

$$(7.4.1)$$

其中，PV 是债券全价，y 是估值收益率，C 是按票面利率确定的现金流，f 是债券每年的利息支付频率，n 是剩余的付息次数，D 是估值日距最近一次付息日的天数，$w = D/$当前付息周期的实际天数，M 是债券面值。

式（7.4.1）和前文计算债券收益率的式（7.2.3）非常相像，其原理都是将未来多期的现金流用复利贴现到现在算出当期的债券价值。

2. 浮息债估值基本原理

$$PV = \frac{M_1 \times (R_1 + \Delta r)/f}{[1 + (R_2 + \Delta y)/f]^{\frac{d}{TS}}} + \sum_{i=1}^{n-1} \frac{M_{i+1} \times (R_2 + \Delta r)/f}{[1 + (R_2 + \Delta y)/f]^{\frac{d}{TS}+i}}$$

$$+ \frac{M_n}{[1 + (R_2 + \Delta y)/f]^{\frac{d}{TS}+n-1}} \qquad (7.4.2)$$

其中，R_1 是最近起息日的基准利率，R_2 是下一付息期的基准利率。Δr 是发行时的基本利差，Δy 是期望的收益率点差。d 是结算日至下一最近付息日的实际天数，TS 是本付息周期的实际天数，闰年含 2 月 29 日。

3. 含权债估值方法

对于包含选择权的债券，存在行权与不行权两种可能，为此，中债对固定利率含权债券同时提供两个估值价，即行权价与不行权价。同时，中债标识出"推荐"的价格，即应用远期利率与该券不行权情况下行权日后的票面利率进行比较，以判断到底是推荐使用行权收益率还是到期收益率。

具体来说，固定利率含权债"推荐"估值判别方法是：设某只债券自估值日至其发行公告中的到期日为 $L_1 + L_2$ 年，L_1 为估值日至"选择权行使日"的年数，L_2 为自"选择权行使日"至其发行公告中的到期日的年数；该债券的赎回或回售价格为 P；如果该债券继续存续，票面利率为 c。

首先，根据这三个要素计算该债券在"选择权行使日"的到期收益率 y。其次，比较远期的到期收益率 $[f(L_1, L_2)]$ 与 y 的关系，有两种情况：

（1）投资人选择权债券的待偿期：

如果 $f(L_1, L_2) < y$，则待偿期为 $L_1 + L_2$ 年；如果 $f(L_1, L_2) \geq y$，

则待偿期为 L_1；

（2）发行人选择权债券的待偿期：

如果 $f(L_1, L_2) < y$，则待偿期为 L_1；如果 $f(L_1, L_2) \geq y$，则待偿期为 $L_1 + L_2$ 年。

简单来说，比如一个 $2y + 2y$ 的含权债，算一下（2，2）的远期收益率，也就是 2 年后这个评级级别的 2 年期债券的远期收益率。如果这个远期收益率高于 2 年后债券的票面利率，则中债认为理性投资者都会选择回售，以便投资其他同等级的债券，获得更高收益，所以中债推荐其剩余期限为 2 年，收益率"推荐估值"为行权收益率；反之如果远期利率低于 2 年后的票面利率，则中债认为投资者不会回售，推荐其剩余期限为 4 年、收益率"推荐估值"为到期收益率。

那么问题来了，含权债券行权后的票面利率在估值日是未知的，即 c 是未知的，那么怎么计算出行权日的到期收益率 y 呢？事实上，在 2017 年以前，中债在估值时，行权后票面利率 c 一律采用的是行权前票面利率，此估值方法的优点是简单易操作。但是我们在实际中发现很多含权债券在行权后，发行人对票面利率进行调整，很可能在行权前票面利率的基础上，加或减相应的基点。至于到底怎么调整票面利率，上调或下调多少个基点，发行人往往要在行权日之前不久才根据各自的情况和市场价格决定并予以公布。所以简单使用行权前票面利率来替代行权后利率的做法逐渐暴露出其缺点。

2017 年 2 月，在部分市场机构陆续提出建议要完善含权债券的估值方法后，中债经过认真研究和反复论证，优化了含权债券的估值方法，并多次通过中债价格指标产品交流会、中债价格指标产品质量会等途径向市场广泛征求意见，得到普遍认可。新的估值方法首先采用远期利率推算行权日的"均衡票面利率"，该均衡票面利率为假设发行人未来在行权日发行相同剩余期限债券时的预期利率水平。然后结合均衡票面利率与约定的调整票面利率条款，综合判断得出"估算的行权后票面利率"和估值的推荐方向。2017 年 2 月 21 日，优化后的估值方法已经正式上线。

中债估值的应用非常广泛。例如，证券基金持有的在银行间债券市场流通的债券，其净值计算直接采用中债估值。一些国际组织，例如像世界银行和亚洲开发银行，也应用中债估值和收益率曲线衡量中国债券市场利率水平。

中债估值的发布平台包括中国债券信息网、中债综合业务系统、数据信息商和深证通等。

三、使用第三方债券估值时应注意的问题

虽然第三方机构，例如 CFETS、中债、中证等的债券估值数据，相对来说比较公允，但是投资者在实际的债券买卖过程中，不能完全依赖第三方债券估值。这是因为，不同的估值机构由于其数据来源的差异、估值方法的不同，对同一只债券的估值也会有差异。同时，很多时候市场价格变化的方向可能与债券估值的变化方向并不相同，甚至有时候市场变化比较剧烈，实际交易的价格变化和估值变化是相反的。所以，"尽信估值则不如无估值"，投资者仍然需要具备自己判断宏观经济形势、发行人资质和债券走势的能力。

第八章　债券借贷

债券借贷业务是一种比债券回购历史更久远的交易方式，它对债券市场功能的发挥意义重大，可以调节、稳定债券现货市场价格，对维护交易与交割秩序、强化债券市场流动性、扩大市场规模均有正面影响。通过债券借贷业务，借出债券方可以增加收益，提高资产流动性，而借入债券方可以调整短期债券头寸。

第一节　债券借贷的原理和交易要素

债券借贷又叫融券，即一方以自有资金或证券资产为担保向另一方融通证券，到期归还所融证券并支付一定费用的交易活动。目前在银行间市场一般以一定数量的债券为质物进行债券借贷。用作质物的债券在借贷期限内不能买卖，不能再用于质押。

债券借贷和买断式回购都可用于融券，但两者存在区别：债券借贷是以券融券，买断式回购可以用现金融券。而且债券借贷的融券成本较低，在后文会有阐述。

债券借贷的期限最长为 365 天。首期结算方式为券券对付，到期结算方式为券费对付。到期结算方式又称券券费对付，即双方持券和资金三者类似现券 DVP 对付。

案例 8.1.1　债券借贷的结算方式示例

机构 A 与机构 B 达成一笔债券借贷。机构 A 以自身持有的某信用债作为质押，借入标的券为某国债。首期结算时，先检查质押债券是否足额，在质押债券足额并冻结成功后，才会进行标的券的过户，即某国债从机构B过户给机构A。在债券借贷到期结算时，先过户标的券，即某国债从机构A过户给机构B，再解冻质押债券，即某信用债。同时，机构A向机构B支付一笔借贷费用。

根据《全国银行间债券市场债券借贷业务管理暂行规定》，银行间债券市场的参与者均可进行债券借贷。参与借贷的双方需事先签署协议。2015年中国银行间市场交易商协会审议通过了《债券借贷交易业务主协议（2015年版）》的议案，将择时发布。从图8.1.1可以看到，目前债券借贷最主要的交易机构有股份制商业银行、证券公司和城商行等。目前融出方主要还是国有大型商业银行，融入方主要是证券公司。交易的费率在0.7%~1%。注意这里的交易费率是年化后的利率。

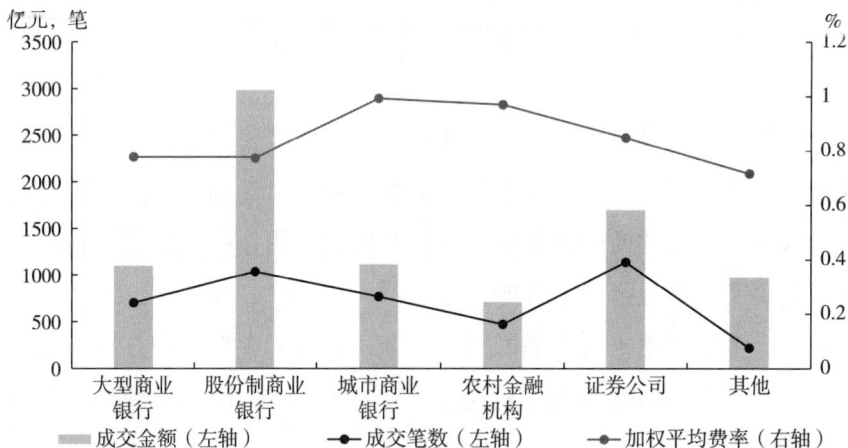

注：从机构角度统计数据为机构买卖方交易的总和；农村金融机构指农村商业银行和合作银行。

图8.1.1　2019年11月债券借贷分机构类型的成交情况

（数据来源：中国货币网）

比较同等期限下债券借贷、同业拆借和质押式回购的加权平均利率可以看到，债券借贷的利率要大大低于同业拆借和质押式回购。这也是为什么可以利用债券借贷，借入利率债进行回购融资，降低整体融资成本的原因。

表 8.1.1　2019 年 11 月债券借贷、同业拆借和质押式回购的费率比较

品种	加权利率（％）	品种	加权利率（％）	品种	加权利率（％）
L001	0.8886	IBO001	2.2193	R001	2.2297
L007	1.0066	IBO007	3.0481	R007	2.704
L014	0.9451	IBO014	2.8758	R014	2.7527
L021	1.2218	IBO021	2.9357	R021	2.8726
L1M	0.7368	IBO1M	3.3908	R1M	3.0062
L2M	0.549	IBO2M	3.1661	R2M	3.2342
L3M	0.8325	IBO3M	3.7263	R3M	3.3251
L4M	0.5651	IBO4M	3.8179	R4M	3.2606
L6M	0.5232	IBO6M	3.6274	R6M	3.206
L9M	0.5313	IBO9M	3.5609	R9M	3.1497
L1Y	0.5122	IBO1Y	4.1202	R1Y	3.4656
合计	0.8264	合计	2.2945	合计	2.2928

数据来源：中国货币网。

债券借贷自 2006 年 11 月推出以来，一直成交较为清淡。但从 2013 年开始，出现了逐步活跃的迹象，随后每年成交量均有较大幅度增长。近年来债券借贷市场飞速发展的原因：一是在新资本充足率管理办法下，银行对于信用债的质押接受程度受到很大的影响，持有大量信用债的非银金融机构通过债券借贷置换利率债进而用于融资的需求加大；二是部分机构先行先试，针对债券借贷业务从制度建设到会计核算，设计了一套切实可行的操作机制，解决了机构内部的制度障碍；三是债券借贷可帮助机构及时获得债券、满足临时性结算头寸需要。在回购市场押错券押空券情况下，可融入相应债券用于结算履约，减少结算失败的情况；做市机构可短期融入债券补充做市债券，用于做市成交的结算；四是丰富了机构的交易策略，机构可利用债券借贷和现券买卖相结合实现卖空策略；对于债券融出方而言，则盘活存量资产，提高收益。

债券借贷 2018 年成交 31030.5 亿元，比 2017 年略有下降。从月度成

交量来看，呈现出很强的季节性特征。每年季末的 3 月、6 月、9 月、12 月成交量较大。在季末出现债券借贷交易量飙升的原因是这些时刻流动性趋紧，债券借贷能有效地改善市场的流动性。

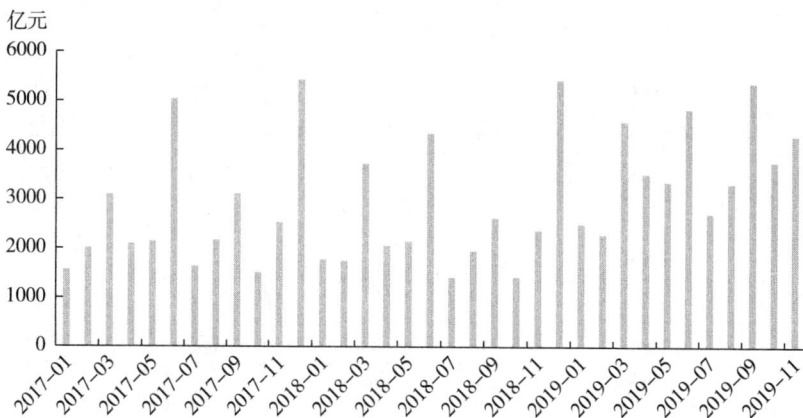

图 8.1.2　2017—2019 年银行间市场债券借贷逐月成交金额

（数据来源：中国货币网）

债券借贷的交易要素及其含义如下：

借贷方向：融入或融出。

对手方：交易对手方成员简称，例如工商银行。

对手方交易员：交易对手方交易员姓名，例如张三。

标的债券代码：标的债券的代码，例如 190210。

标的债券名称：标的债券的名称，例如 19 国开 10。

标的债券券面总额：标的债券的总面额，例如 2000 万元。

借贷期限：交易双方约定的债券借贷期限，例如 7 天。

清算速度：成交日与首次结算日之间的工作日天数，有 T＋0 和 T＋1 两种。

借贷费率：以年利率形式表示的债券借贷成本，债券借贷交易以借贷费率报价，例如 1.0066%。

借贷费用：到期时债券融入方向融出方支付的费用，例如借贷费用＝

2000 万 ×1.0066% ×7/365 =3860.93 元。

期限品种：借贷期限所属的统计区间，由系统自动计算并显示，例如 L007。

成交日：达成交易的日期，由系统自动显示，例如 2019 - 12 - 24。

首次交割日：标的债券从债券融出方向债券融入方过户、质押债券冻结的日期，例如 2019 - 12 - 24。

到期交割日：标的债券从债券融入方向债券融出方过户、债券融入方向债券融出方支付借贷费用且质押债券解押的日期。到期结算日 = 首次结算日 + 借贷期限，例如 2019 - 12 - 31，遇到节假日顺延至下一个工作日。

实际占券天数：债券融入方实际持有标的债券天数。实际占券天数 = 到期结算日 - 首次结算日，例如 7 天。

首次结算方式：首次交割时结算的方式，应采用券券对付方式。

到期结算方式：到期交割时结算的方式，应采用券费对付方式。

争议解决方式：交易双方约定在发生争议情况下的解决方式，可选择仲裁或者诉讼。

质押债券置换安排：交易双方约定在借贷期限内是否允许置换质押债券，可选择是或者否。

质押债券代码：质押债券的代码，例如 111806270。

质押债券名称：质押债券的名称，例如 18 交通银行 CD270。

质押债券券面总额：单个质押债券的券面总额，例如 2200 万元。

质押债券总额合计：所有质押债券券面总额的加总。

付息日：标的债券在借贷期限内所有的付息日。

补充条款：交易双方约定的其他内容。

清算账户：本方用于清算的资金账户。

托管账户：本方用于清算的债券托管账户。

报价有效时间：系统自动撤销报价的时间，默认为交易当日的 19：00。

第二节 风险管理和相关法律法规

根据人民银行有关规定和交易中心本币系统的相关安排，债券借贷风险管理方法主要包括交易限额管理、债券付息提示和附加协议功能等。

一、限额管理

单个机构自债券借贷的融入余额超过其自有债券托管总量的30%（含30%）或单只债券融入余额超过该只债券发行量15%（含15%）起，每增加5个百分点，该机构应同时向同业拆借中心和中央结算公司书面报告并说明原因。

二、附加协议功能

债券借贷交易具有做空功能，债券融入方可向债券融出方借入标的债券后卖出，到期前再从市场上买回标的债券还给债券融出方。然而由于部分债券的流动性不足，可能存在债券融入方在债券借贷交易到期前无法从市场中买回标的债券的情况。为控制债券融入方到期无法偿还标的债券的风险，《全国银行间债券市场债券借贷业务暂行管理规定》中规定债券借贷交易到期时，经借贷双方协商一致后也可以现金交割。

三、债券借贷的主要相关规定

1. 中国人民银行公告〔2006〕第 15 号——《全国银行间债券市场债券借贷业务管理暂行规定》

2006 年 11 月由中国人民银行发布。根据该规定，债券借贷期间，如果发生标的债券付息，债券融入方应及时向债券融出方返还标的债券利息。未通过同业中心（即同业拆借中心）交易系统达成的交易，应于成交当日向所在地中国人民银行分支机构备案，同时抄送同业中心。此规定第十条中"质押债券应为在中央结算公司托管的自有债券"现在已不适用，因为质押债券既可以是托管在中债的债券，也可以是托管在上清所的债券。

2. 《债券借贷交易规则》

2006年11月由中国外汇交易中心（即同业拆借中心）发布。根据该规定，债券借贷采用询价交易方式，参与者可通过交易系统自主报价，通过一对一询价双方确认一致后达成交易。债券借贷费率以年率表示，保留小数点后4位。债券借贷期间如发生标的债券付息的，债券融入方须在付息日当日将标的债券应计利息足额划至债券融出方资金账户。

3. 《全国银行间债券市场跨托管机构债券借贷（人工处理）业务规则》

2015年6月由中债公司、同业拆借中心和上清所发布。根据该规定，市场参与者进行跨托管机构债券借贷，应通过同业拆借中心的交易系统达成交易。现阶段跨托管机构债券借贷业务通过同业中心、中央结算公司和上海清算所之间以人工处理的方式完成。

第三节　债券借贷的常用方法

债券借贷的作用主要有满足质押、结算需求，借入做空和盘活存量债券等。

一、满足质押需求

前文案例8.1.1中，机构A以某信用债做质押融入了利率债，提高了抵押品的质量。例如，原来机构A以该信用债直接进行质押式回购，假设折算比例为70%，那么每100元面值的信用债可以获得资金70元。如果通过债券借贷将信用债转换为国债，国债的质押比率为90%，那么每100元信用债可以借贷得90元国债。假设国债的质押式回购折算率为95%，那么可以融资获得90×95%=85.5元。这就比直接用信用债做质押式回购提高了融资效率。

二、满足结算需求

根据中国外汇交易中心的统计，质押式回购结算失败备案的交易中，至少80%以上的过错方在正回购方，原因是债券不足。也就是说，正回购方试图通过质押自己持有的债券融入资金，可是交割时突然发现质押债券持仓不足，无法进行回购交割。这时候，如果正回购方可以通过债券借贷借入需要质押的债券，就可以完成质押式回购的交割，防止出现结算失败的情况。当然，前提是正回购方愿意支付债券借贷的费用。

三、借入做空

债券借贷的另一大作用是提供了有效的做空手段。案例8.1.1中，如果机构A是看空某国债的，那么通过债券借贷，机构A可以将融入的某国债高价卖出。债券借贷到期时，机构A再以低价买入同一国债，还给机构B。机构A就实现了低买高卖的收益。

在实际操作中，债券借贷也可以匹配不同期限、不同品种的债券现货进行利差交易，或者配合国债期货进行套期保值。比如，可以观察国开与国债利差走势，如果预测利差将走阔，也就是预期国开债的相对价格要下跌时，可以借入国开债进行做空。

结合债券收益率曲线的形态变化，还可以利用现券交易和债券借贷两项交易工具构建投资组合，获取期限利差的投资收益。

案例8.3.1　做陡期限利差

假设10年期国债与1年期国债的期限利差很窄，判断当前收益率曲线过于平坦，可以选择做陡期限利差。买入1年期国债，以债券借贷借入10年期国债并卖出。到期国债的期限利差走阔，就卖出1年期国债，买入10年期国债并归还。

案例8.3.2　做平期限利差

假设10年期国债与1年期国债期限利差很大，判断收益率曲线过于陡峭，可以选择做平曲线。先以债券借贷借入1年期国债并卖出，同时买入10年期国债，构造出套利组合。到期利差果然变小，就从市场上买入1年期国债并归还，同时卖出10年期国债，实现收益。

四、盘活存量债券

案例8.1.1中，对于机构B来说，通过盘活其存量的国债，可以获得债券借贷的费用，提高自身的投资收益。

第四节　我国债券借贷市场存在的问题和发展方向

我国的债券借贷市场起步比较晚，与美国等发达国家的债券借贷市场相比，存在交易方式单一、效率比较低等问题。

一、中美债券借贷市场的比较

我国的债券借贷一般通过一对一的询价达成，自2006年以来，双边债券借贷业务量一直较低，主要是因为在双边借贷机制下，自动化程度较低，市场参与者寻找交易对手的成本过高，且容易暴露头寸信息。与成本低、效率高的自动借贷相比，双边借贷机制仍无法及时、有效地降低结算失败风险。

成熟市场上的证券借贷是建立在发达的金融市场以及金融机构比较完整的自主性的基础之上。以美国市场为例，美国市场上大量采用信用交易制度，其主要特点表现在：

1. 交易主体具有广泛性。银行、证券公司、基金、保险公司、企业财务公司都可以进行信用交易。甚至证券公司与交易客户之间也可以进行融资融券。

2. 信用交易与货币市场、回购市场紧密结合。由于美国的货币市场是对机构开放的，各种类型的机构都可以进行货币市场交易。回购工具得到广泛的使用，主要源于美国透明的货币市场以及完善的信用基础。证券公司经常使用抵押贷款和融券的办法来满足短期资金需求。

3. 融券来源极为丰富。由于美国市场上大量保险基金、长期投资公司、投资基金等长期投资主体存在，证券的长期持有者非常多，所以融券来源非常丰富。中介机构也发挥了重要的作用。债券借贷市场上最主要的中介机构是美国托管结算公司（The Depository Trust & Clearing Corporation，DTCC）和一些商业性机构，比如摩根大通、花旗银行和美林集团等。DTCC 可以充当被动式借贷的中介，而一些大型商业银行和投资银行担任主动式借贷的中介。

美国债券借贷业务有两种模式：

1. 被动借贷模式

债券借入方以保证金账户余额作为价格波动的担保，DTCC 负责保管卖券收入。DTCC 作为中介机构，但并不提供担保。如果介入方的保证金账户余额不足或出现违约，DTCC 可以强行平仓。在整个交易过程中，交易双方始终保持匿名。DTCC 为其成员及客户之间的债券借贷交易提供便利。

DTCC 在这一过程中发挥了重要的作用。当市场成员，通常是比较大的交易商在交易中卖空时，DTCC 会自动在结算时为其借入债券。在开始借贷之前，DTCC 会统计借出方可借出的债券，并根据债券交易的供求差额计算出实际需要借贷的债券数量，同时审核借入方保证金账户是否达到要求，确定借入方的资格。DTCC 通过具体算法确定具体的借出方。借出方经由 DTCC 将债券转移给借入方。借入方卖券所得由 DTCC 保管，如果借入方在其中出现保证金不足或期末违约，则 DTCC 可利用卖券收入和保证金账户余额买进所借债券并偿还给借出方，实现强行平仓。在借贷期间，DTCC 采取逐日盯市的方法计量债务，并要求保证金加证券市值扣除所融入的资金和证券当时市值不得低于最低保证金比例要求，否则会要求补充保证金或者强行平仓。

美国的债券被动借贷市场中，对借入方违约风险主要是通过交易程序的设计来完成，特别是保证金制度、托管结算等方面的安排可以降低利率风险和违约风险所造成的损失降低市场风险。

2. 主动借贷模式

普通的市场成员更多采用主动借贷模式来实现债券借贷。借入方通过中介介入债券，并向借出方交纳抵押品，可以是现金或者债券。在以债券作为抵押物的情况下，借出方将直接向借入方支付借券费用。

在主动借贷模式下，金融中介机构为了降低风险，通常都会严格挑选交易对手，同时使用严格的法律文本和信用保障手段，并为投资方提供补偿。比如，如果借入方违约，金融中介会根据与借出方的协议，承担债务的偿还或者根据补偿金额偿还等额现金等价物。

二、我国债券借贷存在的问题

我国的债券借贷起步较晚，与发达国家相比，还存在着交易量小、交易机制单一、参与者少等问题。

造成我国债券借贷交易量较小的原因主要有：

1. 投资者对债券借贷的接受有一个过程。我国从 2013 年债券借贷的成交量开始较快增长，引起了更多投资者对该项业务的兴趣。

2. 与美国等成熟的金融市场相比，我国债券借贷的交易机制单一，只能用足额的债券进行抵押，不能使用现金。对于融券需求旺盛的市场机构，比如证券公司，有较大的难度，因为证券公司愿意抵押的债券不一定能被债券借贷的借出方接受。而银行间市场中的商业银行由于本身机构的特点，很多都是持有债券到期，进行债券做空的动力不大。

3. 会计处理问题、担心借贷到期能否从市场上再买回债券也是债券借贷还不够活跃的原因。由于不像美国有 DTCC 等中介机构参与被动借贷，债券借贷的双方即使有交易的需求，也需要自己寻找合适的交易对象，通过一对一的询价匹配双方的交易要素，需要耗费寻找的成本和时间。由于类似美国这样的被动借贷模式对中介机构的结算托管、技术硬件条件、金融市场的透明度和发达程度有很高的要求，所以我国的债券借贷还有很长的发展道路要走。

第九章 债券回购

　　债券回购是指债券持有人在卖出债券给债券购买人时，双方约定在将来某一日期以约定的价格，由卖方从买方买回相等数量的同品种债券的交易行为。

　　从交易场所来看，我国债券回购市场可分为银行间回购市场和交易所回购市场，其中银行间回购市场作为批发型市场占据主导地位。

　　银行间债券回购市场可分为质押式回购市场与买断式回购市场。其中，质押式回购市场占据主导地位，买断式回购市场整体交易量不大。债券回购期限通常在一年以内，是货币市场的重要工具。由于债券回购不仅可以作为融资、融券的手段，还可以作为保值和短期投资的工具，因此具有非常广泛的应用范围。一个健康的回购市场，也有助于提高金融市场的流动性和效率。

第一节　质押式回购

　　质押式回购是交易双方进行的以债券为质押的一种短期资金融通业务。在质押式回购交易中，资金融入方是正回购方，他将债券出质给资金融出方融入资金的同时，双方约定在将来某一日期由正回购方按约定回购利率计算的资金额向逆回购方返还资金，逆回购方向正回购方返还原出质债券。正回购方是指在债券回购交易中融入资金、出质债券的一方；逆回购方是指在债券回购交易中融出资金、享有债券质权的一方。

　　与买断式回购最主要的不同是：质押式回购期间，债券所有权不发生转移，只在首次交割日将质押债券冻结，至到期交割日解冻，交易双方在此期间不得动用质押的债券。

一、国际债券回购市场概述

1. 欧洲债券回购市场特点

从 20 世纪 90 年代起，欧洲金融市场发生了一系列重要变革。1993 年欧盟正式诞生，扫除了欧盟内部资本流动的政策障碍。其后基础设施变革加速，电子交易系统日益兴起，结算系统功能和组织不断整合。1999 年欧元正式诞生，单一的欧元面值债券逐渐成为欧洲债券市场的主流。上述这些重要变化都使欧洲债券市场快速发展，回购、利率互换、期货、商业票据等配套市场同时快速成长。欧洲各国普遍放宽了对这些市场的限制，有针对性地扫除了会计税收方面的障碍，制定诸如全球回购主协议、国际互换协议等标准文本，降低了相关法律风险和操作风险。所有这些措施使回购等配套市场对于促进现券市场的价格发现和价格确定起到了重要的作用。

2. 美国的回购市场

美国的回购市场在 2008 年次贷危机之后蓬勃发展，规模和流动性迅速上升。参与主体非常广泛，包括银行、证券公司等金融机构。从成交量来看，2019 年美国的回购市场日均成交量接近 1 万亿美元，且流动性远超联邦基金市场。美国的回购市场又可进一步划分为双边回购市场和三方回购市场。

美国的三方回购市场十分发达，占总体回购市场的 50% 以上，是美国最重要的短期融资市场。三方回购模式是指在回购交易中，交易双方将债券和资金交付至一个独立的第三方托管机构，由其管理抵押品并清算资金的回购交易。三方回购又可以进一步细分为传统的三方回购市场（Tri-Party Repo）和一般担保品回购市场（GCF Repo）。传统的三方回购抵押品包括国债、资产支持证券、抵押支持证券、公司债券、市政债券、股票和货币市场工具等，其中占比较高的是国债和 MBS。托管机构在三方回购中扮演非常重要的角色，特别是美国的三方回购市场有"每日松绑"和"日内授信"机制。即每日开盘前，托管机构会解冻所有三方回购交易的债券和资金，允许正回购方和逆回购方对各自的抵押券和资金进行再利用。在收盘时，托管机构再对未到期交易的债券和资金进行重新捆绑。"每日松绑"和"日内授信"机制提升了回购交易的灵活度，提高了质押品和资金的使用效率。一般担保品回购市场由美国固定收益清算公司（FICC）作为中央对手方，FICC 承担交易风险，正逆回购方通过做市商匿名撮合成交，参与机构仅限 FICC 所辖的政府证券清算部会员，成交量比较小。

在 2008 年次贷危机之后，美联储成立了专门的改革小组，对回购市场尤其是三方回购市场进行改革，旨在降低三方回购市场的系统性风险。改革的主要内容包括：一是限制"每日松绑"机制的规模，降低日内风险敞口。二是健全信息披露机制，增强市场透明度。三是改进抵押品折扣率的确定和管理方式。

二、国内债券质押式回购市场概况

1. 国内债券质押式回购市场发展现状

我国的债券回购市场可以划分为银行间回购市场和交易所回购市场，其中银行间回购市场的交易量比较大，占据主导地位。在回购种类中，质押式回购占据主要份额，买断式回购的交易量较小。

从图 9.1.1 中可以看到，2019 年银行间回购月成交量在 70 万亿元左右，同期上交所和深交所仅有约 20 万亿元和 2 万亿元。2019 年全年银行间市场的回购占我国回购成交总量的 78%，占据主导地位。

银行间债券市场债券回购成为中国债券回购市场的主体有其必然性。由于历史发展原因，我国银行间市场的体量大大超过交易所市场，参与主体类型齐全。作为金融机构的资金批发市场，对资金融通的需求非常大。相应的交易、托管、结算和信息平台也发展得比较完善。银行间债券市场在《债券交易管理办法》《回购主协议》等规范性文件的基础上建立了监管、自律和市场监督相结合的法规制度体系，有效遏制了市场参与者的各

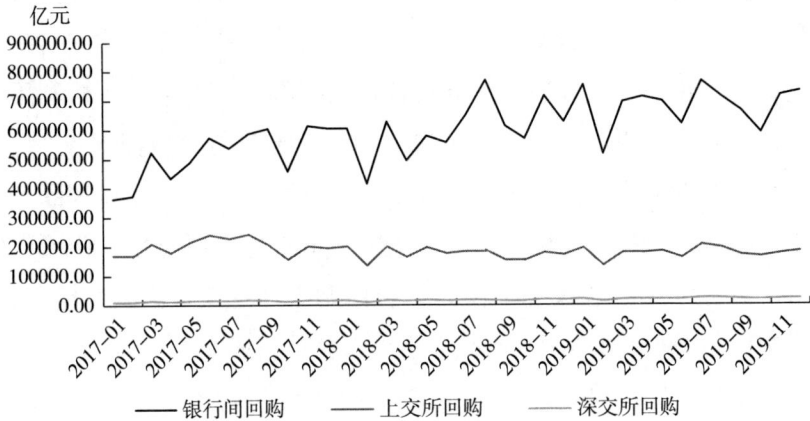

图 9.1.1　我国回购市场近年的交易量

（数据来源：Wind）

种违规和违约倾向。从回购的功能和属性来说，中国的回购更适合在场外以报价驱动的方式进行。

比较交易所和银行间质押式回购的交易机制可以发现，交易所的质押式回购和银行间质押式回购存在明显的差别。交易所质押式回购采用标准券制度，将不同期限、品种的债券按某折算率统一折算为一定数量的具有相同价值的标准券，用于确定回购融资额度。投资者在进行回购交易时，只需提交与融资额度一致的任何一类现券即可。交易所实行撮合交易机制，投资者需办理指定交易手续，通过所委托的证券公司向交易系统申报回购登记操作，并由系统将融资指令和融资需求进行自动撮合成交，有点类似中国股票市场的交易机制。在交易所回购中，中国证券登记结算有限公司（中证登）担任中央对手方，先与证券公司实行净额结算，再由证券公司与客户进行清算。

与交易所回购市场使用标准券不同，银行间债券市场的质押式回购的标的券是现实的具体券种，即交易双方约定是哪只或哪几只券。交易方式主要是通过询价，逐笔订立交易合同，交易双方知道自己的对手方是谁。当然，近年来全国银行间同业拆借中心（交易中心）也已经推出了匿名回购业务（X - Repo），交易机制比之前更为丰富。进行银行间质押式回购需要提前签订债券回购主协议，明确双方的权利和义务。由于银行间债券市场的回购制度避免了回购合同存续期的挪券和清算风险，所以风险相对较小。近年来银行间质押式回购交易量增长迅速，可质押的债券基本涵盖了在银行间市场交易流通的所有券种。按照 2019 年交易金额排序，参与主体主要有：城市商业银行、股份制商业银行、大型商业银行、基金、农村商业银行和合作银行、政策性银行、证券公司、理财产品、基金公司的特定客户资产管理业务、农村信用联社、保险公司的保险产品、证券公司的证券资产管理业务等。目前，质押式回购是我国债券市场最为活跃的交易工具，2019 年交易金额达到 810 万亿元，已经成为我国债券市场参与机构最多、期限最为丰富、交易量最大的交易工具之一。质押式回购中，以隔夜回购为主，近几年隔夜回购占质押式回购的 80% 以上。

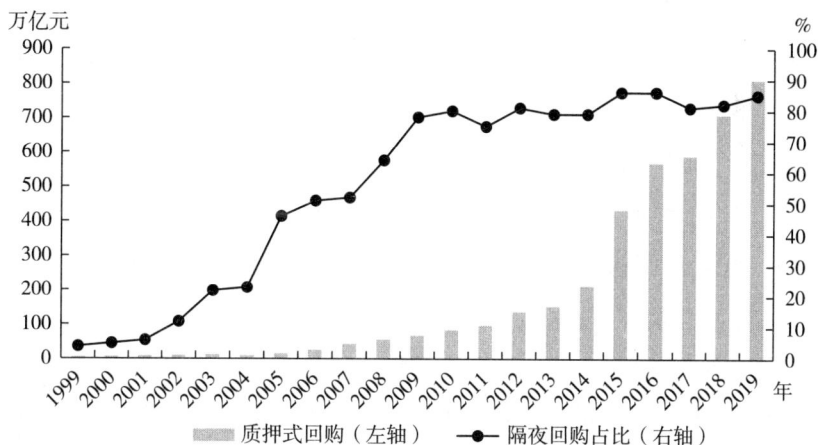

图 9.1.2　近 20 年来银行间质押式回购市场的发展

（数据来源：全国银行间同业拆借中心）

2. 市场准入与有关管理规定

根据《全国银行间债券市场债券交易管理办法》，债券交易品种包括回购和现券买卖两种。

根据《中国人民银行关于金融机构加入全国银行间债券市场有关事宜

的公告》和《授权中国人民银行上海总部承办金融机构进入全国银行间债券市场的准入备案工作和进入全国银行间同业拆借市场的准入备案管理工作》等有关规定，境内合格机构投资者和境外机构投资者应以备案方式进入银行间债券市场，进行回购或现券交易。

中国人民银行上海总部备案系统网址 https：//ibrs.chinamoney.com.cn/IBRSW/。

（1）机构与中国外汇交易中心联网

机构可以分为金融机构和非法人投资产品两种。金融机构指银行类金融机构、非银行类金融机构等。非法人投资产品指证券投资基金、社保基金、企业年金、保险产品、信托产品、基金管理公司特定客户资产管理业务、证券资产管理业务等。

金融机构联网需提供：中国人民银行上海总部出具的"中国人民银行全国银行间债券市场准入备案通知书"；法人类合格机构投资者业务申请表；合格机构投资者物理联网登记表（如有）；增值税一般纳税人资格证明文件（如有）。

非法人投资产品联网需提供：中国人民银行上海总部出具的"中国人民银行全国银行间债券市场准入备案通知书"；非法人类合格机构投资者业务申请表；证券投资基金、社保基金、养老基金须提供具有从事证券相关业务资格的会计师事务所及其会计师审计的最近的验资报告；合格机构投资者物理联网登记表（如有）；增值税一般纳税人资格证明文件（如有）。

上述联网材料，需通过银行间市场开户系统（https：//ibrs.chinamoney.com.cn/AAMS）电子化提交并办理。

（2）办理托管账户维护、产品展期、机构/产品更名、机构/产品退市

具体信息可以查看中国货币网—市场指南—本币市场指南—入市指南—债券市场入市指南。

金融机构完成联网，并开立债券托管账户后，即成为全国银行间市场的参与者。机构开展质押式回购，还需签署《中国银行间市场债券回购交易主协议》。

债券质押式回购交易期限最短为 1 天，最长为 365 天，回购到期应按照合同约定金额返还回购项下的资金并解除质押关系，不得以任何方式展期。正回购方应在首期结算日提供足额质押债券，质押债券的折算比例应符合中国人民银行规定。

目前，可用于质押式回购交易的债券有：国债、央行票据、政策性金融债、企业债、国际开发机构债、次级债、短期融资券、商业银行普通金融债、其他金融债、混合资本债、证券公司短期融资券、证券公司债、汽车金融公司金融债、资产管理公司金融债、金融租赁公司金融债、保险公司资本补充债、无固定期限资本债券、二级资本工具、项目收益债券、项目收益票据、财务公司债、同业存单、定向工具、中期票据、超短期融资券、绿色债务融资工具、资产支持证券、资产支持票据、地方政府债、政府支持机构债、外国地方政府人民币债券、外国主权政府人民币债券等。

三、债券质押式回购交易要素及报价成交

1. 交易要素释义

质押式回购交易中，涉及的交易要素及其含义如下：

回购方向：正回购或逆回购，即融入或融出资金。

回购期限：回购天数，最长不超过 365 天，例如 1 天。

回购利率：正回购方付给逆回购方的资金价格，以年利率表示，例如 1.4%。

对手方：交易对手方成员简称，例如国开行。

对手方交易员：交易对手方交易员姓名，例如张三。

债券代码：质押债券的代码，例如 170023。

债券名称：质押债券的名称，例如 17 附息国债 23。

券面总额：质押债券的券面总额，最低为 10 万元，最小变动单位为 10 万元，例如 7000000000。

折算比例：实际融入金额占质押债券券面总额的百分比，例如 95%。

交易金额：正回购方实际融入金额，例如 7000000000 × 95% =

6650000000。

到期结算金额：到期日正回购方返回的金额，等于成交金额与利息之和，例如 $6650000000 + 1.4\% \times 6650000000 \times 1/365 = 6650255068.49$。

清算速度：达成交易到实际清算的天（工作日）数，有 $T+0$（成交当日清算）和 $T+1$（成交次日清算）两种，例如 $T+0$。

成交日：达成交易的日期，由系统自动显示，例如 $2020-01-02$。

首次结算日：成交日 + 清算速度（遇节假日顺延到下一交易日），是开始计息的日期，由系统自动计算并显示，例如 $2020-01-02$。

到期结算日：起息日 + 回购期限（遇节假日顺延到下一交易日），是到期清算的日期，由系统自动计算并显示，例如 $2020-01-03$。

实际占款天数：到期交割日 - 首次交割日，例如 1 天。

首次结算方式：首次交割时结算的方式，应采用券款对付（DVP）方式。

到期结算方式：到期交割时结算的方式，应采用券款对付（DVP）方式。

资金账户信息：本方用于清算的资金账户。

托管账户信息：本方用于清算的债券托管账户，一般开立在中债登或上清所。

报价有效时间：系统自动撤销报价的时间，默认为交易当日的 19：00。

补充条款：可填入交易双方协商的非格式化内容。

交易品种：根据质押式回购交易期限，由系统自动计算并显示的回购期限所属的统计区间，包括 R001、R007、R014、R021、R1M、R2M、R3M、R4M、R6M、R9M、R1Y。

2. 报价成交

质押式回购交易主要采用询价和匿名点击两种形式。询价的意思是寻求价格，意即资金需求方持有债券意欲融入资金或资金供给方意欲融出资金时，在不公开报价的前提下，向市场寻求资金的融入或融出价格。询价交易适用于很多货币市场的交易品种，因为询价便于控制对手方风险。具体来说，质押式回购的询价又包括意向报价、双向报价、对话报价三种形式。交易双方在中国外汇交易中心的本币交易系统内进行格式化询价，各交易要素达成一致后向交易系统确认成交。请求确认成交的交易符合人民银行风险管理要求及交易成员自身设定的风险控制额度的，交易系统予以确认成交并生成成交单。

四、风险管理

相对于信用拆借来说，由于存在质押的债券，质押式回购的风险要小一些。质押式回购的风险管理主要在于限额管理和期限管理两方面。

1. 限额管理

根据《基金管理公司进入银行间同业市场管理规定》和《证券公司进入银行间同业市场管理规定》的有关规定，全国银行间同业拆借中心按照基金管理公司公布的基金净资产值的40%，每月计算并在交易系统中内设每只投资基金的回购限额；按照证券公司实收资本金的80%计算并在交易系统内设各家证券公司的债券回购限额。如证券公司的资本金发生变化，则根据中国证券监督管理委员会的有关批文及认可会计师事务所出具的验资报告，相应调整其回购限额。此外，本币交易系统为市场成员提供额度控制的功能，包括对手方限额、交易限额、结算限额及单笔交易限额。在质押式回购交易中，如未进行授信操作，则系统默认为无限量的授信。

2. 期限管理

根据《全国银行间债券市场债券交易管理办法》第三章第二十二条的规定，回购期限最长为365天。回购到期应按照合同约定金额返还回购项下的资金，并解除质押关系，不得以任何方式展期。

五、回购利率与质押式回购定价

1. 回购利率

质押式回购价格是以年化利率的形式表示的，通常称为质押式回购利率，英文用 R001、R007、R014 等表示隔夜、7 天和 14 天质押式回购的加权平均利率。在银行间市场上，质押式回购利率是由交易双方自主协商确定的。

质押式回购利率水平高低主要取决于以下五个因素：

（1）货币资金成本。以商业银行为例，商业银行内部有一个资金池，资金的转移要考虑转移成本。一般会在总行设一个资金池，商业银行的资金转移价格是指商业银行内部资金中心与业务经营单位按照一定规则全额有偿转移资金，达到核算资金成本或收益等目的的一种内部定价方式。通俗地讲，就是给资金一个合理价格。商业银行内部可以构造多条收益率曲线，比如按照业务条线、市场、产品和期限等划分标准。资金转移价格的作用在于可以集中管理流动性风险和利率风险，便于各业务条线和部门更公平地进行绩效考核，同时引导存贷款产品定价，优化银行内部的资源配置。

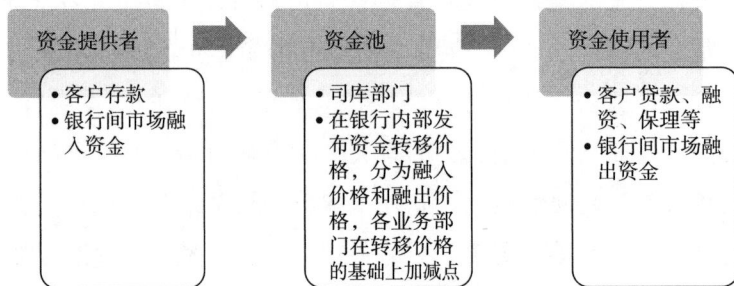

图 9.1.3　商业银行的资金转移价格

从图 9.1.3 中可以看到，资金提供者，比如负责吸收存款的业务部门要在资金转移价格的基础上减点付给客户利息，资金使用者，比如负责进行贷款的业务部门要在资金转移价格的基础上加点收取客户利息。这样两者的利差就是整个银行的息差收入。当然，司库部门在发布资金转移价格的时候，其实也是分买入和卖出价格的，买入和卖出价格之间的利差，就是司库部门的收入。所以，银行其他业务部门的收入，就是整个银行的息差收入减去司库部门的收入，这样每个业务部门的收入都可以进行量化计算并进行考核。

（2）货币资金的机会成本。货币资金如果不通过回购的方式投放出去，则可以作为超额准备金存在人民银行或是通过其他方式投资，人民银行的超额储备存款利率和其他投资方式的收益决定了回购的机会成本，机会成本越高，则回购利率水平也会越高。

（3）信用风险成本。回购资金所面临的信用风险越大，利率水平越高。如何判断信用风险的大小呢？这固然跟交易对手的信用风险有关，但更重要的是作为质押品的债券的信用风险大小。因为一旦交易对手违约，如果质押的债券是信用风险低、流动性好的债券，那么逆回购方（也就是资金融出方）可以很容易在市场上找到其他交易对手方卖出质押券收回资金。所以通常信用风险低的利率债的质押式回购利率是最低的。为了证实这一点，我们采用2019年中国外汇交易中心质押式回购实际成交的数据进行了印证。图9.1.4可以证明：信用风险越低的质押债券，其成交的回购利率也越低。图9.1.4中，利率债包括央行票据、国债、政策性金融债等，信用债包括中期票据、项目收益票据、企业债等，资产支持票证券包括资产支持票据和资产支持证券。由于利率债基本上是国家风险，属于无

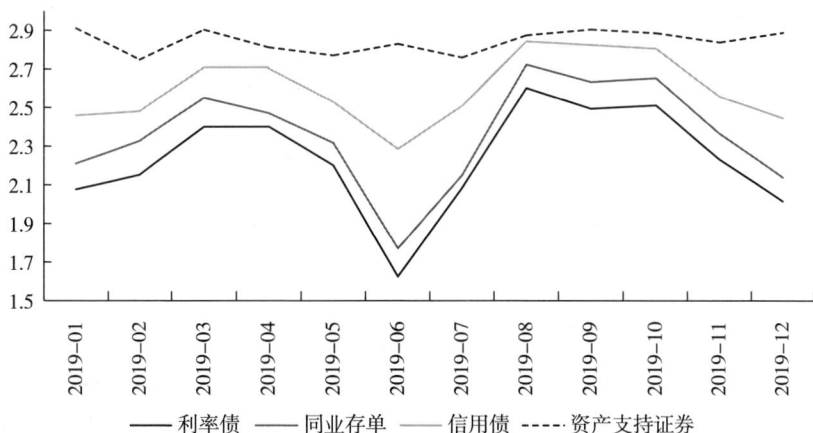

图9.1.4　以不同类型债券做质押品的回购加权平均利率

（数据来源：全国银行间同业拆借中心）

风险或低风险的债券，所以利率债的质押式回购利率最低。尤其是在2019年6月市场资金面较为宽松，资金价格比较低的情况下，利率债和信用债、资产支持证券的融资价格相差非常大，超过100个基点；而在资金价格比较高的8月，利率债和其他债券类型的融资价格相差比较小。

（4）市场供求关系。资金越短缺，利率水平越高。

（5）交易规模。一般而言，单笔规模较大的交易其利率水平会相对低一些。但这不是绝对的。例如，图9.1.5是2020年1月某个交易日的隔夜质押式回购交易的金额和回购利率的关系，并不完全呈现负相关关系。绝大多数质押式回购的单笔成交金额在10亿元以内，回购利率密集分布在2.1%~2.9%。

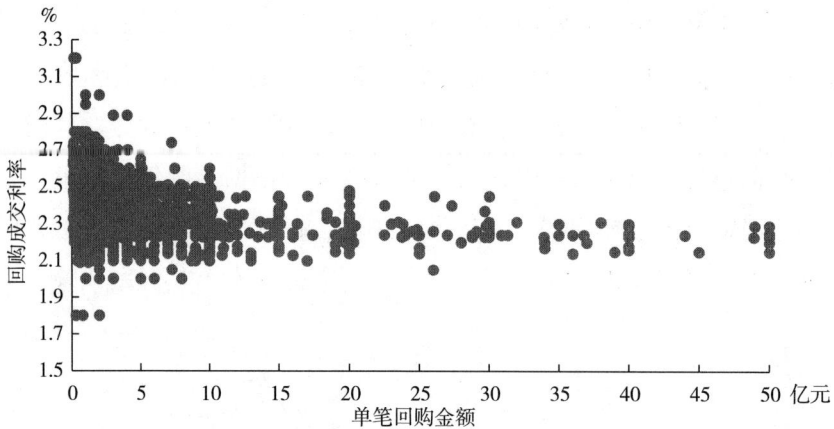

图9.1.5 质押式回购的利率与金额是否存在负相关关系

（数据来源：全国银行间同业拆借中心）

目前衡量质押式回购利率的指标R、DR、FR等。它们分别是什么含义呢？以隔夜质押式回购为例，有以下几种：

（1）R001，表示全银行间市场的质押式隔夜回购加权平均利率，包括存款类金融机构与非存款类金融机构。相应地，R007就是质押式7天回购加权平均利率。全国银行间同业拆借中心每日日终会在中国货币网公布当天的质押式回购日报，可以看到各期限质押式回购交易的利率和成交金额等。

2020-04-14　　导出Excel

市场成交情况

成交笔数(笔)	增减(笔)	成交金额(亿元)	增减(亿元)	加权平均利率(%)	升降(基点)	参与成员数(家)
12823	1534	49006.3206	3614.1126	1.1121	-32.49	5017

各期限品种成交情况

品种	开盘利率(%)	收盘利率(%)	加权利率(%)	升降(基点)	加权平均利率(利率债)(%)	平均拆借期限(天)	成交笔数(笔)	增减(笔)	成交金额(亿元)	增减(亿元)
R001	2.1000	2.0000	1.0388	-37.43	0.9911	1.00	9384	213	43555.2476	1259.2051
R007	2.2000	1.1000	1.5963	-11.34	1.4656	6.70	2425	1100	3558.3901	1565.1875
R014	1.5000	1.3400	1.7948	5.58	1.4788	12.95	614	91	848.3463	167.9792
R021	1.4000	1.6000	2.1915	13.46	1.9320	16.62	104	11	271.8525	37.2850
R1M	1.2500	2.2000	1.7339	-10.42	1.6388	27.81	254	110	613.0308	464.0584
R2M	1.3000	3.3000	2.0398	-80.78	1.4182	35.61	25	6	31.1413	3.0453
R3M	1.8000	7.0000	2.2061	-89.81	1.8000	85.83	7	-5	14.3158	4.7562
R4M	6.5000	2.3000	2.6024	60.24	——	92.26	4	3	81.4495	80.4493
R6M	2.1000	2.7000	2.6601	66.01	2.0501	129.40	6	5	32.5466	32.1466

更新时间：2020-04-14 22:01

注：①本表于每个交易日 22：00 ~ 22：30 更新，若当日没有成交交易，则继续显示最近的有成交交易日的日评。

②该日报数据只统计通过同业拆借中心交易系统达成的交易。

图9.1.6　质押式回购日报（2020 – 04 – 14）

（数据来源：中国货币网）

（2）DR001 是回购利率的一种，全称为银行与银行间以利率债为质押物的隔夜回购加权平均利率，主要受市场流动性供需情况波动，是观测银行间市场流动性的指标之一。按交易量计算得到加权平均利率，与单笔交易相比，可以更好地反映当日银行间市场的流动性状况。2016 年第四季度起 DR 利率进入公众视野，地位提升。DR 只计算存款类机构以利率债为质押物的回购交易，这里的存款类机构包括政策性银行、大型商业银行、股份制银行、城市商业银行、农村商业银行及合作银行、农村信用联社、外资银行、民营银行、村镇银行等存款类机构。利率债包括国债、央行票据和政策性金融债。

（3）FR001 和 FR007 是银行间质押式回购的定盘利率，也就是取了每天 9 点到 11 点之间的回购成交利率数据发布的。这是一个衡量银行间市场全天资金成本的数据。

（4）FDR001：于 2017 年 5 月 31 日正式推出，是基于 DR 利率的银银间回购定盘利率，是以银行间市场每天上午 9：00～11：30 存款类机构以利率债为质押的回购交易利率为基础编制而成的利率基准参考指标，每天上午 11：30 起对外发布。

（5）GC001：上海证券交易所的隔夜回购利率。

（6）R－001：深圳证券交易所的隔夜回购利率。

2. 质押式回购定价与计算

如前文所述，质押式回购的价格与市场机构本身的货币资金成本、市场的供求关系、交易对手方的信用风险和交易规模大小等因素有关。债券本身的券面金额要通过一定的折算比例后，计算得到某笔质押式回购的金额。

案例 9.1.1

2019 年 9 月的某个交易日，某农村商业银行与国家开发银行达成了一笔质押式回购交易，该农商行作为正回购方，从国开行融入资金。质押券有两只：16 国开 13，券面总额 4400 万元，折算比例为 92.99%；17 国开 08，券面总额 6000 万元，券面总额 6000 万元，折算比例为 100%。那么该笔回购的交易金额是多少？

为计算成交金额，我们需要计算每个质押债券的券面总额乘以折算比例的总和。此例中，

$$44000000 \times 92.99\% + 60000000 \times 100\% = 100915600 \text{（元）}$$

也就是说，成交金额可以小于等于 1.009156 亿元。注意是小于等于都可以，并不一定要等于刚才算出的总和。实际上该笔交易双方约定的交易金额是 1 亿元，略小于上面的计算结果。

第二节　买断式回购

债券的买断式回购是指债券持有人（正回购方）将债券卖给债券购买方（逆回购方）的同时，交易双方约定在未来某一时期，正回购方再以约定价格从逆回购方买回相等数量同种债券的交易行为。买断式回购与质押式回购最主要的区别在于，买断式回购中债券的所有权是转让给逆回购方的，到期日逆回购方再把所有权重新转让给正回购方。

买断式回购和质押式回购对回购期内债券票息收益权的处理不同。质押式回购中，票面利息归正回购方所有，而买断式回购中，利息在法律上归逆回购方所有。

一、国内债券买断式回购市场概况

1. 国内债券买断式回购市场发展现状

银行间市场的买断式回购业务始于 2004 年。2004 年 4 月 12 日，中国人民银行公布了《全国银行间债券市场债券买断式回购业务管理规定》，规定了买断式回购的定义、合同形式、限额、违约处理等内容。经过十几年的发展，买断式回购每年的交易量已从 2004 年的 1000 多亿元增长到 2019 年的 9 万多亿元。

买断式回购的交易成员范围非常广泛，从交易量大小来看，最大的是城市商业银行、证券公司、农商行和农联社，其次是外资银行、大型商业银行、股份制商业银行，另外还有社保基金（包括一些基金管理公司和全国社保基金）、基金公司的特定客户资产管理业务、境外银行、信托投资公司、证券公司的证券资产管理业务等。其中，城商行、农商行、农联社、外资银行、大型商业银行、股份制商业银行等银行类金融机构主要是融出资金，而证券公司、社保基金、基金公司的特定客户资产管理业务、境外银行、信托投资公司、证券公司的证券资产管理业务等类型的交易成员主要是融入资金。

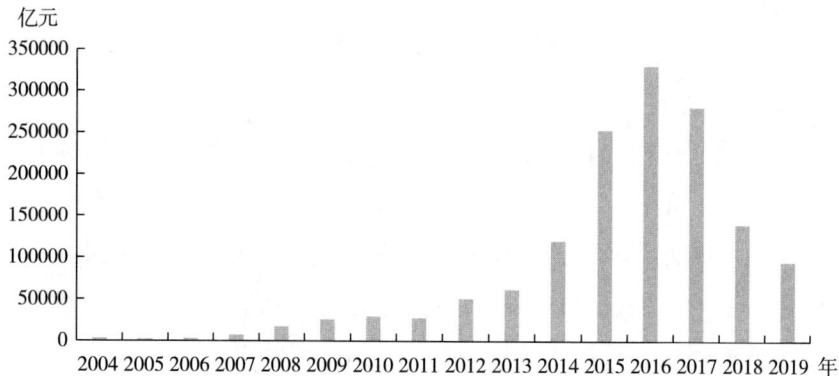

图 9.2.1　银行间市场买断式回购的发展

（数据来源：全国银行间同业拆借中心）

从买断式回购的成交金额来看，2004—2016 年从无到有呈迅猛增长态势，2016 年达到峰值 33 万亿元，随后 2017—2019 年成交量持续下降，这是什么原因呢？

笔者分析了 2017—2019 年买断式回购成交量下降的各类型机构，发现下降最多的机构类型是证券公司。与此同时，在这几年中，证券公司的质押式回购却仍然逐年增长，原因很可能是受到政策的限制。根据中国人民银行 1999 年发布的《证券公司进入银行间同业市场管理规定》第十一条，"成为全国银行间同业市场成员的证券公司拆入、拆出资金余额均不得超过实收资本金的 80%，债券回购资金余额不得超过实收资本金的80%。"而实际运作中更是直接针对质押式回购交易进行监管。从 2016 年的数据来看，上市券商注册资本合计 1300 余亿元，其 80% 仅为不到 1050亿元，也就是说这一规定明显束缚了券商运用质押式回购加杠杆的空间，而券商对杠杆资金的渴求一直比较强烈，导致券商在 2017 年以前积极通过买断式回购和同业拆借来弥补质押额度的不足。2017 年，《关于规范债券市场参与者债券交易业务的通知》（302 号文）出台，规定"其他金融机构，包括但不限于信托公司、金融资产管理公司、证券公司、基金公司、期货公司等，债券正回购资金余额或逆回购资金余额超过其上月末净资产120%的。""302号文"之后券商的质押式回购额度变相放宽，有利于券商利用质押式回购进行杠杆套利操作，所以券商减少了买断式回购交易而增加了质押式回购交易。

2. 市场准入与有关管理规定

根据《全国银行间债券市场债券买断式回购业务管理规定》，买断式回购的市场参与者与中国人民银行发布的《全国银行间债券市场债券交易管理办法》中的市场参与者含义相同，包括商业银行、非银行金融机构、非金融机构等。市场参与者进行买断式回购应签订买断式回购主协议，该主协议须具有履约保证条款，以保证买断式回购合同的切实履行。另外，市场参与者进行每笔买断式回购均应订立书面形式的合同，例如全国银行间同业拆借中心的交易系统生成的成交单等形式。

银行间市场的买断式回购实行净价交易、全价结算。所谓"净价交易、全价结算"的意思是按净价进行申报和成交，以成交价格和应计利息额之和作为结算价格。而债券的净价是指在每个交易时点债券票面价格的交易价格。比如某个债券以98.38元的价格发行，3个月后，这个债券的市场价格变成了97.38元（不含票息），那么97.38元就是它的净价。而全价＝债券的净价＋应计利息。应计利息的计算可以参考本书第七章第二节的相关内容。

案例9.2.1 债券的净价、应计利息和全价

一只以票面价格（100元）发行并已经在二级市场开始交易的债券，起息日为2019年1月1日，票面利率是年利率7.3%。2019年1月23日，该债券的交易价格是101元，即净价101元。那么此时的应计利息是多少？全价是多少？

票面利率是7.3%，也就是一年的利息是7.3元。如果不考虑债券的计息基准可能会有各种可能（比如实际/实际、实际/365、实际/365F、实际/360、30/360）等，为了简化问题，我们按一年365天计算，也不考虑闰年对应计利息的影响，那么每天应该获得的利息是7.3/365＝0.02元。

那么在 1 月 23 日这天，离起息日有 22 天（算头不算尾），应计利息就是 $0.02 \times 22 = 0.44$ 元。全价就是 $101 + 0.44 = 101.44$ 元。

二、债券买断式回购交易要素及报价成交

1. 交易要素释义

下面我们将结合一笔买断式回购成交的例子来看一下各个交易要素的含义，注意在实际交易中，并非所有的交易要素都是必须有的。

回购方向：正回购或逆回购，例如我选正回购。

对手方：交易对手方成员简称，例如某某证券。

对手方交易员：交易对手方交易员姓名，例如张三。

债券代码：回购债券的代码，例如 190215。

债券名称：回购债券的名称，例如 19 国开 15。

回购期限：交易双方约定的回购期限，例如 1 天。

清算速度：从达成交易到首次清算的实际间隔，有 T + 0 和 T + 1 两种，例如我选 T + 0。

券面总额：回购债券面值的总量，最低为 10 万元，最低变动单位为 10 万元，例如我填 5000 万元。

最小成交券面总额：所有报价的最小券面总额。

最小变动单位：报价方输入的报价须是最小变动单位的倍数。

回购利率：根据首期资金支付额和到期资金支付额计算出的参考利率，例如首期资金支付额是 50645286. 89 元，到期结算金额是 50646600 元，那么回购利息 = 50646600 - 50645286. 89 = 1313. 11 元，回购利率 = 1313. 11/50645286. 89 × 365 = 0. 9464% 。

报价有效时间：系统自动撤销报价的时间，默认为交易当日的 19：00。

首期净价：首期结算时逆回购方对回购债券支付的债券净价，例如 99 元。

首期收益率：以首期交易全价买入债券并持有至到期的收益率，例

如 3.5761%。

到期净价：到期结算时正回购方对回购债券支付的净价，例如 98.9932。

到期收益率：以到期交易全价买入债券并持有至到期的收益率，例如 3.5771%。

首期应计利息：上次付息日至首期结算日为止累积的按百元面值计算的债券发行人应付给债券持有人的利息，例如债券的起息日是 2019 年 9 月 20 日，首期结算日是 2020 年 5 月 20 日，中间一共是 243 天，票面利率是 3.45，利息年付，首次应计利息 = 3.45/366 × 243 ≈ 2.2905738，保留 5 位小数的话就是 2.29057。这里之所以用 366，是因为 19 国开 15 的计息基准是实际/实际，现在所处的计息年度有 366 天，即从 2019 年 9 月 20 日到 2020 年 9 月 20 日，注意 2020 年是闰年，有 2 月 29 日。

到期应计利息：上次付息日至到期结算日为止累积的按百元面值计算的债券发行人应付给债券持有人的利息。起息日为 2019 年 9 月 20 日，到期结算日为 2020 年 5 月 21 日，中间一共有 244 天，到期应计利息 = 3.45/366 × 244 = 2.3。

首期全价：首期净价与首期应计利息之和，例如首期净价为 99，首期应计利息为 2.29057，那么首期全价 = 99 + 2.29057 ≈ 101.2906（保留 4 位小数）。

到期全价：到期净价与到期应计利息之和，例如到期净价为 98.9932，到期应计利息为 2.3，到期全价 = 98.9932 + 2.3 = 101.2932。

首期结算金额：（首期净价 + 首期应计利息）×券面总额/100，例如首期净价为 99，首期应计利息为 2.2905738，券面总额为 5000 万元，那么首期结算金额 = （99 + 2.2905738）×50000000/100 ≈ 50645286.89。

到期结算金额：（到期净价 + 到期应计利息）×券面总额/100，例如到期净价为 98.9932，到期应计利息为 2.3，券面总额为 5000 万元，那么到期结算金额 = （98.9932 + 2.3）×50000000/100 = 50646600。

保证品：为了减少风险而使用的质押物，可以是保证金、保证券或者两者都有，这是可选项。

成交日：交易双方订立成交合同的日期，例如 2020 年 5 月 20 日。

首期结算日：正回购方将回购债券过户到逆回购方而逆回购方将资金划付至正回购方的日期。首期结算日 = 成交日 + 清算速度。例如成交日为 2020 年 5 月 20 日，清算速度为 T + 0，那么首期结算日就是 2020 年 5 月 20 日，如果遇到节假日，就顺延到下一个交易日。

到期结算日：正回购方将资金划付至逆回购方而逆回购方将回购债券过户到正回购方的日期。到期结算日 = 起息日 + 回购期限。例如起息日是 2020 年 5 月 20 日，回购期限为 1 天，那么到期结算日就是 2020 年 5 月 21 日，如遇节假日则顺延至下一个交易日。

实际占款天数：首期结算日至到期结算日的实际天数，含首期结算日，不含到期结算日。例如从 2020 年 5 月 20 日到 21 日的实际占款天数是 1 天。

交易品种：回购期限所属的统计区间，由系统自动计算并显示。例如 OR001 表示隔夜的买断式回购。

首期结算方式：交易双方约定采用的首期结算时资金支付和债券交割方式，应采用券款对付方式，即 DVP。

到期结算方式：交易双方约定采用的到期结算时资金支付和债券交割方式，也应采用券款对付方式，即 DVP。

资金账户信息：本方用于清算的资金账户，一般开立在某家银行。

托管账户：本方用于清算的债券托管账户，一般银行间市场的债券托管账户开立在中央国债登记结算有限责任公司或上海清算所。

补充条款：可填入交易双方协商的非格式化内容，这是可选项。

从前面第一节和本节对质押式回购和买断式回购交易要素的说明中可以看到，两种回购的交易要素有很大的不同。买断式回购的金额，例如首次结算金额由期初的买价通常是首次净价决定，质押式融资金额由债券的券面总额和折算比例决定。买断式回购的成本，即回购利率由首期支付额和到期支付额计算出来，质押式融资成本则由回购利率直接决定。

2. 报价成交

银行间市场的买断式回购可以采用询价方式进行，也就是通过一对一的格式化交谈确定各个交易要素并达成交易。这种交易方式的优点是便于控制对手方风险，缺点是与集中竞价相比效率较低。可用于买断式回购的券种十分丰富，根据成交金额大小来看，常用的有政策性金融债、国债等利率债，地方政府债、中期票据、企业债等信用债，还有同业存单。超短期融资券、无固定期限资本债券（主要是银行发行的永续债）、二级资本工具等其他信用债也有买断式回购成交，但金额较少。非公开定向发行的债务融资工具（PPN）和资产支持证券（ABS）不能进行买断式回购。

三、风险管理

根据人民银行和全国银行间同业拆借中心的相关安排，买断式回购的风险管理措施主要有以下几个方面：

限额管理。任何一个交易方单只券种的待返售债券余额应小于该只债券流通量的20%，任何一个交易方待返售债券总余额应小于其在中央结算公司托管的自营债券总量的200%。这些限额在交易时，将由拆借中心的交易系统进行自动验证，比例符合要求才能达成交易。

期限管理。买断式回购的期限最长不得超过365天，且交易双方不得以任何形式展期。

保证金制度。交易双方可以按照对手方的信用状况协商设定保证金或保证券。保证品可以由第三方保管，也可以由双方自行管理。保证券最多可以设定10种债券。

交易限制。交易双方在进行交割时，必须有足够的债券和资金，回购期间双方不得换券、现金交割和提前赎回。若双方同意撤销、修改成交单的，应当于成交日当天向同业拆借中心提交书面申请；若出现未按约定履行交易的情形，交易双方应当在结算日后第二个工作日向同业拆借中心本币场务提交书面报备。此规定同时适用于质押式回购和买断式回购。

如果买断式回购期间债券没有发生付息，那么买断式回购的到期交易净价加债券在回购期间的新增应计利息应大于首期交易净价，即回购利率不得为负。例如，到期交易净价为98.9932，新增应计利息 = 到期应计利息 – 首次应计利息 = 2.3 – 2.29057 = 0.00943，到期交易净价 + 新增应计利息 = 98.9932 + 0.00943 = 99.00263 > 99（首次交易净价）。这是因为，要使回购利率大于零，到期结算金额必须大于首次结算金额。因此到期全价必须大于首次全价，即到期净价 + 到期应计利息 > 首次净价 + 首次应计利息，移项得：到期净价 + 新增应计利息 > 首次净价。但这个限制的例外情况就是债券在买断式回购期间发生了付息，参见后文案例9.2.2。

四、回购利率与买断式回购定价

如前文所述，买断式回购的利率是根据首期资金支付额、到期资金支付额和回购期限这几个要素计算出来的。

我们以 IP 表示首期资金支付额，以 FP 表示到期资金支付额，D 表示实际占款天数，那么回购利率 R 可以表示为

$$R = \left(\frac{FP}{IP} - 1\right) \div \frac{D}{365} \qquad (9.2.1)$$

回购期间如果发生了回购债券的付息，那么回购利率可以用如下公式计算：

$$R = \frac{FP - IP + TC}{IP \times \frac{D}{365} - TC \times \frac{d}{365}} \qquad (9.2.2)$$

式中 TC 为回购期内回购债券发行人支付的利息额，D 为实际占款天数，d 为回购期间回购债券利息支付日至到期结算日的实际天数。

案例9.2.2　买断式回购回购利率的计算

2018年6月19日，两家农商行达成了一笔买断式回购交易。到期结算金额为59322916.44元，首次结算金额为61361003.83元，券面总额为6000万元，债券付息频率为年，利息支付日为每年8月14日，票面利率

为 6.5，回购实际占款天数为 181 天，到期结算日为 2018 年 12 月 17 日，求回购利率。

$FP = 59322916.44$

$IP = 61361003.83$

$TC = 60000000 \times 6.5\% = 3900000$

$D = 181$

$d = 125$，因为从 2018 年 8 月 14 日到 12 月 17 日一共是 125 天。

$$R = \frac{FP - IP + TC}{IP \times \dfrac{D}{365} - TC \times \dfrac{d}{365}}$$

$$= \frac{59322916.44 - 61361003.83 + 3900000}{61361003.83 \times \dfrac{181}{365} - 3900000 \times \dfrac{125}{365}}$$

$$\approx 6.399927\%$$

从案例 9.2.2 中可以看出，在买断式回购期间发生债券付息的情况下，到期结算金额有可能小于首次结算金额，而回购利率仍然为正。

与质押式回购不同的是，买断式回购的逆回购方，即资金融出方，不仅可以获得回购期间融出资金的收益（即回购利率），还可以获得回购期间债券的所有权和使用权。

第三节　债券回购的相关法律法规

一、银行间债券回购市场的政策框架

人民银行对债券市场的管理模式基本上是针对不同的交易品种出台配套的管理规定，比如最主要的《全国银行间债券市场债券交易管理办法》（中国人民银行令〔2000〕第 2 号）适用于现券和质押式回购，《全国银行间债券市场债券买断式回购业务管理规定》（中国人民银行令〔2004〕第 1 号）适用于买断式回购。

二、新回购主协议

根据人民银行公告，回购市场参与者需签署交易商协会发布的回购主协议。主协议是一对多签署的，可以双边签补充协议。签好主协议后，才可以联系全国银行间同业拆借中心开通交易权限。

中国银行间市场债券回购交易主协议（2013 年版）由以下四个部分组成：

1. 通用条款

指既适用于质押式回购，也适用于买断式回购的通用条款，包括主协议的适用、支付或交付义务的履行、违约时间、终止时间、罚息、转让、适用法律与争议解决、协议的修改、协议的签署等内容。

2. 特别条款

包括质押式回购特别条款和买断式回购特别条款，涵盖替换、调整、违约事件的处理、终止事件的处理等内容。

3. 补充协议

包括中国银行间市场债券回购交易主协议（2013 年版）质押式回购补充协议和买断式回购补充协议。

4. 交易确认书

包括质押式回购交易确认书和买断式回购交易确认书的参考文本。类似于同业拆借中心出具的成交单。

这四个部分的关系是：第 1 项和第 2 项购成中国银行间市场债券回购交易主协议。对本协议下每一笔质押式回购而言，主协议、第 3 项和第 4 项构成交易双方之间就该笔质押式回购的完整协议；对本协议下的全部买断式回购而言，主协议、第 3 项和第 4 项构成交易双方之间就全部买断式回购的单一和完整的协议。

主协议的核心机制是：买断式回购实现了单一协议和终止净额制度；明确了违约时间和违约处理；但是质押券的替换等还有待债券交易管理办法的修改。所谓终止净额制度，是指在买断式回购发生违约的情况下，守约方有权通过书面通知在提前终止日终止交易双方间本协议下届时存续的全部买断式回购。相关提前终止交易项下款项的支付适用终止净额，即交易双方届时均无须就每一笔相关提前终止交易各自进行支付，只需支付由守约方按照协议中的公式在轧差计算的基础上得出的提前终止应付额。

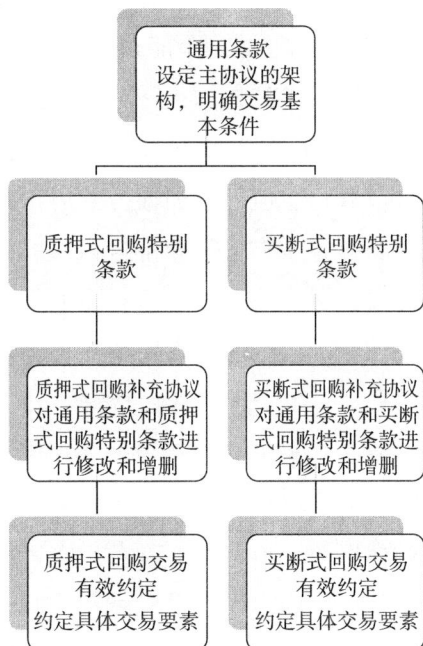

图 9.3.1　新回购主协议的结构

三、回购市场限额管理

1. 质押式回购

基金公司的回购限额与其净资产相关联。基金公司可以通过 CIBMTS（中国银行间市场本币交易系统）提交基金净值，具备基金净值提交权限的用户可以对基金净值进行修改。而且机构用户可以多次重新提交基金净值。

关于证券公司的回购余额，302 号文出台以前要求回购余额不得超过实收资本金的 80%。302 号文后限制放宽，要求"参与者应按照审慎展业原则，严格遵守中国人民银行和各金融监管部门制定的流动性、杠杆率等风险监管指标要求，并合理控制债券交易杠杆比率。出现下列情形的，参与者应及时向相关金融监管部门报告：……（二）其他金融机构，包括但不限于信托公司、金融资产管理公司、证券公司、基金公司、期货公司等，债券正回购资金余额或逆回购资金余额超过其上月末净资产120%的。"即要求券商自营正回购和逆回购不能超过其净资产的120%。

境外人民币业务清算行及参加行的正回购融资余额不高于所持债券余额的100%（单向）。这是根据2015年6月3日央行发布的《中国人民银行关于境外人民币业务清算行、境外参加银行开展银行间债券市场回购交易的通知》的规定。央行规定，在已经获准进入银行间债券市场的境外业务清算行和参加行，开展正回购的融资余额不高于所持债券余额的100%，且回购资金可调出境外使用。所谓境外人民币业务清算行，是经中国人民银行授权，在已建立境外人民币清算安排的境外地区（包括香港、澳门、台湾地区）开展人民币清算业务的机构；境外参加银行是根据有关规定开展跨境人民币结算业务的境外（包括香港、澳门、台湾地区）的商业银行。此举打通了离岸和在岸两个市场，可以在一定程度上改善离岸市场人民币资金流动性问题。

质押式回购要看质押券的市值，确保市值达到融资金额，满足足额质押。例如，质押式回购的交易金额是5000万元，券面总额是5000万元，折算比例为100%，这是否意味着达到了足额质押呢？不一定。因为我们要看质押券的市值是多少。如果质押券的市值每百元只有80元了，那么质押券的总市值只有4000万元，没有达到融资金额，会给交易方带来一定的风险。这就要求机构要根据质押券的市值自行进行控制。

2. 买断式回购

任一市场参与者单只券种待返售债券余额必须小于该券流通量的20%。任一市场参与者待返售债券总余额应小于其在中央国债登记结算有限责任公司托管的自营债券总量的200%。这些比例限制都是在中国人民银行2004年出台的《全国银行间债券市场债券买断式回购业务管理规定》

的第十四条规定的。所谓待返售债券，是指逆回购方所持有的买断式债券，在债券未到期期间所持有的，到期须返售给正回购方的债券。我们可以看到，虽然人民银行关于买断式回购的管理规定是针对所有市场参与者的，但以上的比例限制其实只针对逆回购方。逆回购方如果没有自营券是做不了买断式回购的。

四、302 号文对债券回购的新要求

进行回购交易需签订回购协议（包括远期交易），禁止签订抽屉协议或开展变相交易。

开展买断式回购交易的，正回购方应将逆回购方暂时持有的债券继续按照自有债券进行会计核算，并以此计算相应监管资本、风险准备等风控指标，统一纳入规模、杠杆、集中度等指标控制。

买断式回购交易可以现金交割和提前赎回。这是 302 号文第八条提出的。

302 号文对债券回购的杠杆限制做了明确规定，这些限制同时包括银行间市场和交易所的债券回购。

表 9.3.1　各种机构类型的债券回购杠杆限制

机构类型		债券正（逆）回购资金余额
存款类金融机构（不含开发性银行与政策性银行）		上季度末净资产80%
其他金融机构（信托公司、金融资产管理公司、证券公司、基金公司、期货公司）		上月末净资产120%
保险公司		上季度末总资产20%
非法人产品	公募性质	上一日净资产的40%
	私募性质	上一日净资产的100%

302 号文中对什么是公募性质和私募性质的非法人产品进行了清晰的定义。

302 号文的核心精神，是强调前台风险隔离、中后台集中统一，坚持实质重于形式的表内核算，禁止线下与代持交易。

案例 9.3.1　2016 年"萝卜章事件"

2016 年 12 月 13 日，国海证券发生债券风险事件，公司原员工张杨等人，以国海证券名义在外开展债券代持交易，未了结合约金额约 200 亿元，涉及金融机构 20 余家，给债券市场造成严重不良影响。事后，国海证券表示，该员工所使用的公司公章与其在公安机关备案的公章不符，是私刻的假公章。

证监会组织力量对国海证券进行了全面的现场检查，发现存在六个方面的问题，主要包括内部管理混乱、合规风控失效、资产管理业务运作违规、员工违规假冒公司名义对外开展债券代持交易、违规为客户融资提供中介服务，以及对 IPO 保荐项目核查不充分等。国海证券因"萝卜章"事件被重罚，三大核心业务：资管产品备案、新开证券账户和债券承销暂停一年，营业收入和净利润大幅下滑。

国海证券事件后出台的 302 号文对债券代持业务有两个层次的监管：一是将债券代持业务定性为买断式回购；二是将其纳入表内计算相关指标。

五、债券市场关联交易披露

中国人民银行〔2015〕9 号公告第十二条对关联交易做了如下规定：

"债券交易流通期间发生以下情形的，投资者应及时通过同业拆借中心进行信息披露：

（一）以自己发行的债券为标的资产进行债券回购交易；

（二）与其母公司或同一母公司下的其他子公司（分支机构）进行债券交易；

（三）资产管理人的自营账户与其资产管理账户进行债券交易；

（四）同一资产管理人管理的不同账户之间进行债券交易；

（五）中国人民银行规定的其他情形。"

这一规定界定了关联交易的范畴。9 号公告对关联交易的要求是放开了对关联交易的限制，但市场机构开展关联交易前应向交易中心备案关联交易内部管理制度，需履行信息披露义务，及时通过交易中心进行信息披露。具体的披露要求是：债券发行人回购需次日披露；其他关联交易月度披露；重大关联交易（回购交易超过 10 亿元，其他债券交易超过 2 亿元）达成后 5 日内向交易中心报告情况。

2015 年，拆借中心发布了《全国银行间同业拆借中心债券交易流通规则》，其中对关联交易的定义进行了更进一步的阐述：

"第十九条 与其母公司或同一母公司下的其他子公司（分支机构）进行债券交易的情形包括：

（一）交易双方均为独立法人，但交易一方基于投资份额、股份或者协议等实际控制交易对手方的；

（二）交易双方为独立法人（或分公司），交易双方受同一母公司（或总公司）实际控制的；

（三）交易双方为总公司、分公司关系的。

第二十条 资产管理人的自营账户与其资产管理账户及资产管理账户之间进行债券交易的情形包括：

（一）交易一方为金融机构类市场成员，交易对手方为该金融机构担任其基金管理人、投资管理人的非法人类市场成员；

（二）交易双方均为非法人类市场成员，且由同一金融机构担任其基金管理人、投资管理人的。"

第十章 利率互换等衍生品

现阶段我国银行间市场的衍生品主要包括利率互换、标准债券远期和信用风险缓释工具等。衍生品市场起步较晚，目前最活跃的衍生品是利率互换。

第一节 利率互换的原理和常用方法

利率互换，是指交易双方约定在未来一定期限内，根据约定的人民币本金和利率计算利息并进行利息交换的金融合约。利率互换不涉及本金的交换，只需要在约定的利息交换日互换利息。利率互换可以看作是一系列远期利率协议的合成。

利率互换最常见的是固定利率换浮动利率，其次是浮动利率换浮动利率，也可以固定利率换固定利率，例如货币互换。货币互换的交易双方在期初和期末会交换一定数量的两种货币，具体数量取决于两种货币的即期汇率。

通常意义上的利率互换（货币互换除外）不交换名义本金，只交换利息。各期利息金额为以名义本金乘以当期相应的浮动利率。固定端利息金额自始至终不变，在交易初即约定好，而且这个固定端的利率正是双方报价交易的对象。通常，可以用支付或收取固定利率来描述某个机构的交易方向。支付固定利率的一方称为固定利率支付方或浮动利率收取方，收取固定利率的一方则反之。

在中国，利率互换的多空说法与现券相反，即预期利率上行的支付固定方被称为利率互换的多头，预期利率下行的支付浮动方则称为利率互换的空头。而在美国等海外市场则是反过来的：支付固定方被称为利率互换的空头，与现券一致。到底是多还是空只不过是一种说法，因此大多数有关利率互换的理论以及实务中为了防止歧义，比较少说多空，而是直接说是支固收浮或者支浮收固。一般支付固定方直接说支付固定利率，并称其进入了一个支付固定利率的互换。

那么金融机构为什么要做利率互换呢？比较传统的理论是比较优势理论。例如，不同公司拥有不同的相对比较优势，利率互换可以利用这种相对比较优势使交易双方能有效降低融资成本。所以资金成本的比较优势创造了利率互换的需求。通过利率互换，两家公司都可以少支付一定的利息。

目前在实务中主要有以下几种情况可以做利率互换：

一、消除利率波动

例如，商业银行从客户手中吸收存款，支付浮动利率，然后又将本金贷款给其他客户，收取浮动利率。在这个过程中，由于市场利率经常波动，商业银行的收益也会随之波动，产生收益的不确定性。这时候，商业银行可以去利率互换市场上寻找合适的交易对手，将浮动利率换成固定利率，这样商业银行的收益就变成两个固定利率的差额，从而消除利率波动带来的影响。

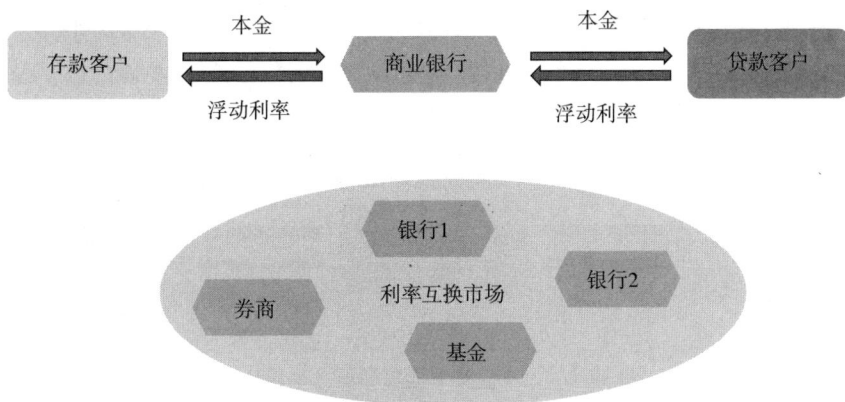

图 10.1.1 利用利率互换消除利率波动

二、锁定收益

例如，某寿险公司收到客户的保费存入商业银行，收到商业银行支付的固定利率。由于寿险公司预期未来会有理赔支出，他必须要锁定收益，以应对未来利率波动带来的利差损失。这时该寿险公司可以通过进行利率互换支付固定利率，收取浮动利率。

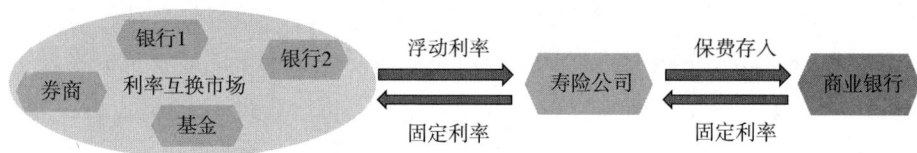

图 10.1.2 通过利率互换锁定收益

三、发债企业降成本

例如，某企业在债券市场上发行了固定利率债券，那么他定期要向投资者支付固定的利息。但是如果预期市场上的利率会下行，那他的融资成本相对就会上升。为了降低融资成本，或者享受市场利率下行带来的好处，发债企业可以和银行进行利率互换。

这个场景可以适用于过去发行了较长期债券的企业。比如城投公司，过去发了很多高利率债券，现在利率降低了，他们还要眼睁睁地看着自己的融资成本居高不下。这时候可以通过利率互换交易，降低自己的融资成本。

图 10.1.3 发债企业通过利率互换降成本

四、套利

利用利率互换金融机构可以实现套利。例如，某投资机构从回购市场上以浮动利率融入一定数量的本金投资于债券，收取固定利率1，然后通过利率互换支付固定利率2收取浮动利率。从利率互换中收取的浮动利率与回购付出的浮动利率相抵消，如果固定利率1大于固定利率2，该投资机构就可以实现套利。

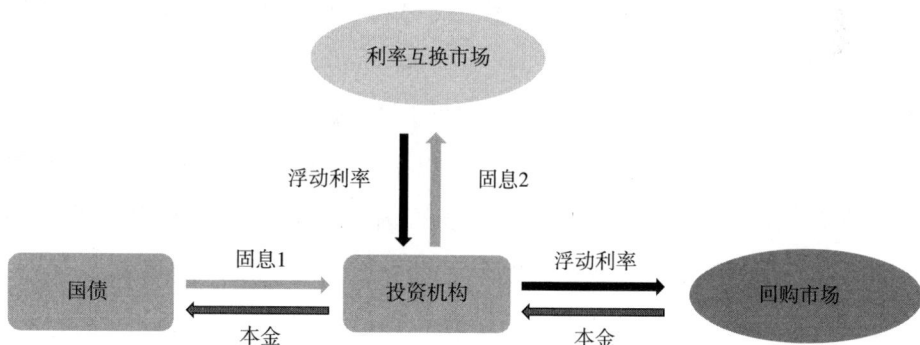

图 10.1.4　利用利率互换实现套利

第二节　利率互换的定价

利率互换的核心问题就是：贯穿合约始终的固定利率要如何确定，才能确保固定利率和浮动利率等价交换？

利率互换的定价模型比较复杂，现有的定价模型主要有零息票互换定价法、债券组合定价法及远期利率协议定价法等。国内学者对利率互换定价多归纳为两种方法，即多期远期合约法和现值法。这些定价方法的原理都是相似的，即利率互换进行交易时，浮动端和固定端在远期所收到的现金流贴现到现在应该是相等的，或者说利率互换的净现值应该为零。下面通过案例来介绍几种常见的定价方法。

一、香草利率互换

最普通的一种利率互换是交易双方一方支付浮动利率，另一方支付固定利率，双方同意在未来一系列的时间点上交换利息差。名义本金只是用来计算利息差的金额。目前全国银行间同业拆借中心的人民币利率互换期限可以从 7 天到 10 年，国际市场上有的利率互换甚至期限可以长达 30 年。

利率互换的固定端利率在定价日也就是交易日就决定好了。浮动端利率则根据定价日的市场利率，决定了第一次利息交换的金额，然后根据市场利率水平定期重置。国际上把基于 3 个月 Libor 的利率互换叫作香草利率互换。通常，利率水平每个季度进行重置，利息交换则每半年进行一次。

以香草利率互换的结构为基础，可以衍生出各种形式的利率互换。例如浮动端利率可以是商业票据利率、美国国债利率或 1 个月 Libor 等。利息支付可以是每月、每季或以其他指定的频率进行。根据市场情况的变化或者互换发起人的需要，在浮动利率的基础上还可以加减基点。

在一个利率互换交易中，我们把固定利率支付方叫作买方，把浮动利率支付方叫作卖方。一个利率互换的价值是随着利率水平的变化而变化的。图 10.2.1 显示了互换价值是怎样随利率变化而变化的。

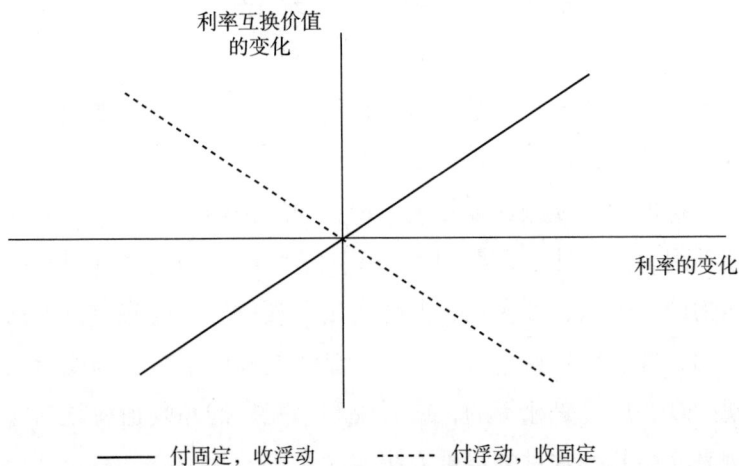

图 10.2.1　利率互换合约的价值

对于固定利率支付方来说当利率水平上升时利率互换的价值也上升。这意味着某个做多债券的投资经理可以通过进行一笔付固定收浮动的利率互换来对冲自己的头寸。对于浮动利率支付方来说当利率下降时利率互换的价值则上升。

二、零息收益率曲线

零息收益，或者即期利率，是一个债券或投资的到期收益率，这种债券只有到期时发生一次现金流。贴现国债就是一种无风险零息债券。贴现国债经常用于构造一条有代表性的无风险零息曲线。但是依赖交易活跃的贴现国债的问题在于，它们可能并不是在你想要的期限进行交易，所以经常要在各个期限之间计算收益插值。由于这个原因，零息收益经常是从附息利率里推算出来的。从无风险零息债券中构造出来的收益率曲线就是利率的期限结构。而利率互换的价格就是基于零息收益率曲线的。

通常附息债券的价格是可得的，但零息债券的价格未必可得。在这些情况下，可以运用推导的过程从附息债券的价格得到零息债券的价格。与这些估计算出来的零息债券价格相联系的收益就是我们所说的零息收益。隐含的零息收益率是指在票面收益率曲线中隐含的一整套贴现利率，要使某个附息债券的现金流和一整套零息债券的现金流相等。理论上隐含的零息债券是将附息利率经过定期重新投资利息产生的损益调整后所得出的。

为了说明以上概念，假设一个不可提前支取的附息债券，期限为 n 年，在每个期限 t 支付票息 $C/2$，$t=1,2,3,\cdots,2n$。到期时，该附息债券还支付 100 元的面值。如果这个债券目前以面值出售，那么该债券的价格可以这样计算：

$$100 = \sum_{t=1}^{2n} \frac{\dfrac{C}{2}}{\left(1+\dfrac{y}{2}\right)^t} + \frac{100}{\left(1+\dfrac{y}{2}\right)^{2n}}$$

为了用推导过程计算隐含的零息利率，我们把到期收益率 y 用每期适当的零息利率来替代。存在一套零息收益率 r_t，当它们被用作贴现利率时，可以得到该债券现在的价格。我们以最短期限的零息债券开始，然后计算接下来各期限的隐含零息利率。最短期限的零息利率可以在市场上被观察到。以推导的方法得出隐含的零息曲线的过程可以用以下的案例来说明。

案例 10.2.1

表 10.2.1 展示了 10 只以面值出售的附息债券的数据。第 1 只债券，在 1 个期限到期，年化的票面利率是 2.00%。隐含的 1 期零息收益，$\frac{r_1}{2}$，等于 1.00%，就是第 1 只债券半年的市场收益。

表 10.2.1　　　　　　　　　　附息债券的年化收益

债券	期限（t）	票面利率（%）
1	1.0	2.00
2	2.0	2.25
3	3.0	2.50
4	4.0	3.00
5	5.0	3.40
6	6.0	3.70
7	7.0	4.10
8	8.0	4.45
9	9.0	4.70
10	10.0	5.00

隐含的第 2 期零息收益，$\frac{r_2}{2}$，可以通过以下等式计算得出：

$$100 = \frac{1.125}{(1.010)} + \frac{101.125}{\left(1 + \frac{r_2}{2}\right)^2}$$

解出 $\frac{r_2}{2}$，隐含的两期零息收益等于 1.1235%，年化收益就是 2.2507%。使用隐含的一期和两期零息收益，三期隐含的零息收益要满足以下等式：

$$100 = \frac{1.25}{(1.010)} + \frac{1.25}{(1.0112535)^2} + \frac{101.25}{(1 + \frac{r_3}{2})^3}$$

满足这个等式的零息收益是 1.25195% ，也就是年化收益 2.5039% 。这个推导过程要求我们解出接下来的每个零息收益然后运用结果来计算下一个隐含的零息收益。表 10.2.2 显示了 10 期的年化隐含零息收益率曲线。

表 10.2.2　　　　　　　　　　隐含的零息收益

债券	期限	年化附息收益（％）	年化隐含的零息收益（％）
	t	c	r_t
1	1.0	2.00	2.0000
2	2.0	2.25	2.2507
3	3.0	2.50	2.5039
4	4.0	3.00	3.0148
5	5.0	3.40	3.4277
6	6.0	3.70	3.7396
7	7.0	4.10	4.1631
8	8.0	4.45	4.5403
9	9.0	4.70	4.8108
10	10.0	5.00	5.1442

对于每半年付息一次的债券来说，归纳起来的公式就是：

$$P_n = \sum_{t=1}^{2n-1} \frac{\frac{C}{2}}{(1 + \frac{r_t}{2})^t} + \frac{100 + \frac{C}{2}}{(1 + \frac{r_n}{2})^{2n}}$$

上式中 P 是债券的价格，C 是每 100 元票面的年票息，r_t 是一个期限为 t 的债券的零息收益。

三、利率互换定价的简单现值模型

这个模型是基于基础的现值关系的。在这个模型中，互换的现金流被定义为一个浮动利率债券和固定利率债券的组合，只是到期时没有本金交换。

一个固定利率债券的价值等于预期未来现金流以市场上的收益率贴现后的现值。类似地，一个利率互换的固定端的价值，PV_{fixed}，等于固定付款的现值：

$$PV_{fixed} = \sum_{t=1}^{mn} \frac{\frac{C}{m}}{(1 + \frac{r_t}{m})^t}$$

上式中 C 是固定端每年的互换付款，m 是每年付款的次数，r_t 是 t 期的贴现利率。

互换的浮动端类似于一只不支付本金的浮动利率债券。一只浮动利率的债券在一个利息支付日总是按照面值定价的，因为票息付款是根据每个期限的市场利率进行调整的。一个浮动利率债券的价格 P 等于其预期现金流的现值。如果我们把 I_t 定义为 t 期预期的浮动票息，那么一个面值为 F 的浮动利率债券的价值就等于

$$P = \sum_{t=1}^{mn} \frac{\frac{I_t}{m}}{(1 + \frac{r_t}{m})^t} + \frac{F}{(1 + \frac{r_{mn}}{m})^{mn}}$$

定价公式中唯一的未知数是每期预期的浮动利率付款 I_t。因为利率互换不需要交换本金，等式右边的第一项就是互换的浮动利率端的价值。如果我们对上述等式进行移项，用 F 代替 P，定价公式可以表示成：

$$F - \frac{F}{\left(1 + \frac{r_{mn}}{m}\right)^{mn}} = \sum_{t=1}^{mn} \frac{\frac{I_t}{m}}{(1 + \frac{r_t}{m})^t}$$

所以，互换浮动端的价值 $PV_{floating}$ 等于：

$$PV_{floating} = F - \frac{F}{\left(1 + \frac{r_{mn}}{m}\right)^{mn}}$$

对于固定利率支付方来说互换的价值 V_{fixed} 就是：

$$V_{fixed} \ = \ PV_{floating} \ - \ PV_{fixed}$$

对于浮动利率支付方来说互换的价值 $V_{floating}$ 就是：

$$V_{floating} \ = \ PV_{fixed} \ - \ PV_{floating}$$

案例 10.2.2

一个名义本金为 1000 万元，基于 3 个月 LIBOR 的利率互换每半年付款一次。这个互换 5 年后到期，固定端的利率是 4.50%。对于固定利率支付方和浮动利率支付方来说，这个互换的价值可以使用表 10.2.3 中的零息贴现利率来计算。DF 是指贴现因子，可以用 $\dfrac{1}{\left(1 + \dfrac{r_t}{2}\right)^t}$ 来计算。

表 10.2.3 贴现利率和因子

t	r_t	$r_t/2$	DF
1	2.0000%	1.000%	0.9901
2	2.2507%	1.125%	0.9779
3	2.5039%	1.252%	0.9634
4	3.0148%	1.507%	0.9419
5	3.4277%	1.714%	0.9185
6	3.7396%	1.870%	0.8948
7	4.1631%	2.082%	0.8657
8	4.5403%	2.270%	0.8356
9	4.8108%	2.405%	0.8074
10	5.1442%	2.572%	0.7757

我们先开始计算互换的固定端价值。每半年一次的付款是 10000000（0.045）（1/2）或者 225000 元。因此，固定端的价值是 225000 元付款现金流的现值，等于 2018485 元。互换固定端的定价总结在表 10.2.4 中。

表 10.2.4 互换固定端的定价

T	r_t	$r_t/2$	DF	$(225000)(DF)$
1	2.0000%	1.000%	0.9901	222772
2	2.2507%	1.125%	0.9779	220020
3	2.5039%	1.252%	0.9634	216757
4	3.0148%	1.507%	0.9419	211930
5	3.4277%	1.714%	0.9185	206672
6	3.7396%	1.870%	0.8948	201331
7	4.1631%	2.082%	0.8657	194783
8	4.5403%	2.270%	0.8356	188015
9	4.8108%	2.405%	0.8074	181667
10	5.1442%	2.572%	0.7757	174538
总计				2018485

使用上面导出的等式，互换的浮动利率端的价值是：

$$PV_{floating} = 10000000 - (10000000)(0.7757) = 2242755$$

因此，对于固定利率支付者来说，互换的价值是：

$$V_{fixed} = 2242755 - 2018485 = 224270$$

对于浮动利率支付者来说，互换的价值是：

$$V_{floating} = 2018485 - 2242755 = -224270$$

在这个案例中，在互换达成之后利率上升了，互换的固定利率是 4.50%，而现在五年期的市场利率是 5.00%。由于这个原因，对于固定利率支付方来说，他的价值上升了 224270 元，而浮动利率支付方的价值下降了同样的金额。

四、利率的期限结构和隐含的远期利率

虽然简单而明确，上面所述的定价方法也有局限性。复杂的利率互换不能用一个简单的模型来定价。对于复杂的互换结构，我们需要一个更灵

活的定价方法，这就是基于隐含远期利率的互换定价模型。

1. 纯预期假设

为了解释收益率曲线向市场参与者传递的信息，发展出了好几种假设。纯预期假设认为预期未来的短期利率等于收益率曲线中隐含的远期利率。这种假设的一个含义是收益率曲线可以被分解成一系列预期未来的短期利率，这些利率会以某种方式进行调整，以使投资者们收到相等的预期持有期收益。

在纯预期下，投资者被假设成风险中性的。由于风险中性的投资者对短期债券的价值不使用风险相关的折扣，收益率曲线的形状只取决于投资者预期。如果一个向上倾斜的收益率曲线流行，投资者期望未来更高的短期利率，而向下倾斜的收益率曲线意味着预期未来更低的短期利率。这种理论意味着当投资者预期短期利率不变时收益率曲线将是平坦的。

纯预期理论认为，一个长期债券的预期平均年化收益是预期短期利率的几何平均。例如，两期的即期利率可以看作是一年的即期利率和一年以后预期会占主导的一年期利率。由于预期的短期利率隐含在收益率曲线中，一个投资者到底是持有一个 20 年的投资，或是持有一年期投资连续投资 20 年，或是持有 10 年期投资连续投资两次，这些选择之间将是没有差异的。

纯预期可能是可以数量化和应用的最知名也是最简单的期限结构理论。因此，它被广泛使用在资本市场上，作为与利率有关的证券的定价规则。从纯预期中推导出的一系列远期利率，即隐含的远期收益率曲线，是很多固定收益证券定价的基础。

2. 隐含的远期利率

附息债券可以看作是一个有特殊收益率的零息债券的资产组合，对于每个在时间 t 收到的票息付款来说，收益率是 r_t。就其本身来看，附息债券可以看作是一系列有各自不同的重叠期限的单独债券。考虑表 10.2.2 中的债券 2。使用零息收益，这个债券可以定价为：

$$100 = \frac{1.125}{(1.0100)} + \frac{101.125}{(1.0112535)^2}$$

第一项现金流以 2.000% 的收益率贴现一期，第二项现金流以 2.2507% 的收益率贴现两期。第二项现金流的另一种看法是当作两个一期进行投资。因为我们知道第一期的收益，第二期就有隐含的收益可以满足以下的关系：

$$100 = \frac{1.125}{(1.0100)} + \frac{101.125}{(1.0100)(1 + {}_1f_2)}$$

第二期的隐含收益率 ${}_1f_2$ 是该债券从第一期到第二期的远期利率，等于 1.25085%，也就是年化利率 2.5017%。隐含的远期利率简单来说就是当投资者今天订立合同，投资于某个债券时，一个一期债券从第一期到第二期获得的收益。

从这个角度看，长期债券可以看成是一个一期投资的资产组合，即以目前的即期利率和一系列远期合同投资于很多个 期债券，其中的远期利率是今天就约定好的。一期的远期利率是嵌入在长期债券的价格之中的，可以用以下等式从零息收益率曲线计算出来：

$$\left(1 + \frac{r_t}{2}\right)^t = \left(1 + \frac{r_1}{2}\right)\left(1 + \frac{{}_1f_2}{2}\right)\left(1 + \frac{{}_2f_3}{2}\right)\cdots\left(1 + \frac{{}_{t-1}f_t}{2}\right)$$

其中 ${}_{t-1}f_t$ 是从 $t-1$ 期到 t 期的年化隐含远期利率，r_t 是 t 时间的年化隐含零息收益。解出 ${}_{t-1}f_t$，即 t 期的隐含远期利率可计算为

$$_{t-1}f_t = 2\left[\frac{\left(1 + \frac{r_t}{2}\right)^t}{\left(1 + \frac{r_1}{2}\right)\left(1 + \frac{{}_1f_2}{2}\right)\left(1 + \frac{{}_2f_3}{2}\right)\cdots\left(1 + \frac{{}_{t-2}f_{t-1}}{2}\right)} - 1\right]$$

或者，这种计算可以表达为

$$_{t-1}f_t = 2\left[\frac{\left(1 + \frac{r_t}{2}\right)^t}{\left(1 + \frac{r_{t-1}}{2}\right)^{t-1}} - 1\right]$$

表 10.2.5 列出了与我们案例中隐含零息收益相关的年化隐含远期

收益。

表 10.2.5　　　　　　　　隐含的零息和隐含的远期收益

债券	期限	年化的隐含零息收益	年化的隐含远期收益
	t	r_t	$_{t-1}f_t$
1	1.0	2.0000%	2.0000%
2	2.0	2.2507%	2.5017%
3	3.0	2.5039%	3.0113%
4	4.0	3.0148%	4.5552%
5	5.0	3.4277%	5.0877%
6	6.0	3.7396%	5.3063%
7	7.0	4.1631%	6.7227%
8	8.0	4.5403%	7.2003%
9	9.0	4.8108%	6.9877%
10	10.0	5.1442%	8.1693%

另一种可供选择的互换定价方法使用的是隐含的远期利率。浮动利率端定价为预期现金流的现值，使用隐含的远期利率 $_{t-1}f_t$ 来计算预期的现金流。使用这种方法，对于浮动利率支付方来说一个互换的价值就是：

$$V_{floating} = \sum_{t=1}^{mn} \frac{\dfrac{C}{m}}{\left(1+\dfrac{r_t}{m}\right)^t} - \sum_{t=1}^{mn} \frac{\dfrac{_{t-1}f_t}{m}F}{\left(1+\dfrac{r_t}{m}\right)^t}$$

对于固定利率支付方来说，互换的价值就是：

$$V_{fixed} = \sum_{t=1}^{mn} \frac{\dfrac{_{t-1}f_t}{m}F}{\left(1+\dfrac{r_t}{m}\right)^t} - \sum_{t=1}^{mn} \frac{\dfrac{C}{m}}{\left(1+\dfrac{r_t}{m}\right)^t}$$

在案例 10.2.2 中，互换的固定利率是 4.50%，互换的名义本金是 1000 万元。使用表 10.2.3 中的信息，我们可以计算隐含的远期利率。表 10.2.6 显示了隐含的远期利率和隐含远期利率和固定利率付款的现值。浮动利率付款的现值计算为隐含远期利率的贴现值之和。固定利率付款的现值是 2.25% 固定利率付款的贴现值之和。互换的固定利率端的价值是净付款占名义本金百分比之和。互换固定端的价值是 224270 元。使用前面的模型也计算出了同样的价值。

表 10.2.6　　　　　　　　使用隐含的远期利率进行互换定价

t	$r_t/2$	$_{t-1}f_t/2$	DF	$PV_{floating}$	PV_{fixed}	净付款
1	1.000%	1.000%	0.9901	99010	222772	−123762
2	1.125%	1.251%	0.9779	122317	220020	−97703
3	1.252%	1.506%	0.9634	145046	216757	−71710
4	1.507%	2.278%	0.9419	214532	211930	2602
5	1.714%	2.544%	0.9185	233664	206672	26992
6	1.870%	2.653%	0.8948	237404	201331	36073
7	2.082%	3.361%	0.8657	290991	194783	96208
8	2.270%	3.600%	0.8356	300835	188015	112821
9	2.405%	3.494%	0.8074	282098	181667	100430
10	2.572%	4.085%	0.7757	316857	174538	142319
总计			8.9710	2242755	2018485	224270

五、计算市价的互换利率

通常，当一个利率互换达成的时候，预期净付款的现值应该为零。没有哪一方预期在每个时期都是零付款。如果收益率曲线是向上倾斜的，固定利率支付方预期要在早期进行正的互换付款，在后期收到正的互换付款。如果收益率曲线是向下倾斜的，固定利率支付方将预期在早期收到正的互换付款，在后期进行正的互换付款。在一个平坦的收益率曲线环境中，对固定和浮动利率支付方双方来说，预期未来的付款都是零。在任何利率环境中，使预期净付款的现值等于零的固定利率就是市价的互换利率。

回想上文提到过，一个互换的价值是基于隐含的远期利率的。当求解市价的互换利率时，除了固定的互换利率外，所有定价需要输入的变量都是已知的。对于一个市价的互换来说，以下等式必须成立：

$$\sum_{t=1}^{mn} \frac{\dfrac{c}{m}F}{\left(1 + \dfrac{r_t}{m}\right)^t} = \sum_{t=1}^{mn} \frac{\dfrac{t-1 f_t}{m}F}{\left(1 + \dfrac{r_t}{m}\right)^t}$$

解出等式中的市价利率 c，我们得到：

$$c = \frac{\displaystyle\sum_{t=1}^{mn} \frac{\dfrac{t-1 f_t}{m}}{\left(1 + \dfrac{r_t}{m}\right)^t}F}{F \displaystyle\sum_{t=1}^{mn} \frac{1}{\left(1 + \dfrac{r_t}{m}\right)^t}}(m)$$

市价的互换利率等于隐含的浮动利率付款现值之和除以名义本金乘以贴现因子之和，再乘以每年的付款期数。

案例 10.2.3

使用表 10.2.6 中的数据，我们计算市价的互换利率。浮动利率付款的现值之和是 2242755，贴现因子之和是 8.9710，所以市价的互换利率是 [2242755/ （8.9710×10000000）] （2） ＝5.00%。

表 10.2.7 总结了按照 5.00% 的市价互换利率，互换的浮动和固定端预期的现金流。这证明了市价互换利率的准确性，因为以市价的互换利率进行交易，预期互换的净付款之和为零。这是有效的，因为 PV_{fixed} 和 $PV_{floating}$ 都等于 2242755。注意由于四舍五入的原因，表中实际计算的结果可能会有一个较小的误差，但不影响我们的基本结论。

表 10.2.7　　　　　　　　　　计算市价的互换利率

T	$PV_{floating}$	PV_{fixed}	净付款（浮动方）
1	99010	247525	－ 148515
2	122317	244467	－ 122150
3	145046	240841	－ 95794

续表

T	$PV_{floating}$	PV_{fixed}	净付款（浮动方）
4	214532	235477	−20946
5	233664	229625	4039
6	237404	223701	13703
7	290991	216426	74565
8	300835	208905	91930
9	282098	201853	80245
10	316857	193931	122926
总计	2242755	2242755	0

　　本节具体介绍了两个利率互换定价的简单模型。这些模型是为了帮助读者理解利率互换是怎样构建的，利率变动又是怎样影响它们的定价的。本节还简单计算了一个市价的互换利率来加深大家的理解。

　　随着互换市场持续发展，作为一个重要的对冲工具，利率互换变得越来越重要。实务中的互换定价更为复杂，需要资本市场上很多的要素输入。利率互换的交易员们使用非常复杂的模型以便在实际数据输入的基础上产生出实时的互换定价。不过，本节介绍的模型为可以让大家从直觉上理解利率互换的定价以及利率互换市场的原理。

第三节　利率互换的市场准入及有关规定

　　现行对利率互换交易的法律法规主要是人民银行 2008 年发布的《中国人民银行关于开展人民币利率互换业务有关事宜的通知》。该《通知》最主要的内容有两点：

　　一是对利率互换的交易对象做出了规定，即"具有做市商或结算代理业务资格的金融机构可与其他所有市场参与者进行利率互换交易，其他金融机构可与所有金融机构进行出于自身需求的利率互换交易，非金融机构只能与具有做市商或结算代理业务资格的金融机构进行以套期保值为目的的利率互换交易。"

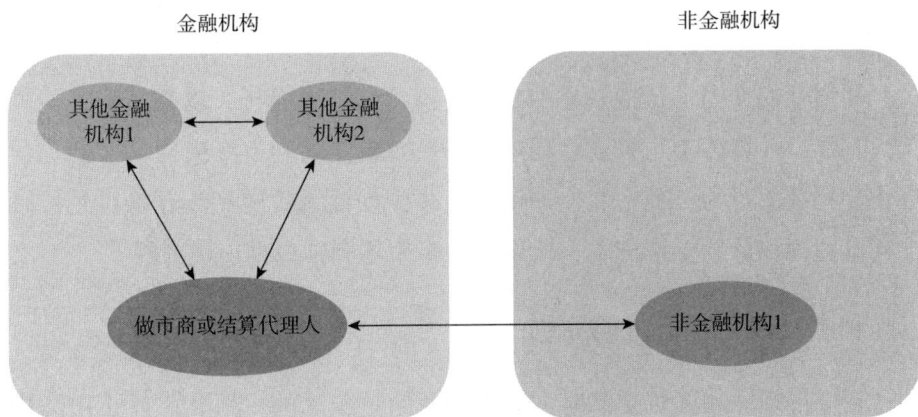

金融机构　　　　　　　　　　　　　　　　　　非金融机构

图 10.3.1　利率互换的交易对象

二是要求利率互换参与者必须签署由交易商协会制定的《中国银行间市场金融衍生产品交易主协议》，因为其中关于单一协议和终止净额等的约定适用于利率互换。

另外，在正式开展利率互换交易前，金融机构应将其有关利率互换的内部操作规程和风险管理制度送交交易商协会和交易中心备案。

具体来说，境内机构加入利率互换市场需要提交的材料有：1.《中国银行间市场金融衍生产品交易主协议》；2. 内部操作规程；3. 风险管理制度；4.《中国外汇交易中心交易确认服务协议》；5.《中国外汇交易中心交易确认服务申请表》。境外机构提交的材料与境内机构大体相同，唯一不同的是第 1 项材料可以是《主协议》或者是 ISDA（International Swaps and Derivatives Association，国际掉期与衍生品协会）主协议。

与债券或回购交易不同的是，利率互换交易既可以在中国外汇交易中心暨全国银行间同业拆借中心（简称交易中心）的交易系统达成，也可以在线下达成。未通过交易中心的系统达成的利率互换，金融机构应将交易的情况送交易中心备案。

第四节　利率互换冲销

利率互换冲销，是指交易中心接受各参与机构委托，以某一确定的日期为基准，计算各参与机构之间达成且有效提交的利率互换交易合约提前终止支付额的行为。利率互换冲销可以减少大量无效的利率互换合约，减少资本占用和后续操作成本，所以在国际市场和国内都广泛开展。

利率互换冲销产生的原因

在进行现券和期货交易时，如果一开始是买入的，那么之后卖出同样的现券就可以把之前的头寸平掉了。但是利率互换与此不同。进行利率互换交易后，如果要平仓，只能反向地再做一笔。例如一开始做的是支付固定利率的，那么之后就要再做一笔收取固定利率的互换。也就是说做了两笔反方向的利率互换。但这样做的结果，其实利率互换的交易并没有提前终止。利率互换冲销才能把交易提前终止，达到真正意义上的平仓。

市场上各种类型的机构对利率互换冲销都有各自的需求。比如，可以减少内部计算的资本拨备。有些金融机构对交易对手方的授信非常严谨，如果老是不冲销，那么交易对手的授信额度很快就会占满。以券商为例，根据证监会的有关规定，券商自营权益类证券及证券衍生品的合计额不得超过净资本的100%，其中利率互换投资规模以利率互换合约名义本金总额的5%计算。所以，如果券商不进行利率互换的冲销，而是反方向做一笔交易的话，那么利率互换交易的名义本金就会计算两次，导致很快就会超过净资本限额了。而对于非法人产品而言，由于产品本身有到期期限，所以更需要在自身产品到期前将现存的利率互换合同冲销。

图10.4.1展示的是交易中心公布的交易后处理平台利率互换交易确认业务的参与机构。可以看到，在501家机构中，数量最多的是非法人产品，其次是证券公司和农商行。由于上述的原因，这些机构有一定的动力参与交易中心组织的利率互换冲销。

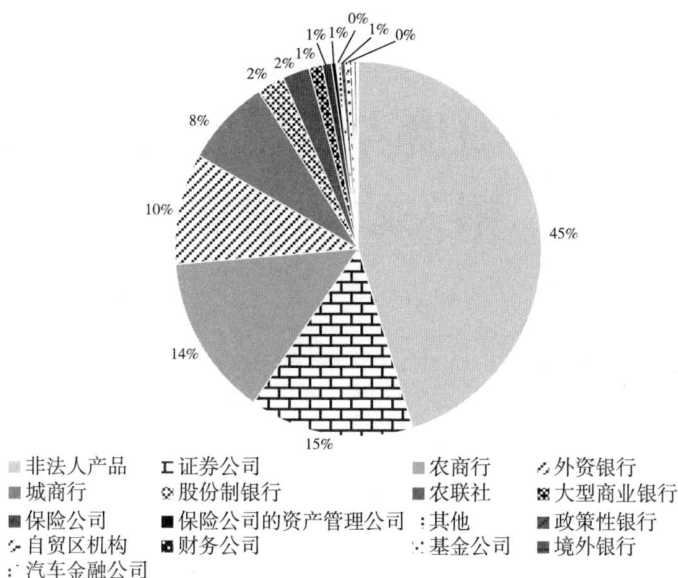

图 10.4.1　交易后处理平台利率互换交易确认业务参与机构（截至 2020 - 07 - 02）

（数据来源：笔者根据中国货币网公布的机构名单整理）

2020 年 7 月交易中心组织的利率互换冲销规模大约在 1500 亿元人民币。如果按照 2020 年 1～6 月月均利率互换成交量约为 16000 亿元计算，利率互换冲销成功的交易约为所有交易量的 10% 不到。参与冲销的机构数并不多，2020 年 7 月只有 30 家机构，平均每家机构匹配合约大约是 200 多笔。

2012 年 5 月，交易中心发布了《全国银行间同业拆借中心利率互换冲销规则》，对利率互换冲销的定义、冲销的效力、冲销的结果、参与机构的责任和违约处理等做出了明确规定。冲销可以是双边冲销，也可以是多边冲销；既可以是全部冲销，也可以是部分冲销。冲销之后，参与机构必须提交冲销结果确认文件，则冲销行为正式对各参与机构产生法律效力。

附录 中国债券市场对外开放的相关政策法规

中国人民银行关于完善全国银行间债券市场债券到期收益率计算标准有关事项的通知

银发〔2007〕200 号

全国银行间同业拆借中心、中央国债登记结算有限责任公司：

经研究，现决定对全国银行间债券市场的到期收益率计算标准进行调整，具体如下：

一、全国银行间债券市场到期收益率的日计数基准由"实际天数/365"调整为"实际天数/实际天数"，即应计利息天数按当期的实际天数计算（算头不算尾），闰年2月29日计算利息，付息区间天数按实际天数计算（算头不算尾）。

二、对《中国人民银行关于全国银行间债券市场债券到期收益率计算标准有关事项的通知》（银发〔2004〕116号）第三条"债券到期收益率计算"中的有关计算公式进行相应调整，详见附件。

调整后的全国银行间债券市场到期收益率计算标准适用于全国银行间债券市场的发行、托管、交易、结算、兑付等业务。

本通知未尽事宜依照《中国人民银行关于全国银行间债券市场债券到

期收益率计算标准有关事项的通知》（银发〔2004〕116 号）的有关规定执行。

　　请你们将本通知及调整后的计算标准通过中国货币网和中国债券信息网向市场成员公告。同时，你们要抓紧做好相应的技术准备工作，最晚于2007 年 12 月 1 日前开始按照调整后的到期收益率计算标准计算全国银行间债券市场所有产品的到期收益率。

　　附件：全国银行间债券市场债券到期收益率计算标准调整对照表（略）

中国人民银行
二○○七年六月二十日

中国人民银行公告〔2017〕第 12 号

为引导同业存单市场规范有序发展，中国人民银行决定将《同业存单管理暂行办法》（中国人民银行公告〔2013〕第 20 号公布）第八条"固定利率存单期限原则上不超过 1 年，为 1 个月、3 个月、6 个月、9 个月和 1 年，参考同期限上海银行间同业拆借利率定价。浮动利率存单以上海银行间同业拆借利率为浮动利率基准计息，期限原则上在 1 年以上，包括 1 年、2 年和 3 年"的内容修改为"同业存单期限不超过 1 年，为 1 个月、3 个月、6 个月、9 个月和 1 年，可按固定利率或浮动利率计息，并参考同期限上海银行间同业拆借利率定价"。本公告自 2017 年 9 月 1 日起施行。

自 2017 年 9 月 1 日起，金融机构不得新发行期限超过 1 年（不含）的同业存单，此前已发行的 1 年期（不含）以上同业存单可继续存续至到期。

中国人民银行
2017 年 8 月 30 日

关于规范债券市场参与者债券交易业务的通知

银发〔2017〕302 号

为进一步规范债券市场参与者债券交易业务，促进债券市场健康平稳发展，根据《全国银行间债券市场债券交易管理办法》（中国人民银行令〔2000〕第 2 号）、《银行间债券市场债券登记托管结算管理办法》（中国人民银行令〔2009〕第 1 号）、《公司债券发行与交易管理办法》（中国证券监督管理委员会令第 113 号）等有关规定，现就有关事宜通知如下：

一、本通知所称债券市场参与者（以下简称参与者），包括符合债券市场有关准入规定的各类金融机构及各类非法人产品等境内合格机构投资者，以及非法人产品的资产管理人与托管人。本通知所指债券交易包括现券买卖、债券回购、债券远期、债券借贷等符合规定的债券交易业务。

二、参与者应按照中国人民银行和银监会、证监会、保监会（以下统称各金融监管部门）有关规定，加强内部控制与风险管理，健全债券交易合规制度。

（一）参与者应根据所从事的债券交易业务性质、规模和复杂程度，建立贯穿全环节、覆盖全业务的内控体系，并通过信息技术手段，审慎设置规模、授信、杠杆率、价格偏离等指标，实现债券交易业务全程留痕。

（二）参与者应将自营、资产管理、投资顾问等各类前台业务相互隔离，在资产、人员、系统、制度等方面建立有效防火墙，且不得以人员挂靠、业务包干等承包方式开展业务，或以其他形式放松管理、实施过度激励。

（三）参与者的合规管理、风险控制、清算交收财务核算等中后台业务部门应全面掌握前台部门债券交易情况，加强对债券交易的合规性审查与风险控制。

（四）前中后台等业务岗位设置应相互分离，并由具备相应执业能力的人员专门担任，不得岗位兼任或混合操作。

（五）金融监管部门另有规定的，按照从严标准执行。

三、参与者不得通过任何债券交易形式进行利益输送、内幕交易、操纵市场、规避内控或监管，或者为他人规避内控与监管提供便利。非法人产品的资产管理人与托管人应按照有关规定履行交易结算等合规义务，并承担相应责任。

四、参与者应严格遵守债券市场账户管理有关规定，不得出借自己的债券账户，不得借用他人债券账户进行债券交易。

五、参与者应严格遵守债券市场有关规定，在指定交易平台规范开展债券交易，未事先向金融监管部门报备不得开展线下债券交易。货币经纪公司应按照有关规定规范开展各类经纪业务。

六、参与者应该按照实质重于形式的原则，按照规定签订交易合同及相关主协议。其中，开展债券回购交易的应签订回购主协议，开展债券远期交易的应签订衍生品主协议等。严禁通过任何形式的"抽屉协议"或通过变相交易、组合交易等方式规避内控及监管要求。

七、参与者开展债券回购交易，应按照会计准则要求将交易纳入机构资产负债表内及非法人产品表内核算，计入机构资产负债表内及非法人产品表内核算，计入"买入返售"或"卖出回购"科目。

约定由他人暂时持有但最终须购回或者为他人暂时持有但最终须返售的债券交易，均属于买断式回购，债券发行分销期间代申购、代缴款的情形除外。开展买断式回购交易的，正回购方应将逆回购方暂时持有的债券继续按照自有债券进行会计核算，并以此计算相应监管资本、风险准备等风控指标，统一纳入规模、杠杆、集中度等指标控制。

八、参与者在债券市场开展质押式回购交易，应按照有关法律法规办理质押登记，参与者开展质押式回购与买断式回购最长期限均不得超过365 天。经交易双方协商一致，质押式回购交易可以换券，买断式回购交易可以现金交割和提前赎回。

九、参与者应按照审慎展业原则，严格遵守中国人民银行和各金融监管部门制定的流动性、杠杆率等风险监管指标要求，并合理控制债券交易杠杆比率。出现下列情形的，参与者应及时向相关金融监管部门报告：

（一）存款类金融机构（不含开发性银行与政策性银行）自营债券正回购资金余额或逆回购资金余额超过其上季度末净资产80%的。

（二）其他金融机构，包括但不限于信托公司、金融资产管理公司、证券公司、基金公司、期货公司等，债券正回购资金余额或逆回购资金余额超过其上月末净资产120%的。

（三）保险公司自营债券正回购资金余额或逆回购资金余额超过其上季度末总资产20%的。

（四）公募性质的非法人产品，包括但不限于以公开方式向不特定社会公众发行的银行理财产品、公募证券投资基金等，债券正回购资金余额或逆回购资金余额超过其上一日净资产40%的。其中，封闭运作基金和避险策略基金债券正回购资金余额或逆回购资金余额超过其上一日净资产100%的。

（五）私募性质的非法人产品，包括但不限于银行向私人银行银行客户、高资产净值客户和合格机构客户非公开发行的理财产品，资金信托计划，证券、基金、期货公司及其子公司发行的客户资产管理计划，保险资产管理产品等，债券正回购资金余额或逆回购资金余额超过其上一日净资产100%的。

参与者应向全国银行间同业拆借中心、上海证券交易所、深圳证券交易所和相关债券登记托管机构（以下简称市场中介机构）报送相关财务数据。参与者未按相关要求报送数据的，市场中介机构可拒绝为其提供服务。

本条所指的债券回购不包含与中国人民银行进行的债券回购。

对于多层嵌套的产品，其净资产按照穿透至公募产品或法人、自然人等委托方计算，相关金融监管部门另有规定的除外。

十、市场中介机构应加强债券市场债券交易日常监测，建立数据信息共享机制，发现参与者有第九条所列情形的，应及时向中国人民银行和金融监管部门报告，并根据中国人民银行及金融监管部门的要求向市场进行信息披露。

十一、中国人民银行对债券市场实施宏观审慎管理，必要时可对参与者杠杆要求进行逆周期的动态调整，并协调各金融监管部门开展债券交易业务规范管理工作。各金融监管部门加强对所管理的金融机构及其他债券市场参与者内控制度建设、债券交易规范、杠杆比率审慎水平的监督检查，并依法对有关违法违规行为进行处罚。

十二、中国银行间市场交易商协会等行业自律组织应完善相关自律规则，加强对参与者的自律管理，维护市场秩序。

十三、本通知自印发之日起施行，参与者应严格按照本通知要求，对内控制度等进行自查整改，一年内未完成整改的，不得新开展各类债券交易。对于本通知印发之日尚未了结的不符合本通知要求的各类债券交易，可以按合同继续履行，但不得续作，同时应当向金融监管部门报告，并按有关要求纳入表内规范。因纳入表内造成相关规模、杠杆、集中度不达标的，一年之内予以豁免。

中国人民银行
中国银行业监督管理委员会
中国证券监督管理委员会
中国保险监督管理委员会
2017 年 12 月

中国人民银行公告〔2015〕第 9 号

根据《国务院关于取消和调整一批行政审批项目等事项的决定》（国发〔2015〕11 号），中国人民银行取消银行间债券市场债券交易流通审批。为保护投资者利益，加强事中事后管理，根据《全国银行间债券市场债券交易管理办法》（中国人民银行令〔2000〕第 2 号）、《银行间债券市场债券登记托管结算管理办法》（中国人民银行令〔2009〕第 1 号）等规定，现就调整银行间债券市场债券交易流通有关管理政策公告如下：

一、依法发行的各类债券，完成债权债务关系确立并登记完毕后，即可在银行间债券市场交易流通。

二、本公告所称各类债券，包括但不限于政府债券，中央银行债券，金融债券，企业债券、公司债券、非金融企业债务融资工具等公司信用类债券，资产支持证券等。

三、全国银行间同业拆借中心（以下简称同业拆借中心）以及中国人民银行同意的其他交易场所为债券交易流通提供服务。同时，同业拆借中心承担交易数据库职责，负责集中保存交易数据电子记录。

四、中央国债登记结算有限责任公司和银行间市场清算所股份有限公司（以下统称债券登记托管结算机构）应在债券登记当日以电子化方式向同业拆借中心传输债券交易流通要素信息。

债券交易流通要素信息主要包括：证券名称、证券简称、证券代码、发行总额、证券期限、票面年利率、面值、计息方式、付息频率、发行日、起息日、债权债务登记日、交易流通终止日、兑付日、发行价格、债项评级、主体评级、评级机构、含权信息、提前还本信息、浮息债信息以及其他必需的信息。

五、发行人或主承销商应在债券登记当日向同业拆借中心提供债券的初始持有人名单及持有量。采用非公开定向发行方式的，发行人或主承销商还应向同业拆借中心提供非公开定向发行投资者范围。

六、同业拆借中心收到完整的债券交易流通要素信息后，应在一个工作日内按照本公告要求办理债券交易流通手续。

七、债券交易流通期间，债券登记托管结算机构收到发行人或主承销商提交的债券交易流通信息变更报告后，应及时告知同业拆借中心。

八、债券交易流通期间，发行人应按照银行间债券市场的有关规定履行信息披露义务。

九、对于影响债券按期偿付的重大事件，发行人应在第一时间通过同业拆借中心、债券登记托管结算机构向市场参与者公告，包括但不限于以下事项：

（一）发生重大债务或未能清偿到期债务的违约情况；

（二）发生重大亏损或遭受重大损失；

（三）发行人减资、合并、分立、解散、托管、停业、申请破产的；

（四）涉及发行人的重大诉讼；

（五）涉及担保人主体发生变更或经营、财务发生重大变化的情况（如属担保发行）；

（六）中国人民银行规定的其他重大事项。

十、债券交易流通期间，发行人不得以自己发行的债券为标的资产进行现券交易，但发行人根据有关规定或合同进行提前赎回的除外。

十一、债券交易流通期间，单个投资者持有量超过该期债券发行量的30％时，债券登记托管结算机构应及时告知同业拆借中心并进行信息披露。

十二、债券交易流通期间发生以下情形的，投资者应及时通过同业拆借中心进行信息披露：

（一）以自己发行的债券为标的资产进行债券回购交易；

（二）与其母公司或同一母公司下的其他子公司（分支机构）进行债券交易；

（三）资产管理人的自营账户与其资产管理账户进行债券交易；

（四）同一资产管理人管理的不同账户之间进行债券交易；

（五）中国人民银行规定的其他情形。

十三、债券交易流通期间，投资者不得通过以自己发行的债券进行债券回购交易等各类行为操纵债券价格。

十四、投资者在银行间债券市场的债券交易行为还应遵守其监管部门关于关联交易的规定。

十五、发生以下情形的，债券交易流通终止：

（一）发行人提前全额赎回债券；

（二）发行人依法解散、被责令关闭或者被宣布破产；

（三）债券到期日前一个工作日；

（四）其他导致债权债务关系灭失的情形。

十六、债券交易流通期间，同业拆借中心和债券登记托管结算机构应做好投资者债券交易、清算、托管、结算的一线监测工作。如有异常情况应及时处理并向中国人民银行报告，同时抄送中国银行间市场交易商协会。中国银行间市场交易商协会应加强对投资者的自律管理。

十七、同业拆借中心和债券登记托管结算机构应按照本公告要求制定相应的业务规则，并报中国人民银行备案。

十八、本公告自发布之日起施行。《全国银行间债券市场债券交易流通审核规则》（中国人民银行公告〔2004〕第 19 号）、资产支持证券在银行间债券市场交易结算等事项公告（中国人民银行公告〔2005〕第 15 号）、公司债券进入银行间债券市场交易流通有关事项公告（中国人民银行公告〔2005〕第 30 号）、债券交易流通审核政策调整事项公告（中国人民银行公告〔2009〕第 1 号）同时废止。

中国人民银行
2015 年 5 月 9 日

参考文献

［1］Cusatis, Patrick. Interest Rate Swap Pricing：A Classroom Primer, Research Gate.

［2］Scalet, Steven, and Thomas F. Kelly. "The Ethics of Credit Rating Agencies：What Happened and the Way Forward." Journal of Business Ethics, Vol. 111, No. 4, 2012, pp. 477－490. JSTOR, www. jstor. org/stable/23324814. Accessed 29 Dec. 2020.

［3］25 年前"327 国债事件"：最后 7 分 47 秒算与不算的争论［N］. 报刊文摘，2020－02－28（3）.

［4］巴曙松. 债券通　中国债市重大开发创新［J］. 英才，2017. 86～87

［5］巴曙松，姚飞. 中国债券市场流动性水平测度［J］. 统计研究，2013：95～99.

［6］冯果和张阳. 债券市场国际化的结构困局及其治道突破［J］. 社会科学战线，2020（3）：178～191.

［7］何津津和鲁政委. 玩转利率互换系列之基本原理篇［J］. 兴业研究，2018－01－28.

［8］霍华德·科伯. 利率互换及其他衍生品［M］. 北京：中国人民大学出版社，2018－02（1）.

［9］李奇霖，钟林楠和孙永乐. 粤开证券商业银行资产配置分析手册［J］. 2020－08－21.

［10］李霞，2020. 债券结算失败漫谈［J］. 金融市场研究，2020（6）：82～85.

［11］刘晴川. 美国的债券借贷交易及其风险管理［J］. 中国货币市场，2006（5）：57～59.

［12］龙红亮. 债券投资实战［M］. 北京：机械工业出版社，2019－03（1）.

［13］陆赛一. 中小商业银行以债券借贷进行期限利差交易浅析［J］. 债券，2017（7）：51～53.

［14］姜超和李波. 美国货币市场改革及其对我国的启示［J］. 债券，2019（9）：

17～21.

［15］覃汉和王佳雯．揭开"债券做空"的神秘面纱：债券借贷交易机制探讨［J］．http：//mini. eastday. com/mobile/180123015916873. html，2018.

［16］邵明．历史上央行 5 次大幅降准对货币和债券市场的影响［J］．chinamoneymagazine 微信公众号，2018 – 05 – 24.

［17］沈炳熙和曹媛媛．中国债券市场 30 年改革与发展［M］．北京：北京大学出版社，2014 – 05（2）.

［18］孙志伟．国际信用体系比较［M］．北京：中国金融出版社，2014 – 03（1）.

［19］王荆杰．日本的国债市场［J］．期货日报，2013 – 01 – 15（4）.

［20］王开，刘瑾，王怡妍．踏雪寻梅：中国债市开放回顾与展望［J］．金融市场研究，2020 – 12：66～76.

［21］温济聪．加快实施公司债注册制改革［J］．经济日报，2020 – 08 – 12（9）.

［22］徐忠．改革的改革［M］．北京：中信出版集团，2018 – 08（1）.

［23］叶海生．用高质量对外开放来推动我国资本市场健康发展［J］．中国外汇，2020 – 06 – 01：34～37.

［24］于鑫，龚仰树．美国债券市场发展对我国场内债券市场的启示［J］．上海财经大学学报，2011 – 06：82～96.

［25］曾刚．债市互联互通仍需深化，应从顶层设计统一规则［J］．21 世纪经济报道，2020 – 07 – 30（4）.

［26］张岩．银行间债券市场与交易所债券市场的比较研究［J］．新疆财经大学硕士论文．

［27］钟承斌．国债市场发展的国际比较与借鉴［J］．武汉金融，2019（1）：46～51.

［28］中国人民银行上海总部《中国金融市场发展报告》编写组．2016 中国金融市场发展报告［M］．北京：中国金融出版社，2017 – 05（1）.

［29］中国外汇交易中心暨全国银行间同业拆借中心．中国银行间市场交易报告（2019）［M］．北京：中国金融出版社，2020 – 05（1）.

［30］中央国债登记结算有限责任公司．中债收益率曲线和中债估值编制方法及使用说明．http：//www. chinabond. com. cn/cb/cn/zzsj/sjdg/20140903/19029644. shtml.

［31］中央国债登记结算有限责任公司．国际债券市场借鉴（第二辑）［M］．时代出版传媒股份有限公司，安徽人民出版社，2018 – 10（1）.

［32］中央国债登记结算有限责任公司和中债金融估值中心有限公司．债券公允价值

在国民经济核算中的应用研究［M］．时代出版传媒股份有限公司，安徽人民出版社，2019 – 04（1）．

［33］中央结算公司统计监测部．2018 年债券市场统计分析报告［M］．www. chinabond. com. cn.

［34］周博．商业银行进入交易所债券市场的影响分析［J］．新金融，2020（2）：36～41.